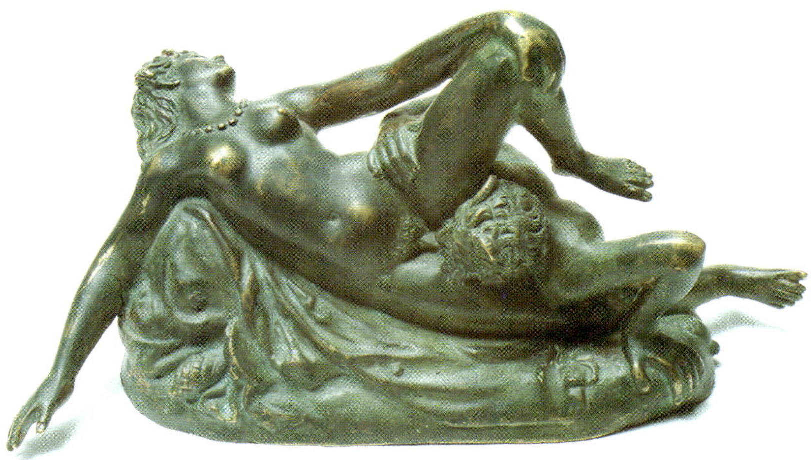

Faszination der Lust

THOMAS GEERDES

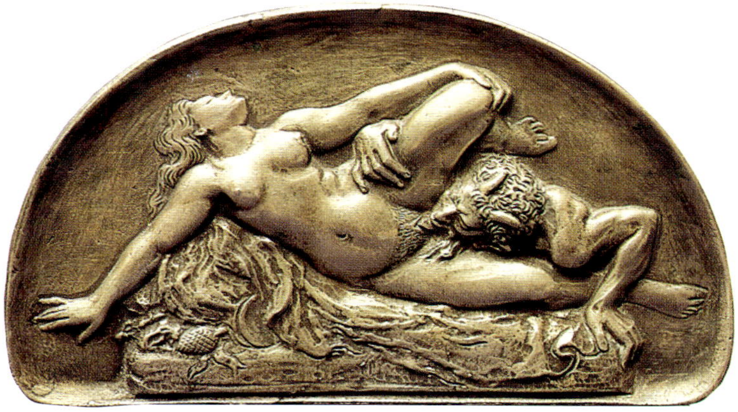

Faszination der Lust

EINE EXKLUSIVE SAMMLUNG EROTISCHER DARSTELLUNGEN DER KUNSTGESCHICHTE

BEARBEITUNG: HANS-RÜDIGER LEBERECHT

KOMET

Die abgebildeten Objekte stammen aus den Sammlungen von Thomas Geerdes,
dem Antiquitätenhandel und privaten Kollektionen.
Reproduktionen von Illustrationen zur Literaur des 18. bis 20. Jahrhunderts sind
dem Ergänzungsband des »Bilder-Lexikons zur Literatur und Kunst«, Wien/Leipzig 1928,
mit Genehmigung des »Verlags für Kulturforschung« entnommen.
Für die Reproduktionsgenehmigungen und die freundliche Unterstützung bei allen
Werken der bildenden Kunst des 20. Jahrhunderts dankt der Verlag den Künstlern, Museen
und dem Bildarchiv der Kunstzeitschrift art, Hamburg.

Abbildung auf Seite 1: »Der Cunnilingus des Satyrs«, Rom, Vatikanische Samlungen
Abbildung auf Seite 3: Cunnilingus, Bronzerelief aus der Werkstatt Carracci

Genehmigte Lizenzausgabe für die
KOMET MA-Service und Verlagsgesellschaft mbH, 50226 Frechen

ISBN 3-933366-48-8

Inhalt

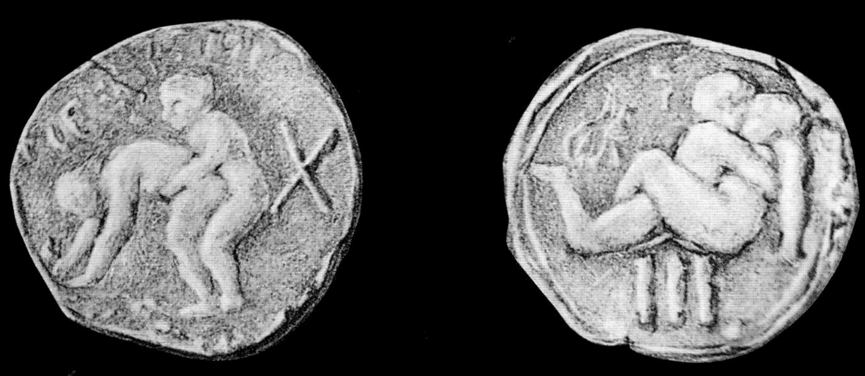

Römische Bordellmarken.
Die »Priapische Münze« diente in der römischen Kaiserzeit als Eintrittskarte für Bordelle. In speziellen Wechselstuben wurden solche Münzen als Bordellmarken gegen Geld aus dem normalen Umlauf eingetauscht

Einführung

Ohne Zweifel gehört die Sexualität zu den Grundbedürfnissen des Menschen, doch die Befriedigung dieses Bedürfnisses ist nicht nur Quelle unvergleichlicher Freuden, sondern auch Objekt unzähliger Reglementierungen und Verbote. Besonders in unserem Kulturkreis bleibt das verkrampfte Verhältnis zur Sexualität im Bereich der Kunst nicht folgenlos. Der Faszination der Lust vermag sich kaum ein Mensch zu entziehen. Diese Faszination spiegelt sich in vielerlei Kunstwerken, die eifrig gesammelt – und sorgfältig gehütet wurden. Denn die Gebildeten und sittlich Gefestigten wußten schon immer, was dem gemeinen Volke zuträglich ist und was nicht. So besitzt der Vatikan erotische Literatur und ebensolche Kunstwerke in über 25 000 Bänden und über 100 000 Drucken, die Vielzahl künstlerischer Objekte des klassischen Altertums mit erotischen Darstellungen nicht mitgezählt; dem normalen Besucher bleibt jedoch dieser Teil der vatikanischen Sammlungen verschlossen. Das ist in Rom nicht anders als in der Library of Congress in Washington in der nach dem griechischen Symbol für das weibliche Geschlecht »Delta« benannten Sammlung – Eintritt nur für Gelehrte und Geistliche. Aber wer das »Unanständige« der Klassik dem Volk vorenthält, führt es zwangsläufig zum Unanständigen und damit über die Pornographie in die Arme der Justiz.

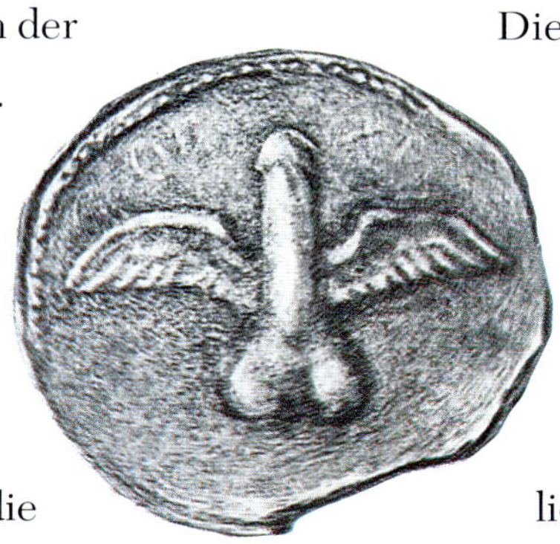

Dieser Unterdrückungsmechanismus funktioniert bis heute. Noch im Jahr 1977 gab es Vertriebsbeschränkungen für Zeitschriften, die über kunstgeschichtliche Kollektionen wie die des Schriftstellers Roger Peyrefitte berichteten, obwohl seine Sammlung für alle Kunstkenner ein Begriff war. Mir geht es in diesem Buch nicht um ein eher kurioses Nebenthema der Kunstgeschichte, vielmehr will ich den Leser einen Schatz entdecken lassen. Die Dimensionen werden klar, wenn man daran erinnert, daß der Verlust der Sammlung des Instituts für Sexualwissenschaften in Berlin (unter Hitler) mit dem Brand der Bibliothek von Alexandria verglichen wurde. Die Zeit ist reif für eine freimütige Darstellung erotischer Kunst zu allen Zeiten und auf allen Gebieten.

Berlin, im Frühjahr 1993
Thomas Geerdes

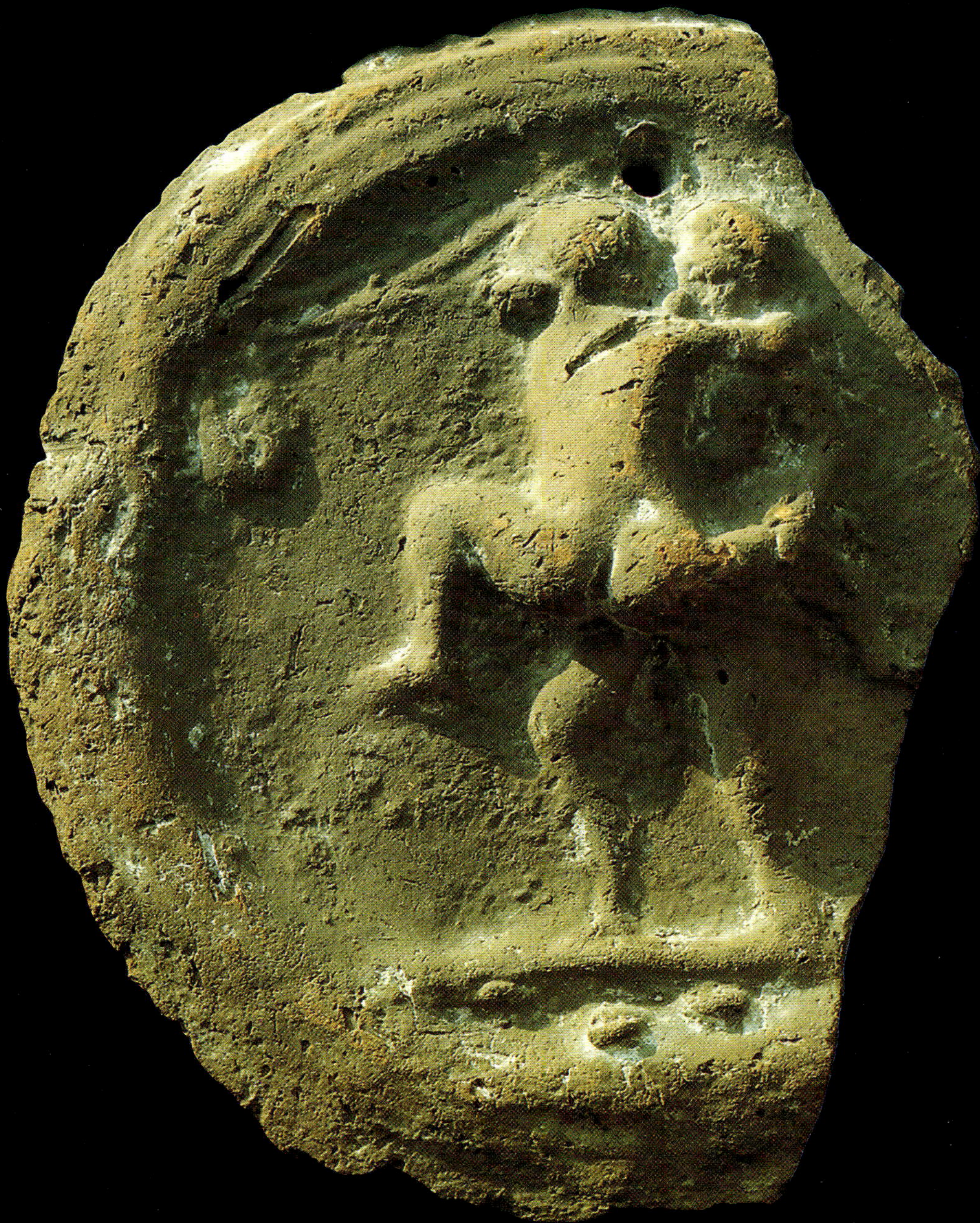

Von der Antike zur Neuzeit: Die Faszination der Lust

Aushängeschild eines römischen Bordells (Lupanar), Ton, Pompejanische Ausgrabung, 200 v. Chr.

Mit der erotischen Kunst der Antike beginnt ein Kapitel der Menschheitsgeschichte, das über die Jahrhunderte nichts von seiner Anziehungskraft verloren hat. Kunst und Literatur spiegeln in der griechischen Antike in gleicher Weise das Leben wider: eine auf Sinnen- und Lebenslust aufgebaute Welt. Vorerst ist es eine Welt der Männer. Vom nackten Jüngling als Schönheitsideal ausgehend, folgen die Formen weiblicher Skulpturen lange Zeit dem männlichen Idealtyp: breite Schultern, schmale Hüften. Erst im Hellenismus (ab etwa 330 v. Chr.) wenden die griechischen Künstler sich der Verherrlichung der Frauenschönheit zu. Die Nacktheit wird suggestiv; die Hetäre, Spenderin der höchsten Lust, dient als Ideal. Was lebensgroße Plastik noch als Ahnung vermittelt, wird in der Vasenmalerei, in Gemmen und Kleinbronzen zum konkreten Abbild, zur Anleitung für irdische Seligkeit. Nur so ist das Liebesleben im klassischen Altertum in seiner Vielfalt zu begreifen, einschließlich jener Praktiken, die man heute gedankenlos als Perversitäten bezeichnet. Die Griechen kannten den Dualismus zwischen Leib und Geist noch nicht, sie betrachteten das Leben des Menschen mit seinen Empfindungen und Bedürfnissen als eine untrennbare Einheit. Aus der Sicht des Menschen als Ganzheit ergab sich folgerichtig, daß die sexuelle Ausschweifung mit einem Schleier von Mystik und verklärender Poesie umgeben wurde. Schon im Alten Ägypten verbanden sich Religion und Sinnlichkeit. Unbefangen stellten die Ägypter ein phallisches Symbol als Prinzip der Schöpfungskraft in den Mittelpunkt der Pharaonenwelt: den Obelisken. Er ist die Verkörperung einer Kultur, die magisch und sensibel, sakral und zärtlich zugleich ist und von der Geschwister-Ehe bis zur rituellen Fellatio einen wichtigen Teil des Lebens am Nil bestimmte. Ganz anders Rom. Was über den Sinnengenuß hinausging, existierte nicht. Alle bemerkenswerten Leistungen auf den Gebieten der erotischen Kunst und des Kunsthandwerks sind dort entweder auf fremde Einflüsse aus Griechenland und Ägypten zurückzuführen, oder es handelt sich um Arbeiten fremder Künstler auf römischem Boden. Das Rom der Antike war dekadent und lasterhaft. Prostitution gehörte zum Alltag für Arm und Reich. Griechinnen, Jüdinnen und germanische Mädchen stellten das Hauptkontingent der Lustsklavinnen. Auch Cato und Brutus scheuten sich nicht, ihre Sklavinnen zur Prostitution zu vermieten, da ihr Hurenlohn das Dreifache

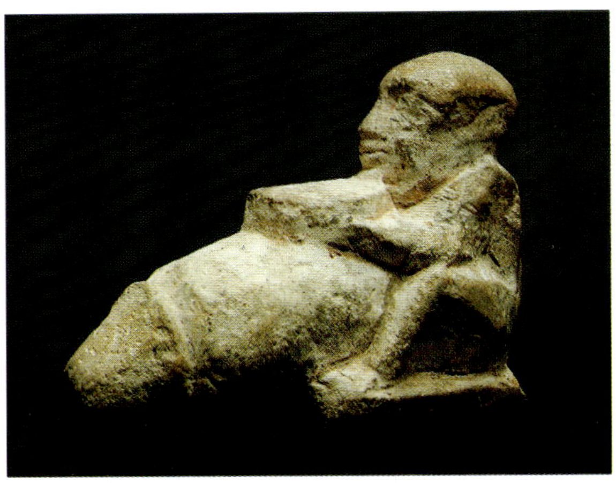

Ägyptische Steinzeug-Keramik, um 1600 v. Chr.

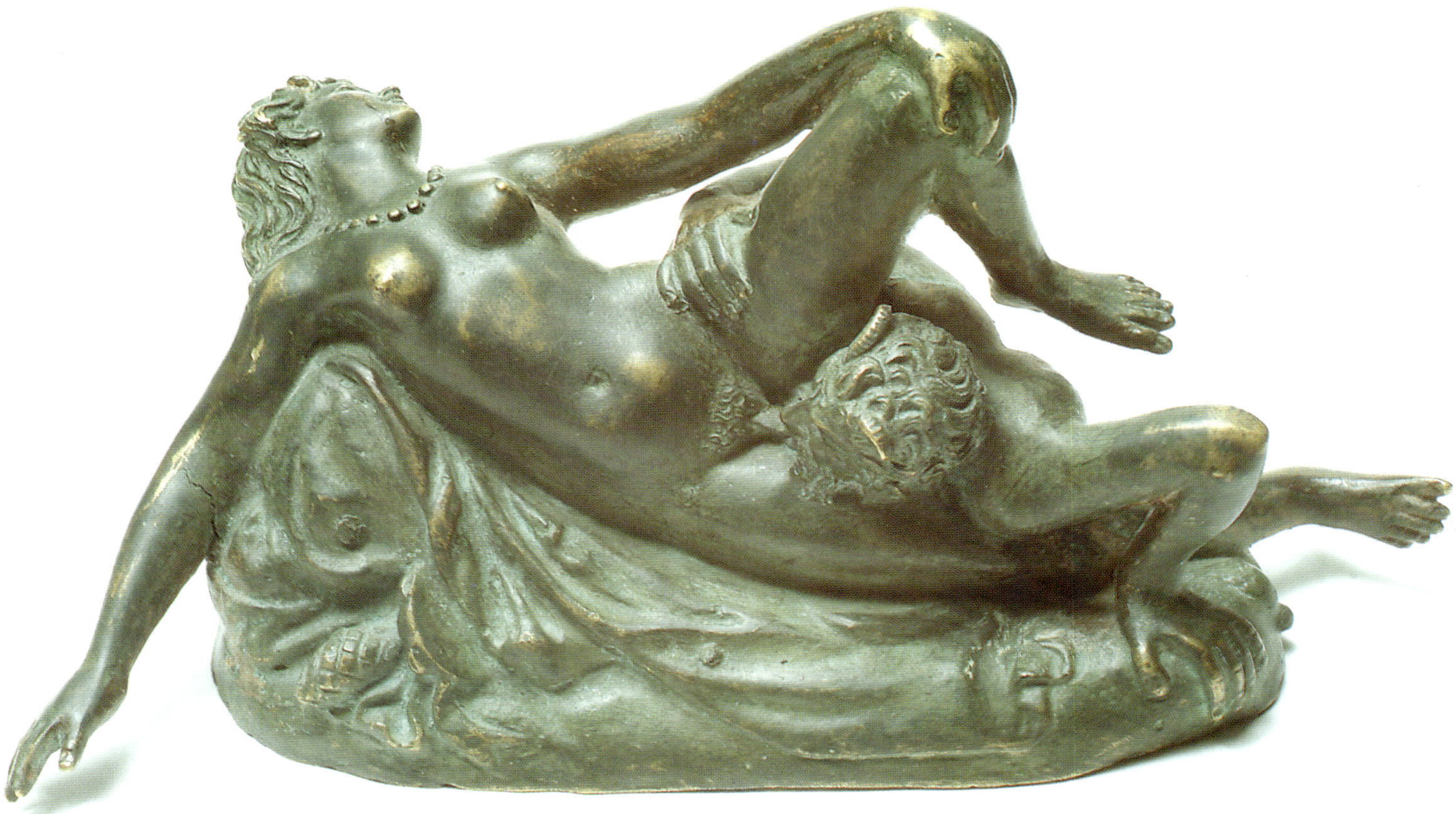

»Der Cunnilingus des Satyrs« zeigt in anschaulicher Weise die enge Verbindung zwischen Mythologie und Erotik in jener Zeit. Rom, Vatikanische Sammlungen

des Arbeitsverdienstes einer normalen Sklavin ausmachte. Die Bordelle waren Goldgruben, viele römische Senatoren unterhielten solche »Lupanare«. Bei besonderen Anlässen ließ der Staat Freimarken verteilen, die kostenlosen Eintritt ins Bordell gewährten. Mit der Einführung der hellenistischen Bildung seit dem 3. Jahrhundert v. Chr. entwickelte sich – wie Theodor Mommsen es nennt – »die Buhlknaben-Wirtschaft pestartig«. Ein hübscher Lustknabe kostete mehr als ein Bauerngut. Aber Rom hatte noch mehr zu bieten: Wo immer später der Spaten angesetzt wurde, um den Spuren der Vergangenheit nachzugehen, traf man auf Zeugnisse eines auserlesenen erotischen Geschmacks. In seiner »Sittengeschichte Europas« schreibt M. Paul Englisch: »Auf den Säulen und Kapitälen, von denen viele gefunden wurden, standen erotische Gruppen aus Marmor und Bronze. Weniger die Leidenschaft als die Galanterie wurden zum Ausdruck gebracht.« Einige dieser Darstellungen von höchstem künstlerischem Wert sind noch erhalten, so die Marmorgruppe »Faun und

Nymphe« in den Vatikanischen Sammlungen und »Satyr und Ziege« im Museum von Neapel. Eduard Fuchs stellt in seiner »Geschichte der erotischen Kunst« zu diesen Statuen fest: »Kühnere Motive lassen sich nicht leicht ausdenken als diese beiden Skulpturen. Das Grandiose daran ist, wie beherrschend der Künstler das Thema bearbeitet, wie hoch ihn sein Können in diesen Werken über das Stoffliche hinaus getragen hat.« Zahlreich waren auch die Darstellungen des Gartengottes Priap, der seinen Penis stolz zur Schau trägt. Er hat wohl auch das Vorbild für das Brüsseler »Manneken-Pis« abgegeben. Damals stand er in Gärten als Wächter der Obstbäume und Weinstöcke. Den Bordellen diente er mit erigiertem Glied als nicht zu übersehendes Aushängeschild. Künstlerisch hochwertige Fresken mit Darstellungen des Liebesaktes, so berichtet Tiberius, konnten sich damals nur vermögende Römer leisten. Für die große Masse, der noch nicht wie in unserem Jahrhundert das wohlfeile und meist langweilige Mittel pornographischer Abbildungen zu Gebote stand, fehlte es aber trotzdem nicht an erotischen Reizmitteln: Kleinkunst und Kunsthandwerk standen ihr zu Diensten. Alles, was zum täglichen Gebrauch gehörte, war mit Darstellungen aus dem Liebesleben geschmückt: Tafelgeschirr, Lampen, Vasen. Die Göttermythen waren für diese Künstler eine unerschöpfliche Quelle, die Liebesabenteuer des Zeus und seiner Mitgötter boten reichlichen Stoff. Wer über die erotischen Darstellungen die Stirn runzelt, weiß nicht, daß unter den erotischen Gemmen der Antike eine Vielzahl von höchster künstlerischer Schönheit zu finden ist. Das Motiv löst sich aus der Sphäre des Schlüpfrigen, und selbst Verwerfliches wird ästhetisch veredelt. »Welch leuchtender Goldglanz erotischen Genießens sich über das gesamte klassische Leben ergossen haben muß, das wird sich unseren asketisch verbildeten Sinnen vielleicht nie ganz enthüllen«, so Eduard Fuchs. Diese Beispiele zeigen, wie hoch sich trotz allen Sittenverfalls die erotische Kunst im klassischen Rom entwickeln konnte. Auch an Humor hat es nicht gefehlt. Das beweisen die überaus zahlreichen Funde phallischer Grotesken, bei denen auf die Modellierung des männlichen Geschlechtsteiles ganz besonderes

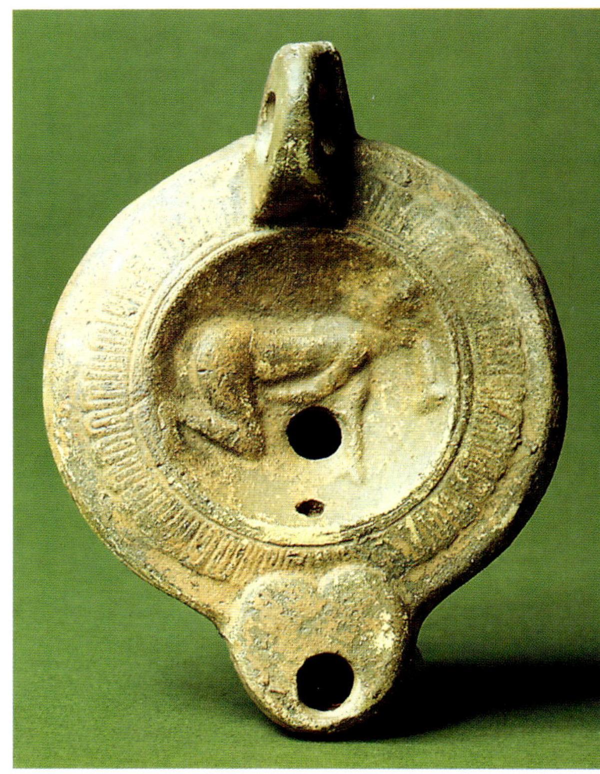

Öllampe aus der römischen Kaiserzeit mit der Darstellung von Fellatio

Römischer Anhänger in Phallusform

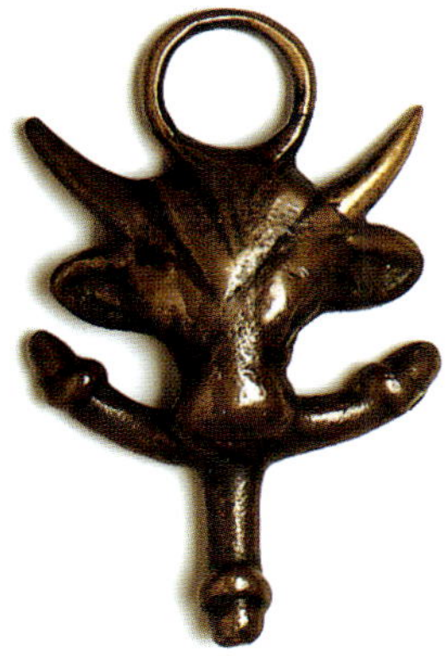

Gewicht gelegt wurde. Der Penis mußte sofort in die Augen springen, denn er ist der »Retter der Menschheit«, wie es auf einer Inschrift heißt. Die grotesken Steigerungen wurden dabei bis ins Ungeheuerliche getrieben, zuweilen überragt der Penis den ganzen übrigen Körper. Er ist nicht mehr Attribut des männlichen Leibes, sondern führt ein Eigenleben. Als »Erlöser der Welt«, als Geier symbolisiert, brütet er auf den geschlechtlichen Symbolen der Frau – das männliche Prinzip triumphiert. Mit Pfoten und Krallen ist er versehen, um zu zeigen, daß er alles niedertritt und zerreißt, was ihm begegnet. Seltsam mutet an, daß vor allem die phallischen Grotesken religiös-mystischen Charakter hatten. Das abergläubische Volk schrieb ihnen übernatürliche Kräfte zu, erhoffte von ihnen Schutz gegen Krankheiten und vor allem Kindersegen. Aus solchen Gründen trug man den Phallus in verkleinerter Nachbildung als Amulett um den Hals. Im Museum von Neapel finden wir pompejanische Bronzestatuetten wie die eines Mannes, der auf seinem stolz aufgerichteten Phallus einen mächtigen, mit Früchten überladenen Korb trägt. Ein anderer gießt über sein erigiertes Glied ein Füllhorn aus, um es als Freudenspender zu symbolisieren. Aus der Casa dei Vettii in Pompeji stammt der wunderschöne Jüngling, dessen übergroßer Phallus einem schweren Beutel Gold die Waage hält – wohl um zu zeigen, daß ein gutentwickelter Phallus einen Haufen Gold aufwiegt. Auch ein mit vielen plastischen Penissen ausgestattetes Venusrad steht in Neapel. Es wird von Amor in dauernder Umdrehung gehalten, um der unermüdlichen sexuellen Lust der Frau Genüge zu tun. Der Moralkodex des frühen Christentums verurteilte durch den Begriff der Sünde solche Ausschweifungen bei Strafe ewiger Verdammnis. Sex, so glaubte man, hindere die Seele daran, sich der Frömmigkeit hinzugeben. Je mächtiger der Einfluß der Kirche wurde, desto mehr Regeln erließ sie, um alle erotischen Regungen unter ihre Kontrolle zu bringen. »Wenn es wegen der Lust geschieht und nicht, um sich fortzupflanzen«, ließ Papst Gregor I. um 600 verbreiten, »dann haben Ehemänner und -frauen allen Anlaß, ihre Umarmungen zu bereuen.« In dieser Zeit waren Künstler, ob Maler, Zeichner oder Bildhauer, gehalten, sich nur reli-

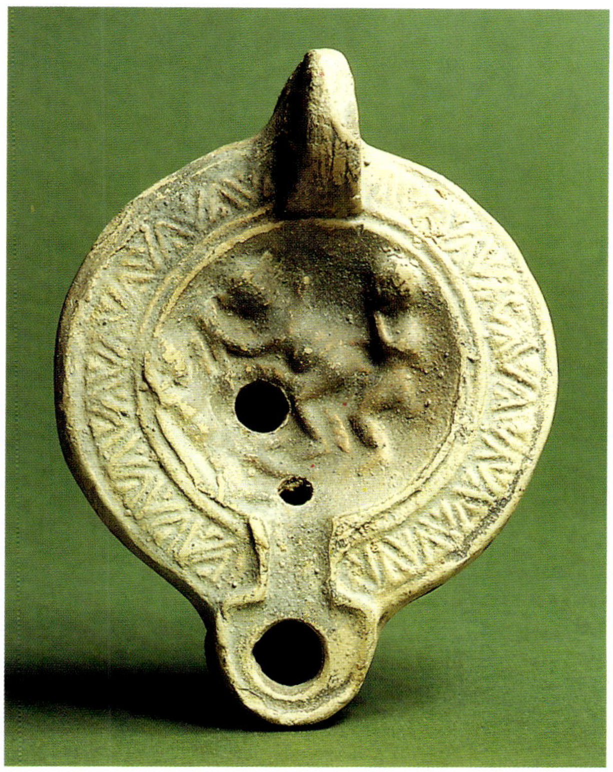

Öllampe aus der römischen Kaiserzeit mit der Darstellung von Koitus a tergo

Deutsche Elfenbeinschnitzerei, um 1700. Die Darstellung ist als Protest gegen die Unzucht des Klerus zu verstehen

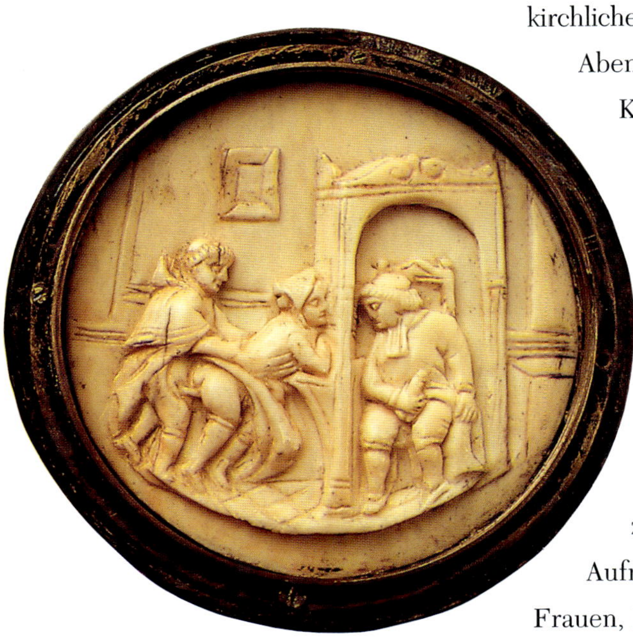

giösen Themen zu widmen. Verständlich, daß sich unter dem ständigen antisexuellen Druck der kirchlichen Lehre das Volk um so heftiger für die erotischen Ausschweifungen interessierte, denen sich Angehörige des geistlichen Standes hingaben. »Nonnenklöster sind nicht besser als Bordelle«, erklärte im 8. Jahrhundert Bischof Bonifatius. Der sexuelle Verkehr zwischen Mönchen und Nonnen wurde in Miniaturen und auf Medaillons angeprangert. In diesem kleinen Format deswegen, weil sie vor der kirchlichen Obrigkeit verborgen werden mußten. Die erotischen Abenteuer der Priester, Mönche und Nonnen beschäftigten die Künstler viele Jahrhunderte. Noch um 1700 schildert ein deutsches Medaillon, wie eine Frau bei der Beichte von einem Geistlichen begattet wird. Und um 1800 schuf der englische Kupferstecher und Aquarellist Thomas Rowlandson eine Serie von Radierungen, die das Sexleben der Nonnen darstellt. Ein Blatt im Besitz des British Museum in London zeigt, wie eine eingesperrte Nonne mit Unterstützung einer anderen ihr entblößtes Hinterteil gegen ein Gitter preßt, um sich einem Freier anzubieten. Die Kirche schuf ein Ventil, indem sie die Aufmerksamkeit auf angebliche Ketzer lenkte. Sie beschuldigte Frauen, Hexen zu sein und es heimlich mit dem Teufel zu treiben. Dies war das einzige Thema mit sexuellem Aspekt, dem sich die Künstler offiziell widmen durften. Typisch für dieses Sujet ist der Stich »Hexensabbat« des Italieners Parmigianino (British Museum): Eine Hexe reitet, den Besen unter den Arm geklemmt, auf einem riesigen Phallus. Vom 15. Jahrhundert an entdeckten Künstler, allen voran die Italiener, die Schönheit der erotischen Darstellungen von neuem. Sie wurden zu dieser Renaissance durch die Kunstwerke der griechisch-römischen Klassik angeregt, die man damals wieder zu schätzen begann. Um diese Zeit entsteht das Bild »Leda und der Schwan«, das aus der Schule Leonardo da Vincis stammt (Galleria Borghese, Rom). Ein mächtiger, erregter Schwan zieht mit seinem rechten Flügel eine nackte Frau zu sich heran, die seinen Hals umklammert. 1518 zeichnet der Schweizer Urs Graf mit der Feder das Blatt »Lust und die junge Frau« (Öffentliche Kunstsammlung, Basel). Ein nackter Mann mit wehendem Bart rennt einer bekleideten Frau nach und reißt ihr den Rock über die Schenkel hoch. Die sexuelle Lust ist wieder zum künstlerischen Thema geworden. Wer glaubt, italienische Maler des 15. und 16. Jahrhunderts hätten sich darauf beschränkt, Kirchen, Klöster und Paläste mit Bildern religiösen Inhalts zu schmücken, der irrt. Bestes Gegenbeispiel ist ein

Künstler, über den außer dem Verzeichnis seiner Werke vieles bis heute unbekannt blieb. Das fängt mit seinem Namen an: Obwohl als Giulio Romani geboren, ging er in die Kunstgeschichte als Girolamo Romanino ein; ob er 1484, '87 oder '91 geboren wurde, ist ungeklärt. Sein Todesdatum wird vage mit »1562 oder später« angegeben. Nur daß er aus Brescia stammt, ist sicher. Aus der Zeit um 1525 stammt seine Federzeichnung »Die Wollust«. Romanino stattete damals im Auftrag der Fürstenfamilie Colleoni deren Schloß Malpaga und das Castello Buonconsiglio in Trento mit Wandgemälden aus. Einige Zeichnungen, die er dort anfertigte, sind nichts weniger als christlich. So kennen wir Motive wie »Kastrierung eines Katers«, »Tanzende Kavaliere und Damen«, Aktzeichnungen von Nixen und neben mehreren Darstellungen des Geschlechtsverkehrs zwischen Paaren auch solche zwischen Mensch und Tier. 1531 wird Romaninos Tätigkeit für die Colleonis jäh beendet. Zeitgenossen behaupten, dies sei auf die Ähnlichkeit des weiblichen Modells zur »Wollust« mit der Tochter des Fürsten zurückzuführen. Fest steht, daß der Klerus davon erfuhr und einige Wandgemälde zerstören ließ. Doch zu spät. Romaninos Kollege Marcantonio

»Die Wollust«, Federzeichnung von Girolamo Romanino, um 1525

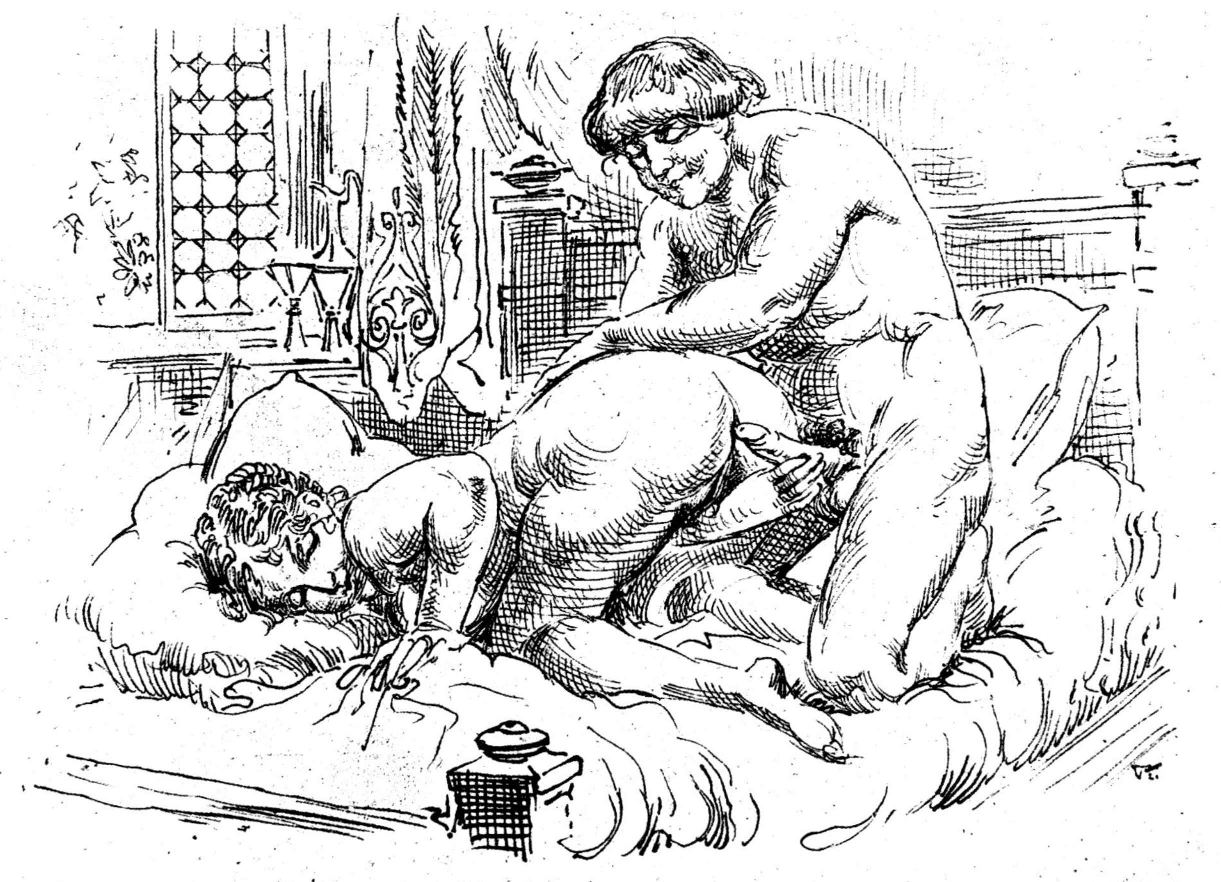

Raimondi hatte die Kunstwerke schon kopiert. 1532 veröffentlichte er die Blätter. Sie überwältigten Künstlerkollegen und Kunstkenner. Die Kirche sorgte dafür, daß alle Blätter und Druckplatten, deren sie habhaft werden konnte, vernichtet wurden; Raimondi verschwand im Gefängnis. Aber er ließ sich nicht einschüchtern. Nach seiner Freilassung schuf er die Bilder der kopulierenden Paare aus dem Gedächtnis von neuem, diesmal als Illustrationen zu Pietro Aretinos »Sonetti Lussuriosi«, den lustvollen Sonetten. Aus diesem Buch blieben zwei Blätter mit den erotischen Illustrationen erhalten; das eine befindet sich in Wien, das andere in London. Mit der alle Widerstände überwindenden Veröffentlichung der Stiche, die Raimondi nach den sechzehn Paarungsdarstellungen Romaninos schuf, hatte der Kupferstecher den Weg für die erotische Kunst der Neuzeit bereitet. Im 17. und 18. Jahrhundert, im Zeitalter des Absolutismus, bestimmte der Geschmack der Fürsten und Könige, vor allem der französischen, die Kunst. Sie hatte ihnen zur Repräsentation ihrer Macht und als Spiegel ihrer Lebens- und Liebeslust zu dienen. In den Residenzen der Herrscher, besonders aber in Versailles, erlebte die erotische Kunst eine Hochblüte. Bezeichnend für den sinnenfrohen Lebensstil dieser Zeit: Zwei Meister der erotischen Kunst, François Boucher und Jean-Honoré Fragonard, machten ihre Karriere am französischen Hofe durch die Fürsprache zweier Mätressen Ludwigs XV., der Pompadour und der Dubarry. Boucher (1703–1770) besaß ein außerordentliches Talent, schöne, nackte junge Mädchen zu malen, und durfte mit ihren Akten das Schlafzimmer schmücken, in dem die Pompadour den König empfing. Bouchers berühmtestes Bild zeigt die bäuchlings auf einem Sofa liegende nackte Offizierstochter Lucie O'Murphy (1752; Alte Pinakothek, München). Casanova hatte die Fünfzehnjährige dem Maler zugeführt. Ludwig XV. gefiel nicht nur das Bild, sondern auch das Modell. Er zeugte mit ihm drei Kinder. Als 1764 Madame de Pompadour starb, stieg die Dubarry zur offiziellen königlichen Mätresse auf. Und Bouchers Schüler Fragonard (1732–1806) verdrängte durch ihre Protektion seinen Lehrer. 1766 bestellte der Baron de St. Julien bei Fragonard schriftlich ein Bild: »... meine Mätresse auf einer Schaukel, die ein Bischof in Schwung hält. Mich selbst müssen Sie so plazieren, daß ich eine gute Aussicht zwischen die Beine dieses schönen kleinen Dinges erhaschen kann.« »Die Schaukel« aus den Jahren 1768–69 wurde zum Sinnbild der erotischen Spielereien des Rokoko. Natürlich haben die beiden Maler am Hofe auch Aufträge zu viel intimeren Darstellungen erhalten. Eduard Fuchs in seiner schon zitierten »Geschichte der erotischen Kunst«: »Von mehr oder minder naturalistischen Darstellungen des Cunnilingus kenne ich solche von Fragonard, von Boucher ...«

Georg Emanuel Opitz, »Seiltänzer«, aquarellierte Bleistift- und Federzeichnung, um 1825

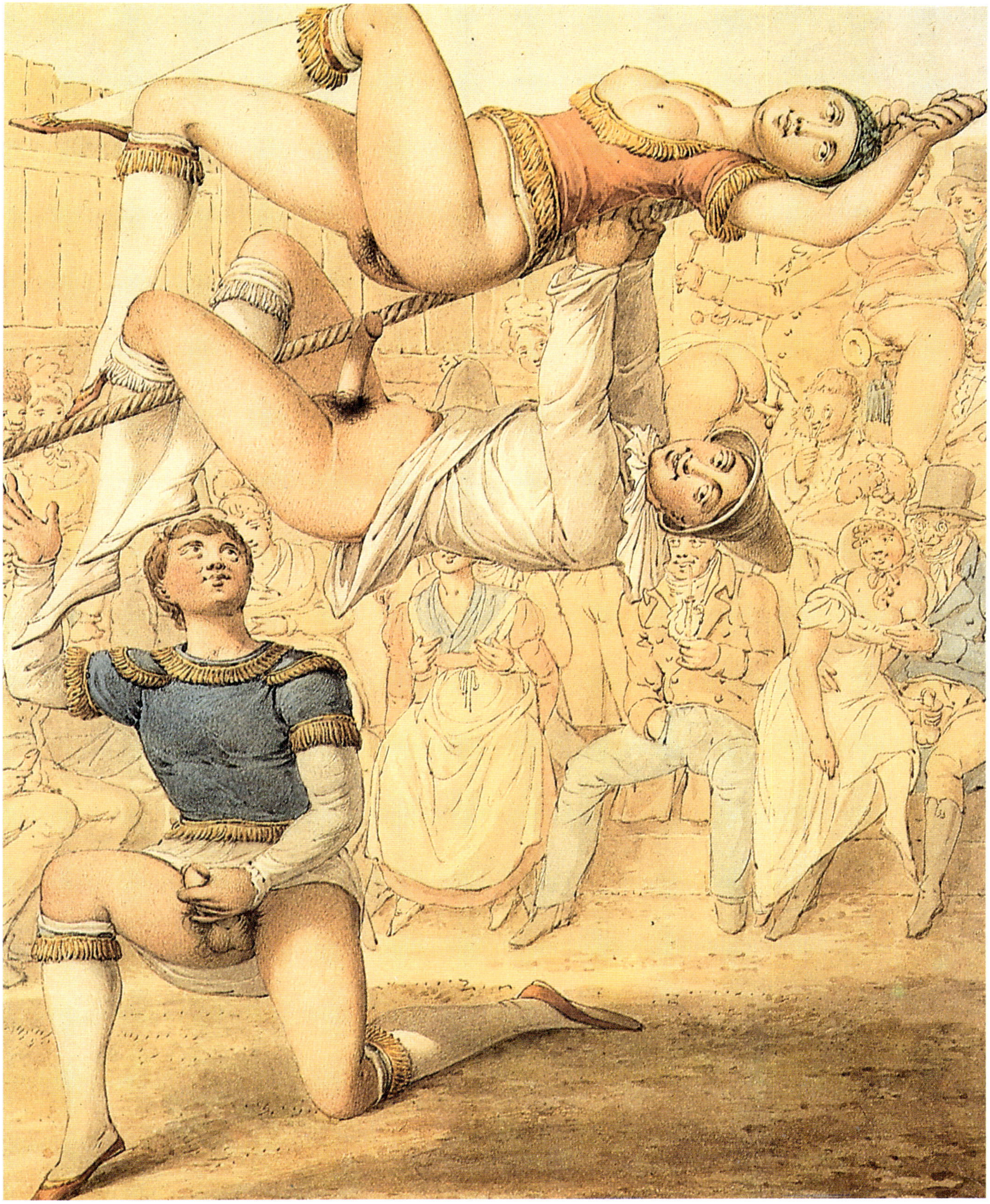

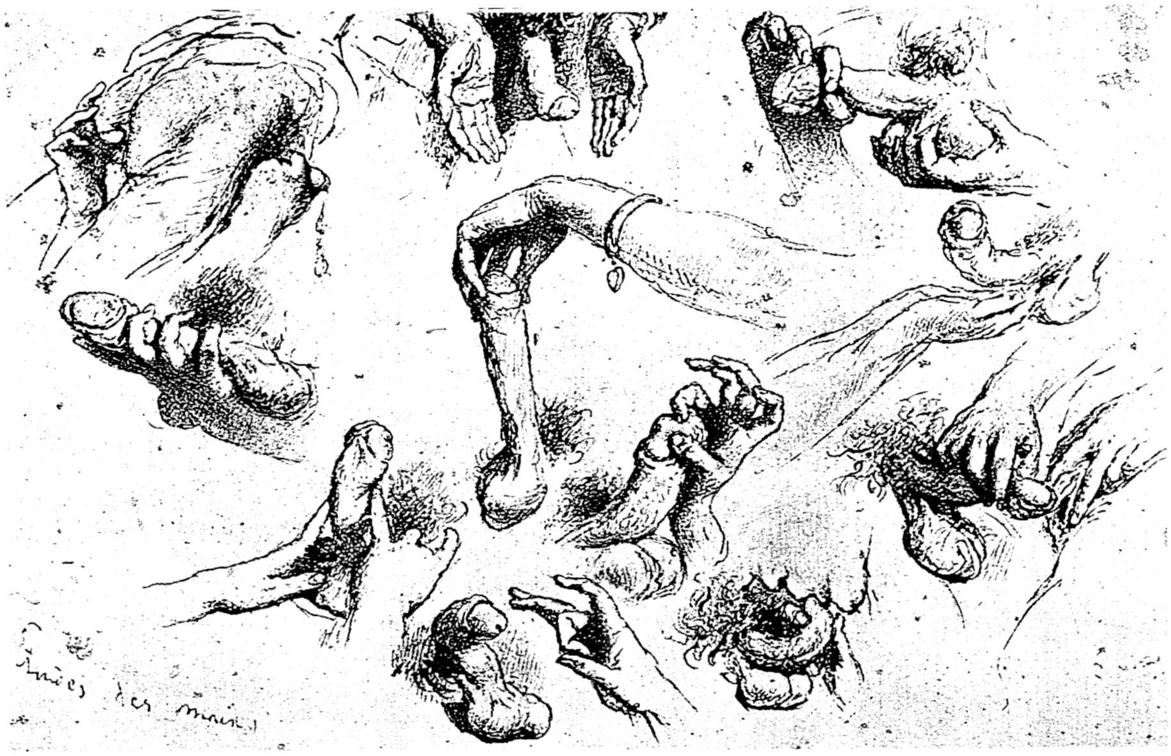

Mihaly Zichy, »Etudes des mains«, Federzeichnung

Im 19. Jahrhundert mußte sich die erotische Kunst mehr und mehr in die Privatsphäre zurückziehen. Nachdem Georg Emanuel Opitz noch im Biedermeier mit seinen Schilderungen des Volkslebens in vielen Aquarellen Ärgernis erregte, weil er häufig anstößige Motive aus dem erotischen Theaterspiel des Rokoko verwandte, brach das bürgerliche Zeitalter der doppelten Moral endgültig an. Es hieß das »viktorianische«, benannt nach der langen Regierungszeit der britischen Königin Victoria (1837–1901). In den Jahrzehnten, in denen nicht nur ein bloßes Frauenbein verpönt war, sondern selbst die drei Beine eines Flügels umhüllt sein sollten, wurde der sexuellen Lust nur insgeheim, dafür aber um so ausschweifender gefrönt. Die Illustrationen und Zeichnungen der Künstler dieser Epoche legen davon Zeugnis ab. Mihaly Zichy, der mit 29 Jahren Hofmaler des Zaren Alexander II. wurde, zeichnete ein Blatt »Studien von Händen«. Es sind Frauenhände, die elfmal einen Penis streicheln, massieren, einführen, umbiegen, kitzeln oder in die Länge ziehen (Sammlung Lawrence E. Gichmer, Washington D. C.). Der Engländer Aubrey Vincent Beardsley (1872–1898), ein übersensibler, frühvollendeter Illustrator mit homosexuellen Neigungen, wurde im letzten Jahrzehnt des ausgehenden Jahrhunderts zur Leitfigur der erotischen »Dekadenz«. In seinen Zeichnungen wetteifert verfeinerter Geschmack mit überreizter Sinnlichkeit.

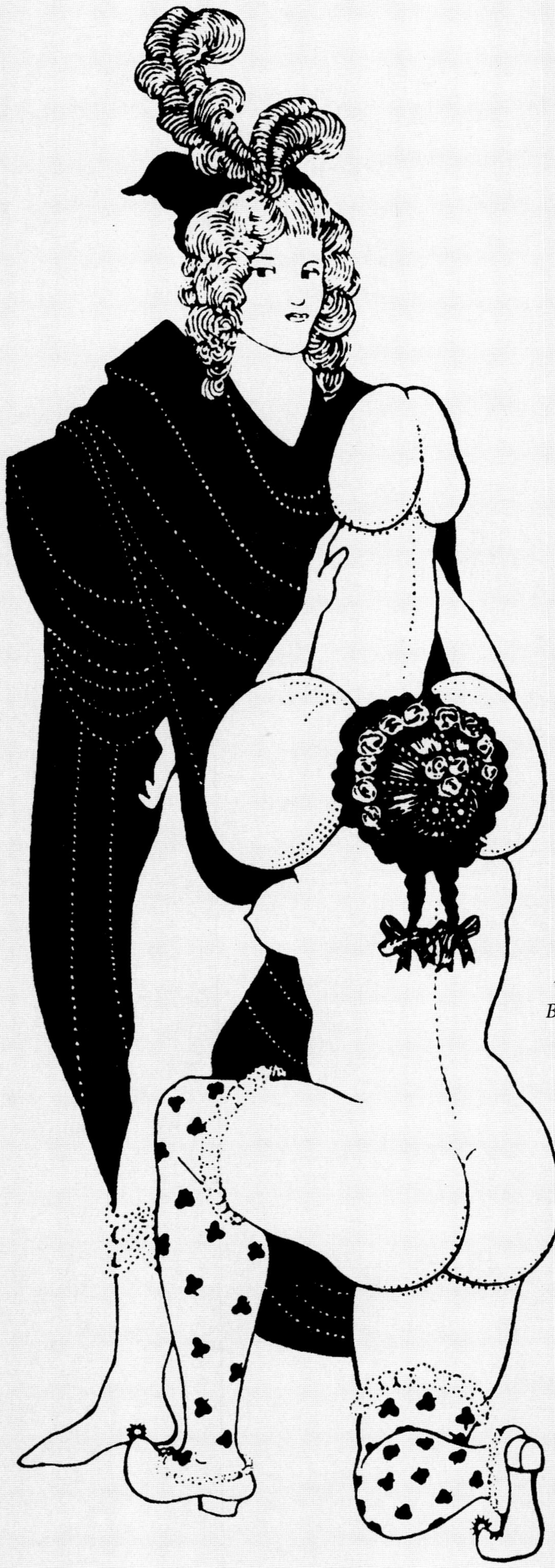

Aubrey Vincent Beardsley, »Anbetung des Penis«, Illustration zur »Lysistrata« von Aristophanes. Bis heute fehlen in den Buchveröffentlichungen Motive wie das hier abgebildete. Die Originale befinden sich in strengem Gewahrsam des British Museum in London

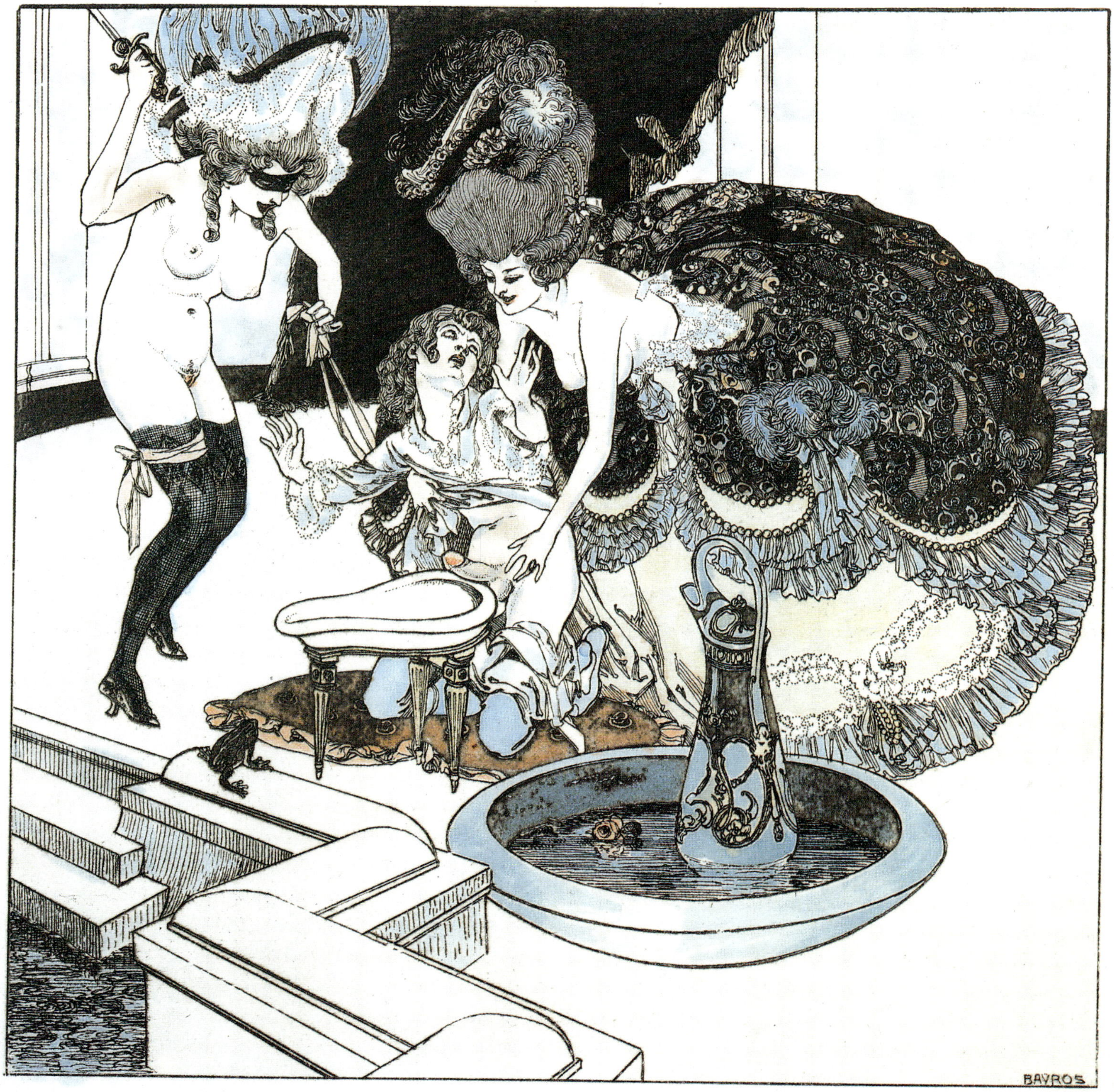
BAYROS

In der Londoner British Library liegen Platten seiner Illustrationen zu Aristophanes' »Lysistrata«, die ihn kurz vor seinem frühen Tode in Europa berühmt machten: Beinahe jedes Bild wird von einem überproportionalen erigierten Glied beherrscht. Seine Nachfolge trat der Marquis Franz von Bayros an. Der Schwiegersohn des Walzerkönigs Johann Strauß zeichnete fast nur Frauen, die masturbieren oder sich von Tieren stimulieren lassen. Oft fesseln oder peitschen sie sich. Männer erscheinen nur selten in seinen Zeichnungen, und wenn, dann nur als gedemütigte oder gequälte Opfer. Im Jahr 1907 wurde gegen ihn wegen seiner freizügigen Illustrationen der »Erzählungen vom Toilettentisch« ein Prozeß angestrengt. Als Auguste Rodin, damals bereits weltberühmt, im Jahr 1917 starb, fanden sich in seinem Nachlaß große

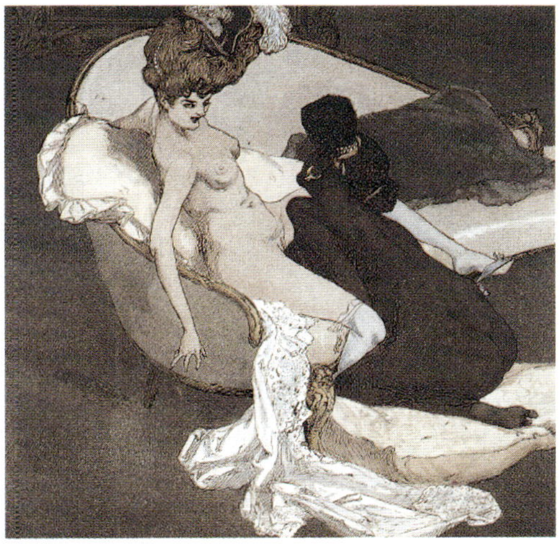

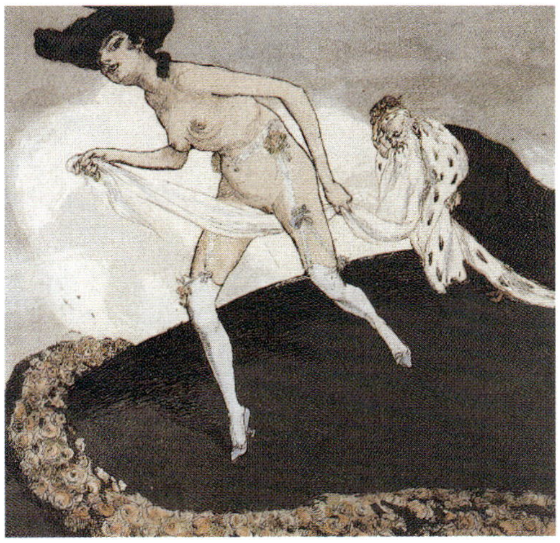

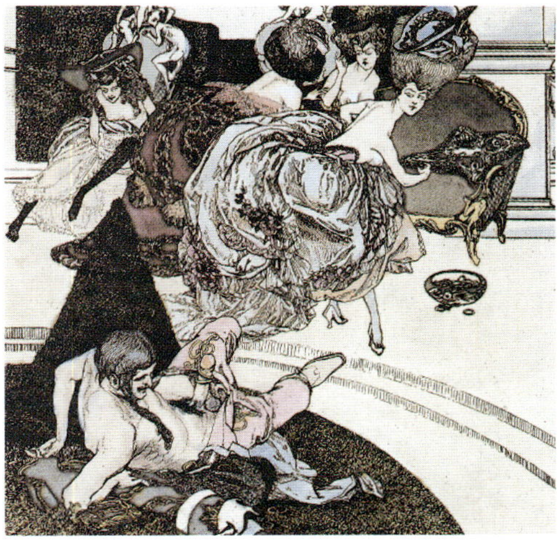

linke Seite und oben links:
Marquis Franz von Bayros, Illustrationen zu den »Erzählungen vom Toilettentisch«. Die Ausgabe wurde 1907 wegen der freizügigen Bebilderung verboten

oben Mitte und rechts:
In vielen Blättern hat Franz von Bayros den gequälten, gedemütigten Mann dargestellt. Bei masochistisch oder sadistisch veranlagten Menschen gewann er durch diese Thematik schnell an Popularität

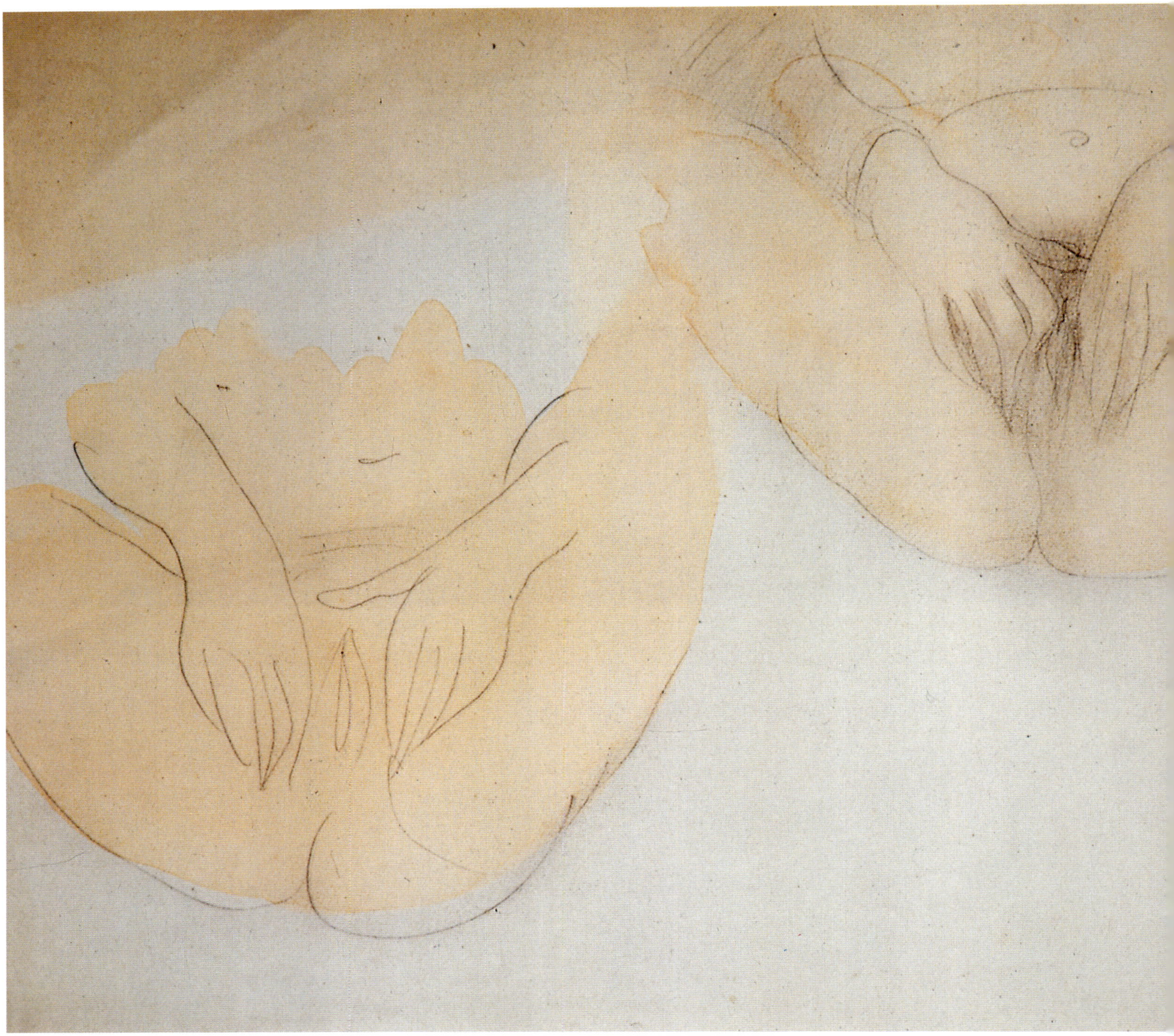

Mengen aquarellierter obszöner Zeichnungen. Auch sie sind, wie seine Skulpturen, von Leidenschaft und ungehemmter Lebenskraft geprägt. Erst in den achtziger Jahren gab die Bibliothèque nationale die Erlaubnis, einige dieser Blätter auszustellen und zu reproduzieren. Dennoch ist für viele öffentliche Museen erotische Kunst noch immer nicht existent. In diesem Zusammenhang braucht man sich nur der Arbeiten von Heinrich Zille, George Grosz und Rudolf Schlichter aus den ersten Jahrzehnten des 20. Jahrhunderts zu erinnern. Zille, der dem Volk aufs Maul schaute und in allen seinen Darstellungen die soziale Ungerechtigkeit anprangerte – bei aller Derbheit ein Sozialist des Herzens; Grosz, der seine Kunst ganz in den Dienst gesellschaftlicher Kritik stellte und noch in seinen Bildunterschriften agitatorisch wirkte; Schlichter, der sich offen zu jenen Minderheiten bekannte, deren Vita sexualis die Gesellschaft damals noch verächtlich als Perversion einstufte. Auch Christian Schad löste mit seinem Bild »Die Freundinnen« noch Ende der zwanziger Jahre in Berlin einen Skandal aus. Dabei bedarf erotische Kunst keiner Rechtfertigung. Sie ist in einer von Sorgen und Problemen bedrängten Welt ein Hoffnungsstrahl, der vergänglichen Augenblicken Dauer verleiht. In der Liebe und im Tod sind alle Menschen gleich, ein gemeinsames Band hält sie zusammen. Harmonie und Verstehen sind die ganz unmittelbaren Folgen einer sinnlichen Kunst, die sich mit diesem ältesten Thema menschlicher Geschichte beschäftigt. 1969 gelang es dem dänischen Ehepaar Eberhard und Phyllis Kronhausen, dieses Tabu zu durchbrechen und in Schweden, in Lunds Konsthall, die »Erste internationale erotische Kunstausstellung« zu zeigen. Die Sammlung Kronhausen wanderte damals durch viele europäische Städte – Hamburg und Zürich waren die nächsten Stationen, und die internationalen Massenmedien berichteten ausführlich über den Erfolg dieser Ausstellung. Durch die große Schau »Erotic Art« wurde für viele Menschen nachträglich deutlich, daß erotische Kunst jenseits des unmittelbar dargestellten Gegenstandes neben ihrer künstlerischen auch eine soziale und politische Bedeutung hat. Die sogenannten »Giftschränke«, die sich überall in der Welt in Kupferstichkabinetten, im British Museum so gut wie im Victoria and Albert Museum oder im Nationalmuseum in Neapel befinden, sind überflüssig geworden, seit es auch in München und Hamburg öffentliche Sammlungen für erotische Kunst gibt. Die mündige demokratische Gesellschaft hat Anspruch auf Informationen jeder Art. Dem einzelnen muß es ohne Zensur überlassen bleiben, welche Werke der Kunst er anerkennen oder ablehnen will. Gerade im Bereich erotischer Kunst gilt neben den Gesetzen der Ästhetik das Motto des Hosenband-Ordens »Honi soit qui mal y pense«.

Auguste Rodin, »Néréides«, aquarellierte Bleistiftzeichnung

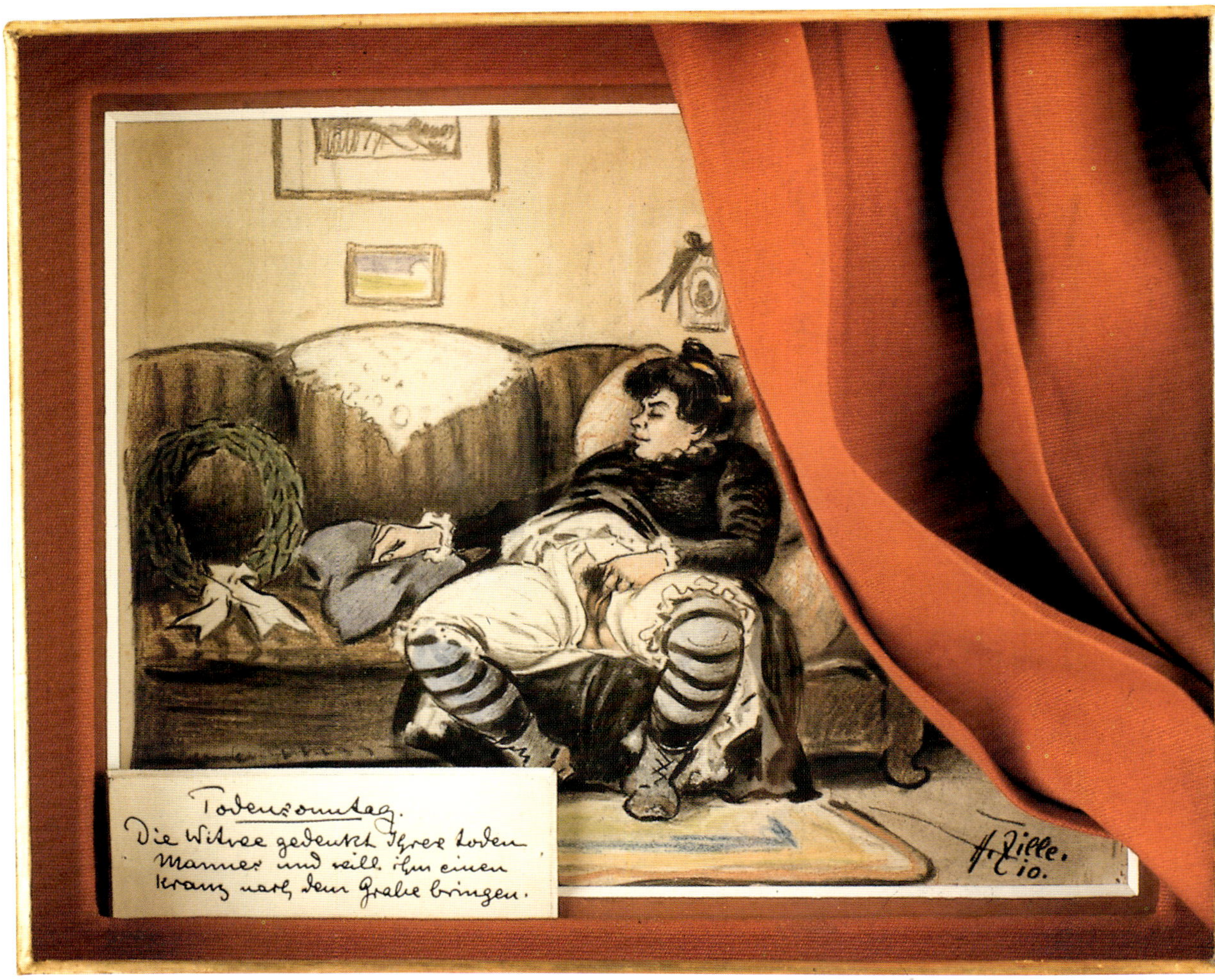

*oben: Heinrich Zille, »Die Witwe«, aquarellierte Zeichnung, 1910.
Nach Zilles Tod (9.8.1929) stellte die Berliner Akademie dieses Blatt
unter dem Titel »Totensonntag« aus.
Um den öffentlichen Skandal zu beenden, verfügte die Ausstellungsleitung,
daß zwischen Bildrahmen und Abbildung der masturbierenden Trauernden ein
geschlossener roter Vorhang angebracht wurde, der nur auf ausdrücklichen
Wunsch von einem Museumswärter beiseite gezogen wurde*

*rechts: Christian Schad, »Die Freundinnen«,
Öl auf Leinwand, 1928*

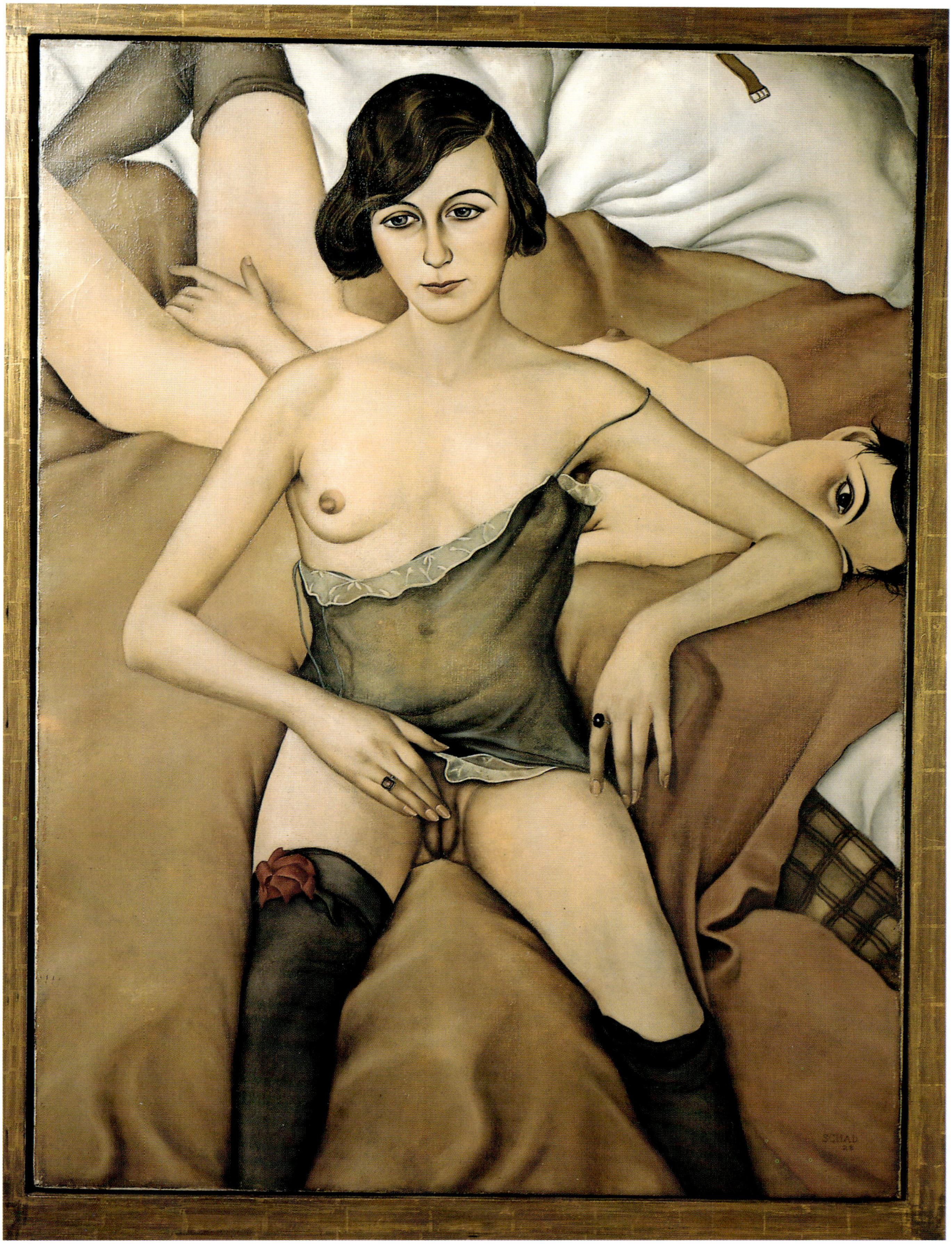

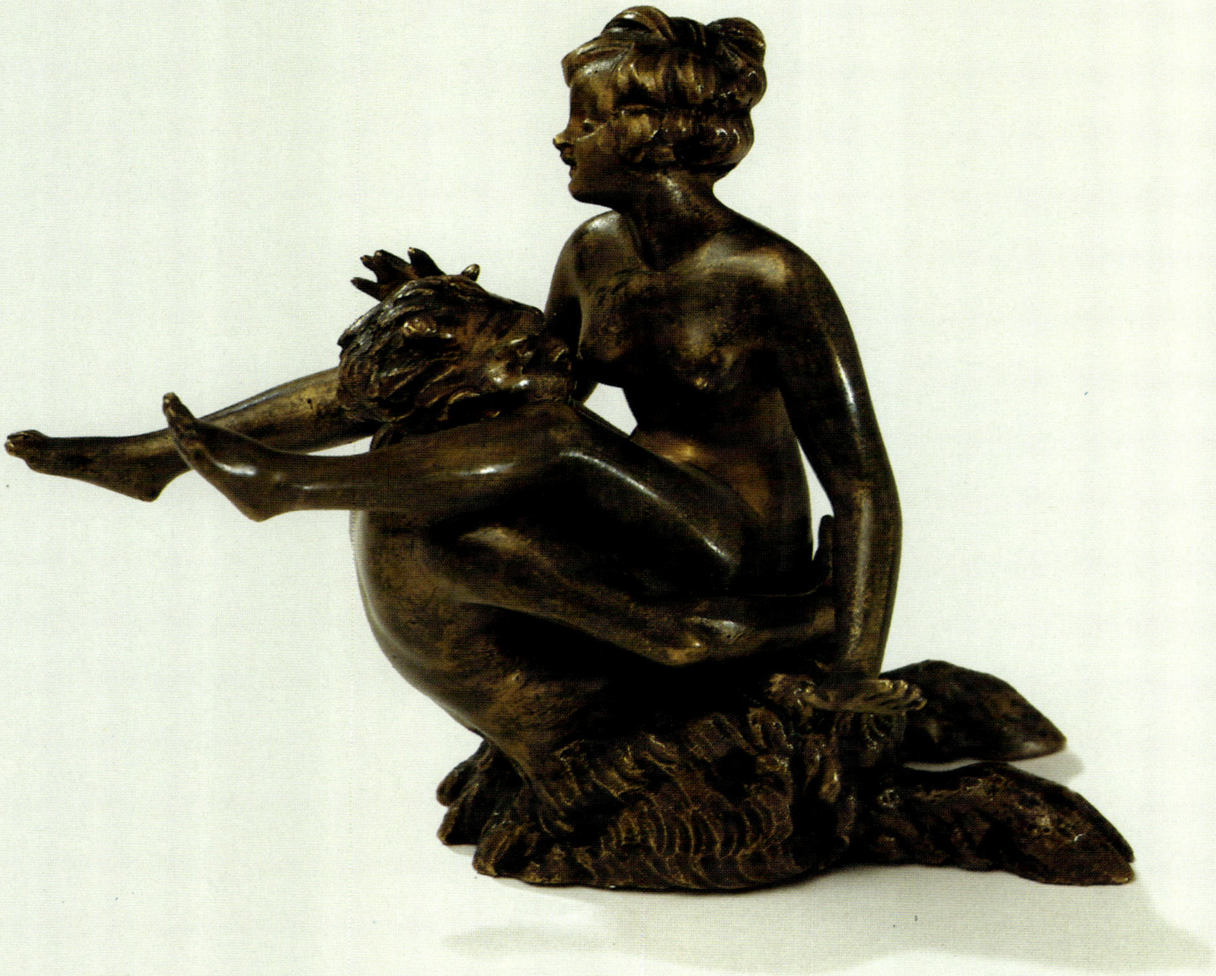

Geschichte der Aufklärung

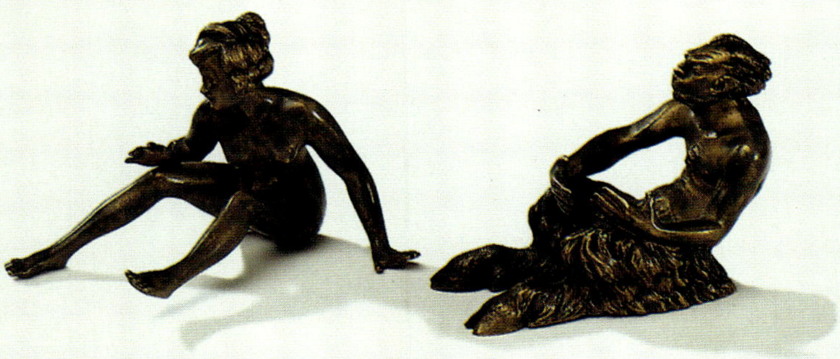

Wiener Bronzefigürchen des 19. Jahrhunderts, die sich zu verschiedenen Koituspositionen als Modell zusammenstellen lassen

Puritanismus, falsch verstandene Moral und kleinbürgerliche Verlogenheit haben immer wieder dazu geführt, daß Erotik und Sinnenlust zur Schlüsselloch-Perspektive wurden. Auf ihr gründete sich schließlich die Pornowelle der sechziger Jahre. Noch immer beharren Theologen darauf, nur das als erlaubt anzusehen, was der Fortpflanzung dient. Die Kulturgeschichte der Menschheit beweist, daß unsere heutigen Probleme mit der sexuellen Aufklärung in früheren Epochen längst überwunden waren. Max Marcuse schreibt in seinem »Handwörterbuch der Sexualwissenschaft«: »Es herrscht keine Klarheit über die Mittel und Wege der sexuellen Erziehung, obgleich der Einfluß solcher Erziehung auf das spätere Verhalten des Menschen in geschlechtlicher Beziehung allgemein anerkannt wird. Nach wie vor gilt, daß der eigentliche Kern solcher Erziehung in der Familie zu suchen ist, daß es aber sehr schwer ist, auf das Verhalten der Eltern den Kindern gegenüber einzuwirken. Freilich fehlt den Eltern heute meist das für die Leitung der Erziehung erforderliche Wissen, ja selbst das Bewußtsein, daß es ihnen fehlt, und die Lust, es sich anzueignen.« Die unzähligen Manifestationen erotischer Kunst in aller Öffentlichkeit seit der Antike, deren Anblick sich niemand entziehen konnte, lassen nur einen Schluß zu: Ob Ägypter, Griechen oder Römer – dem Geschlechtlichen standen diese Kulturen völlig unbefangen gegenüber. Deswegen gab es für eine prüde Beaufsichtigung der Kunst, für die Zensur, wie sie sich mit der Christianisierung Europas entwickelte, keinen Raum. Das, was man heute unter Pornographie versteht, hätte im Lebenskreis antiker Menschen kein Publikum gefunden. Erst durch die künstlerische Bewältigung, durch ästhetische Betrachtung und Darstellung des menschlichen Liebeslebens wurde im klassischen Altertum Liebe zu göttlicher Lust, die jedermann ohne zu erröten verstand. Auch in anderen Kulturkreisen zeigt uns die Geschichte, daß sich frühere Epochen mit der Sexualaufklärung leichter taten als unsere heutigen Sexual-Atlanten. Beispielhaft dafür ist das chinesische Hochzeitsbuch. Durch Jahrtausende war es Sitte, bei der Geburt eines Mädchens, sobald der Astrologe den Tag ihrer Hochzeit vorausbestimmt hatte, bei einem Maler Bildfolgen mit erotischen Darstellungen zu bestellen. Wenige Tage vor der Hochzeit bekam die meist kindliche Braut diese zum Buch gebundenen Bilder als Geschenk ihrer Eltern. Die Poesie der auf Seide gemalten erotischen Szenen erlaubte selbstverständlichen Realismus, der in Verbindung mit Detailgenauigkeit für die wortlose Aufklärung wichtig war. Fast alle Exemplare solcher Bücher sind während der Kulturrevolution unter Mao Tse-tung als Beispiele bürgerlicher Dekadenz vernichtet worden. Ein wichtiges Argument

Aufklärungsmodell aus vorchristlicher Zeit: Vagina und Phallus, beweglich, aus einem Stein geschnitten

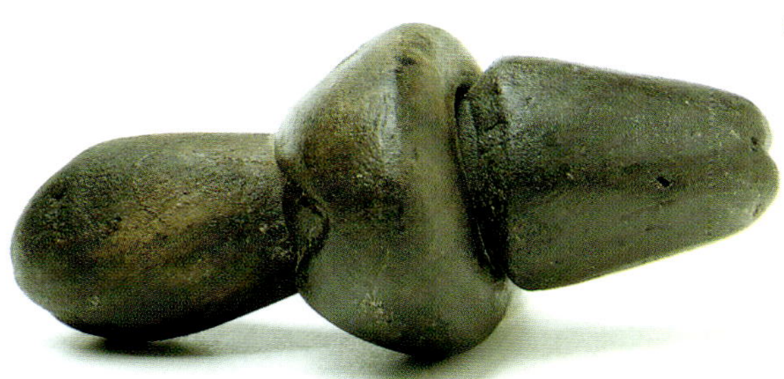

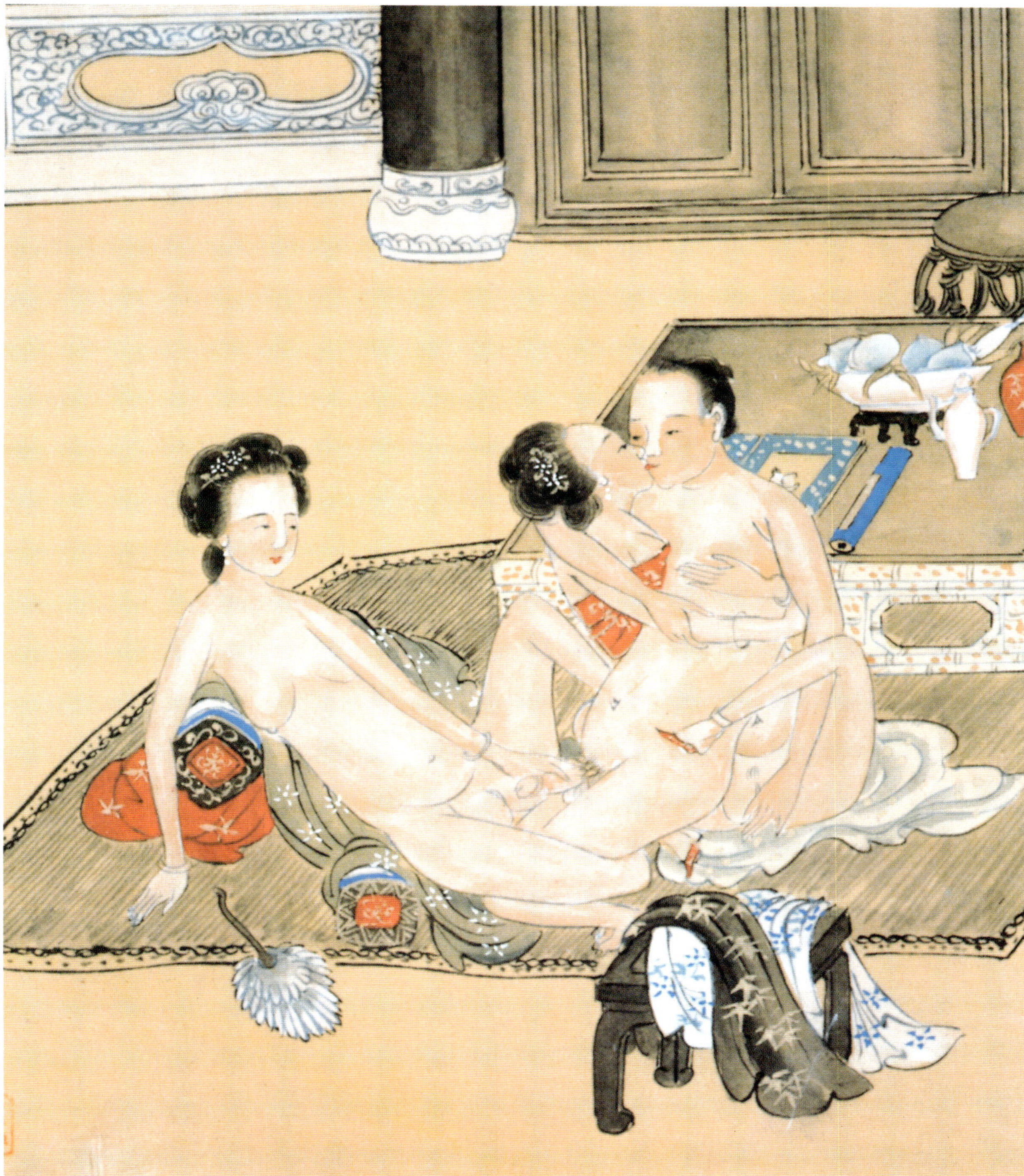

. . . .

Motiv aus einem chinesischen Hochzeitsbuch,
Anfang des 19. Jahrhunderts

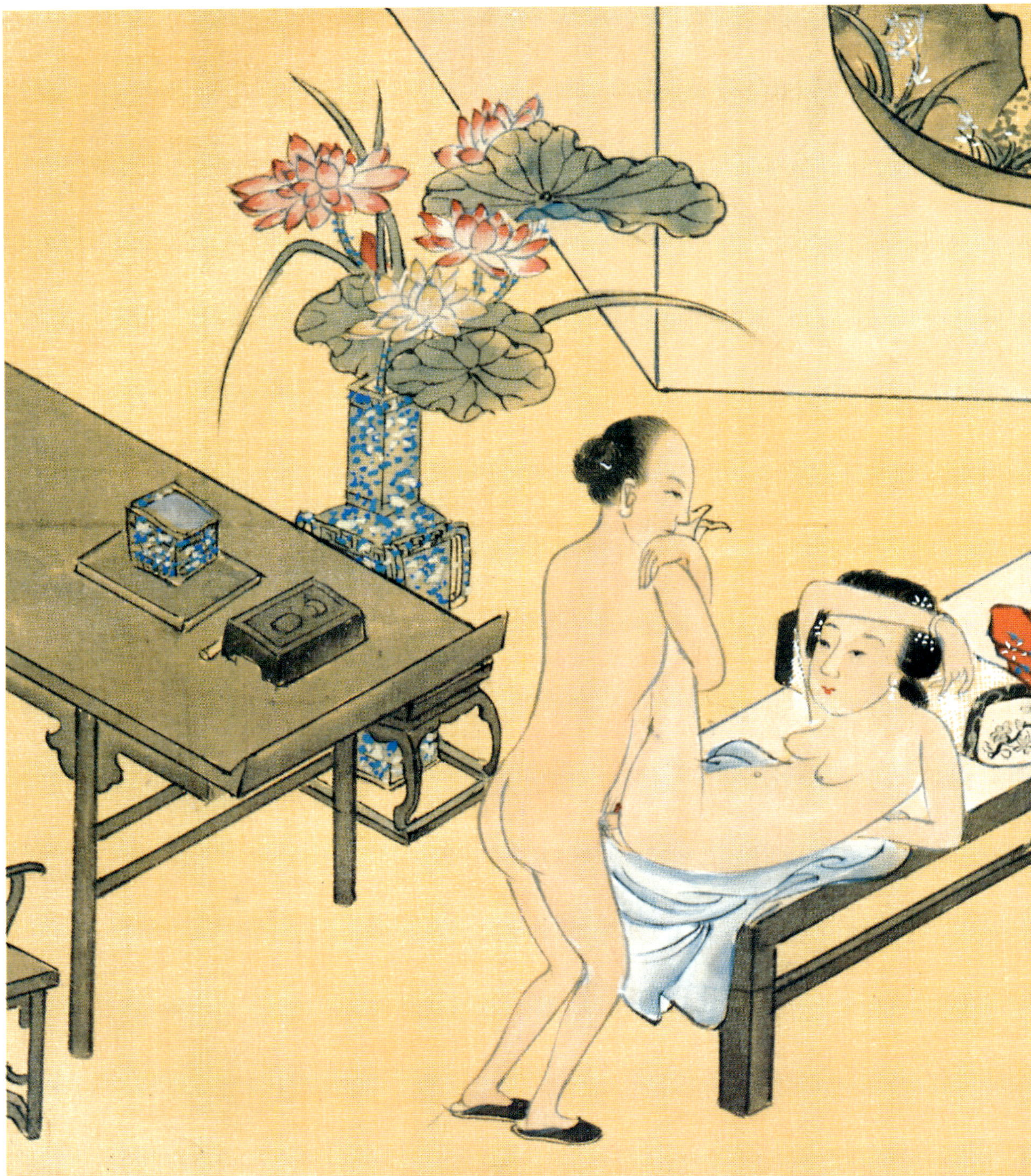

. . . .

oben und folgende Doppelseite:
Motive aus einem chinesischen Hochzeitsbuch,
Anfang des 19. Jahrhunderts

für rechtzeitige Aufklärung ist das Sexualhalbwissen der Kinder. Es ist heute auf einem Stand, der noch vor fünfzig Jahren undenkbar war. An einem Fernsehabend erfahren sie über sexuelle Praktiken mehr als ihre Großmütter während ihres ganzen Lebens. Diese Vermittlung spiegelt sich in Versen und Aufzählreimen, die verschiedene Autoren wie Ernest Bornemann und Heinz Küpper in großer Zahl gesammelt und dokumentiert haben.

Vers eines siebenjährigen Mädchens aus Wolfsburg:

Vater hat zuviel gefickt,
Kaputt ist Vaters Schwanz.
Mutter hat ihn schön geflickt,
Jetzt ist er wieder ganz.

Vers eines Jungen von 13 Jahren aus Berlin:

Leise zieht durch Mamas Bauch
Papas lange Jurke.
Und schon nach neun Monaten
Kommt ein kleiner Schurke.

Vers eines elfjährigen Mädchens aus Kassel:

Isidor, mein Vetter,
Fickt nur bei Regenwetter.
Wer immer ihm begegnet,
Den fickt er, wenn es regnet.

Für die Neigung zu Obszönitäten bei Kindern wird fälschlich das Fach »Sexualkunde« verantwortlich gemacht, das an fast allen Schulen zum Stundenplan gehört. Nur – Kinder haben, wie die Verse zeigen, heute schon viel früher eine eigene Sexualsprache. Sie sprechen anders als ihre Eltern und Lehrer. Im Unterricht wird, der Vorschrift folgend, von Glied, Scheide und Geschlechtsverkehr gesprochen. Fremdwörter für Kinder, die sich an den Wänden öffentlicher Klos mit Begriffen wie »Schwanz« und »Ficken« vertraut gemacht haben.

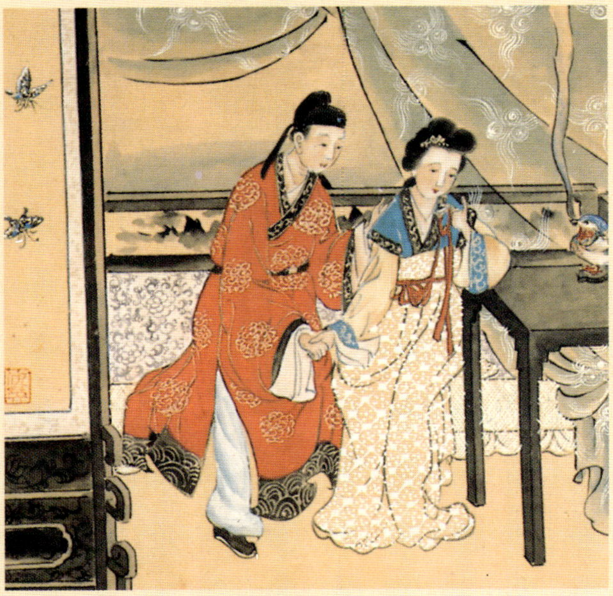
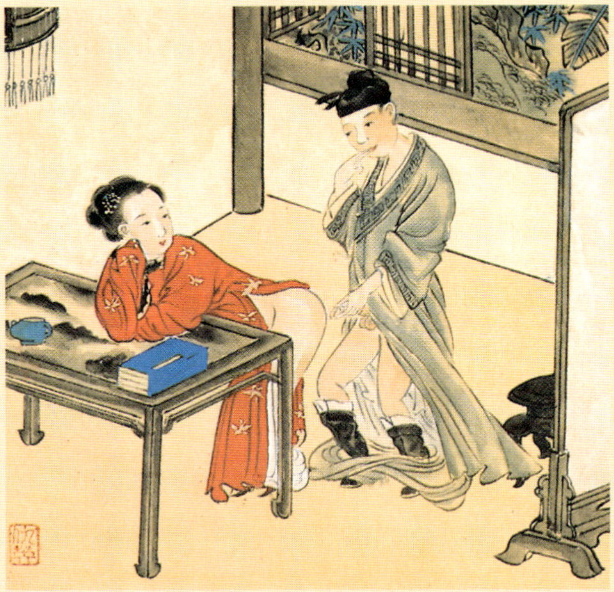
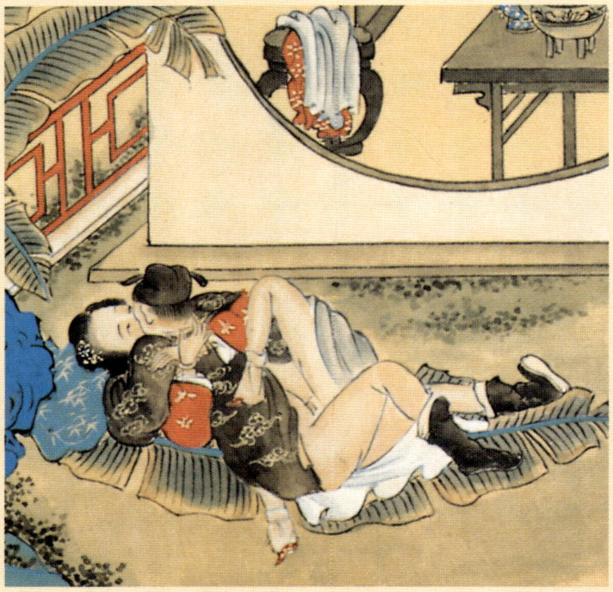
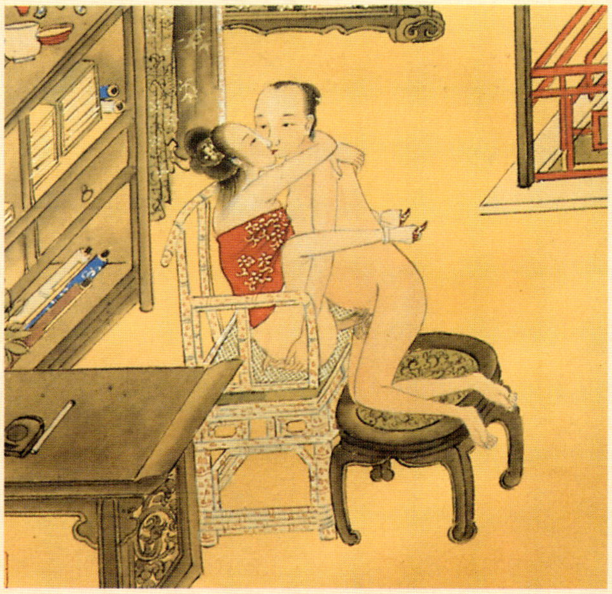

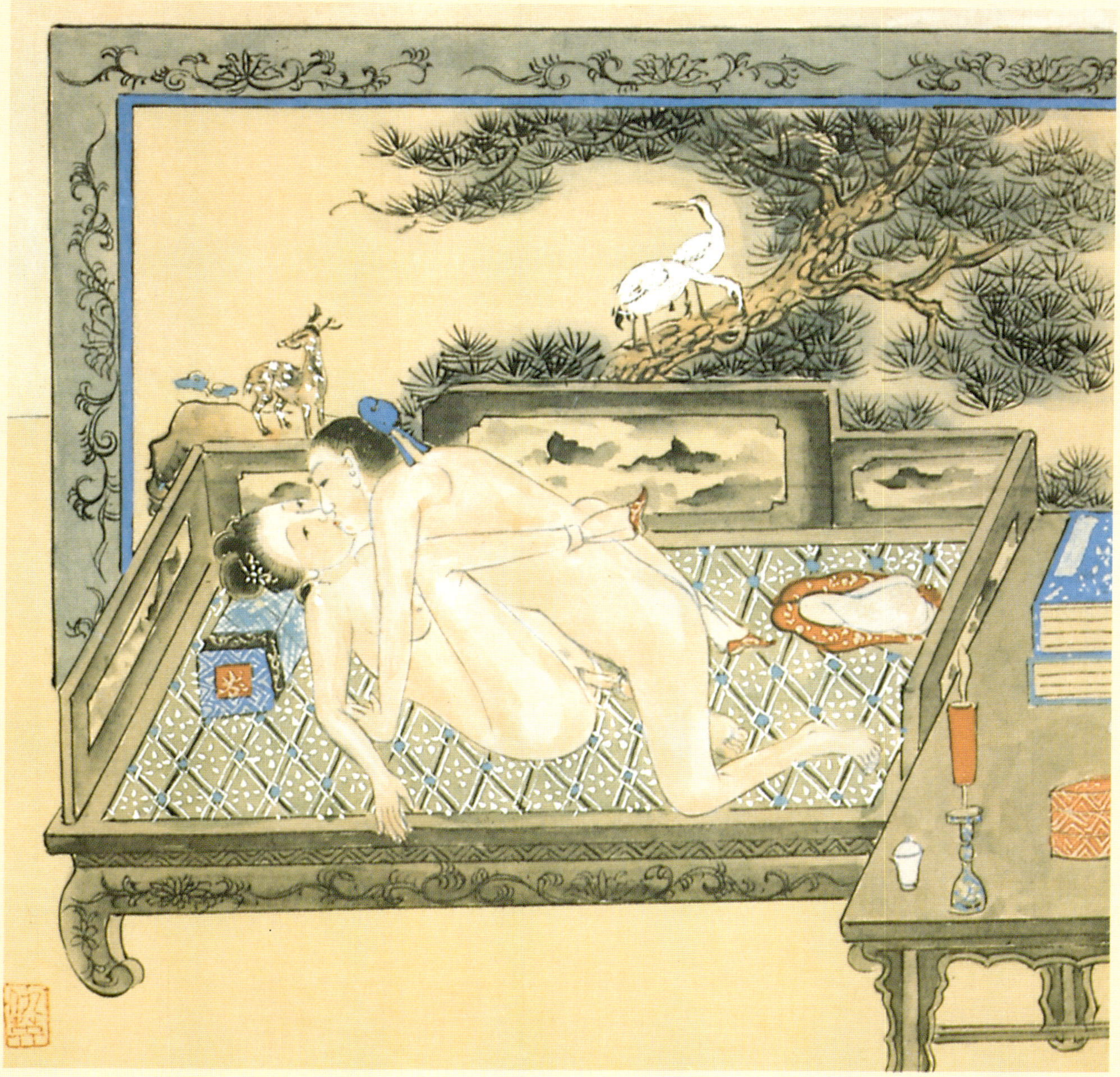

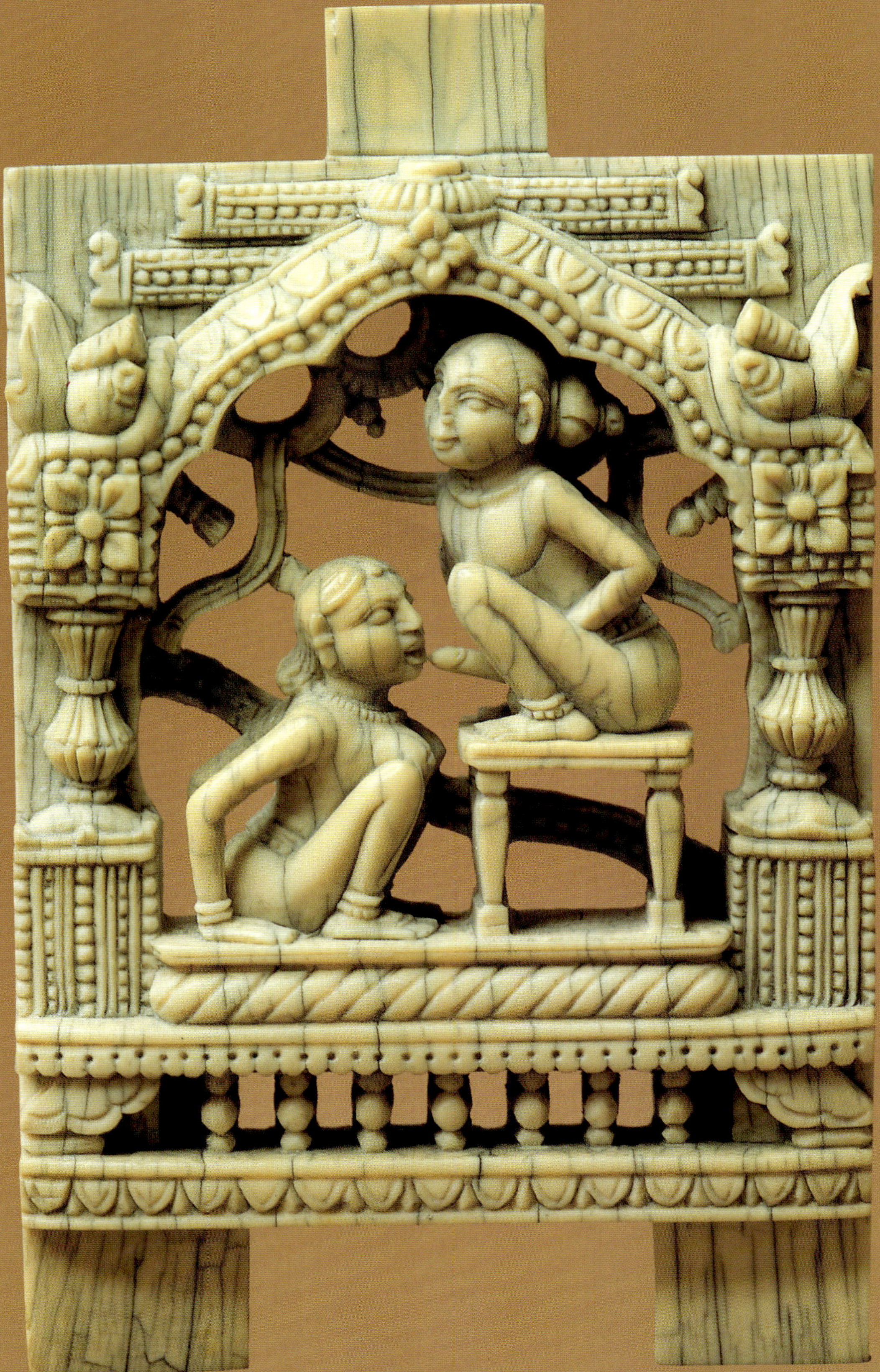

Kult und Mythos

*Indischer Hausaltar aus Elfenbein,
14. Jahrhundert*

Früher brachten die Menschen allem, was mit der Zeugung zusammenhing, tiefe Ehrfurcht entgegen. Sie schrieben den Geschlechtsteilen übernatürliche Kräfte zu und glaubten, daß sie von Geistern bewohnt seien. Kein Wunder, daß die Geschlechtsteile in allen zur Verfügung stehenden Materialien nachgebildet wurden. Man verehrte sie in Tempeln, brachte ihnen Opfer dar und richtete Gebete an sie. Die Geschlechtsteile wurden zu Gottheiten erhoben. Das erigierte männliche Geschlechtsteil, der Phallus, wurde besonders verehrt. Die Ausgrabungen aus der ältesten Kulturperiode des Menschen, dem Paläolithikum, haben mehr oder minder realistische, plastische oder eingravierte Nachbildungen des Penis (Phallus) zutage gefördert. Als Materialien dienten Stein, Knochen oder Horn. Daß diese Nachbildungen auch als Amulette getragen wurden, lassen Durchbohrungen vermuten. Neben diesen Gegenständen zum persönlichen Gebrauch begegnen wir unter der Hinterlassenschaft des Steinzeitmenschen auch mächtigen Pfeilern oder aufrecht stehenden Steinen, den Monolithen oder Menhiren, die den Phallus symbolisieren sollten. Die Phallusform des Monolithen wiederum dürfte das Vorbild für die Heiligen Türme der verschiedenen Religionen (Kirchturm, Minarett, Pagode u.a.m.) abgegeben haben. In Thailand tragen die buddhistischen Prangtürme eine metallene, zickzackförmig verlaufende Stange, die man als den »Samenstrahl Shivas« bezeichnet. In Ägypten stellte man Nachbildungen des Penis in Tempeln auf und widmete ihm besondere Mysterien. Auf Denkmälern finden wir häufig menschliche Gestalten, die mit einem mächtigen Glied ausgestattet sind. Zu den Grabbeigaben gehörten häufig kleine Phalli aus Frittenporzellan. Bei den ausgedehnten Beziehungen, die Ägypten und die Euphratländer untereinander und mit den Nachbarstaaten unterhielten, konnte es nicht ausbleiben, daß auch diese frühzeitig mit der Phallusverehrung konfrontiert wurden. Durch sie müssen auch die israelitischen Stämme mit dem Phalluskult bekannt geworden sein. Von den Zeiten Moses bis hin zum Propheten Hesekiel wurde beständig von den Priestern gegen diesen Götzendienst angekämpft. Daß für die Juden die Schamteile etwas Heiliges waren, beweist der Umstand, daß sie zur Bekräftigung eines Eides die Hand auf das Glied legten. In den Mysterien der Aphrodite auf Zypern wurden Salz und ein Phallus überreicht. Bei dem Fest der

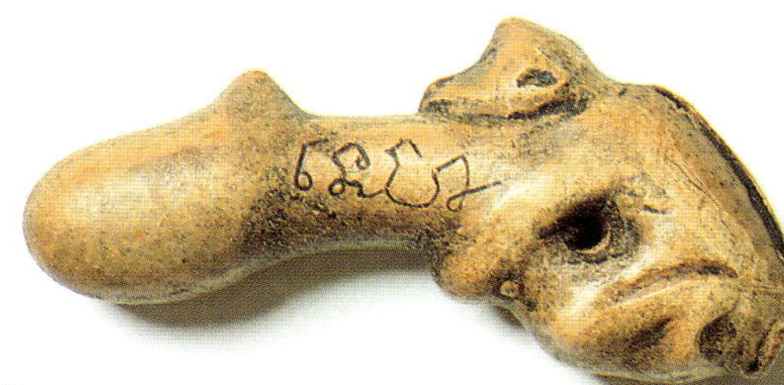

Antikes Votivgeld aus Burma

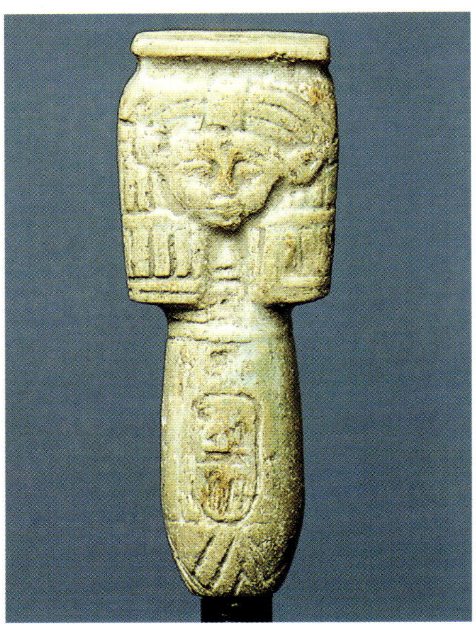

Hathor, die altägyptische kuhköpfige Göttin, als Phallus, um 1700 v. Chr.

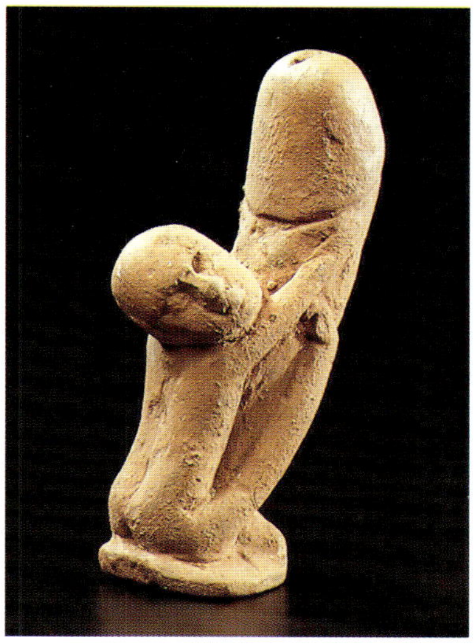

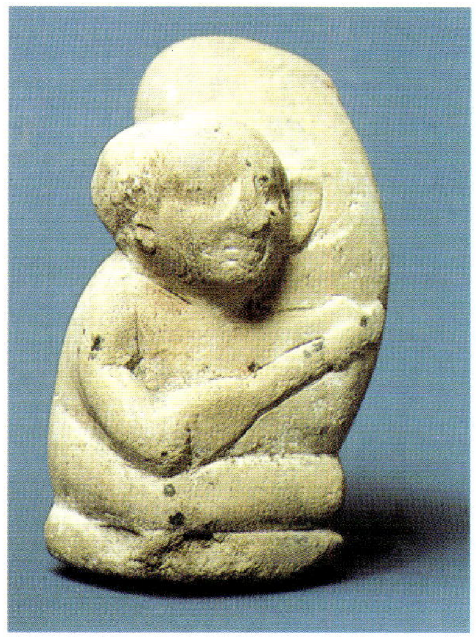

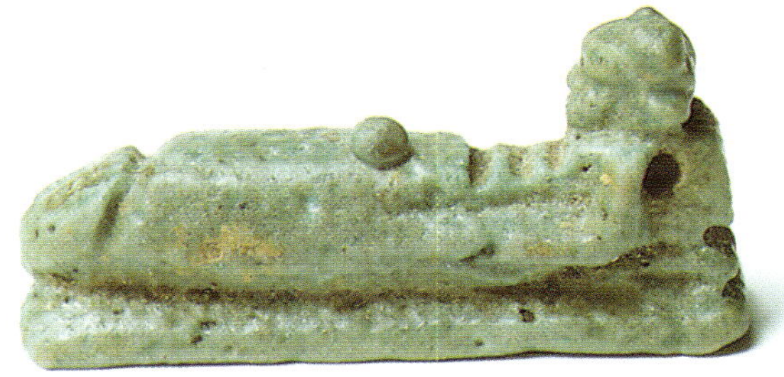

Kultische Phallusdarstellungen aus dem Umkreis der Mittelmeerländer:

Ägypten

Griechenland

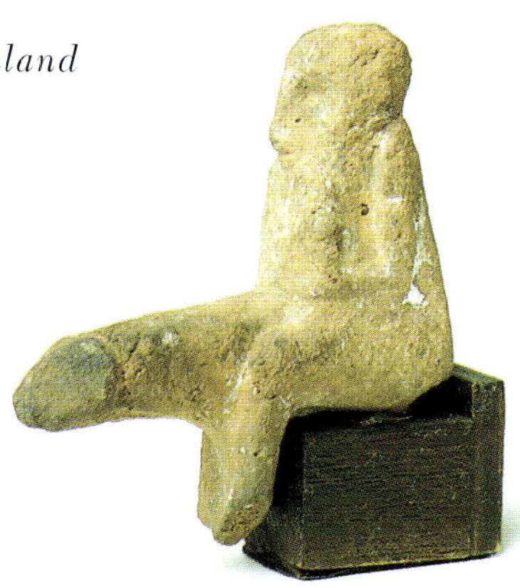

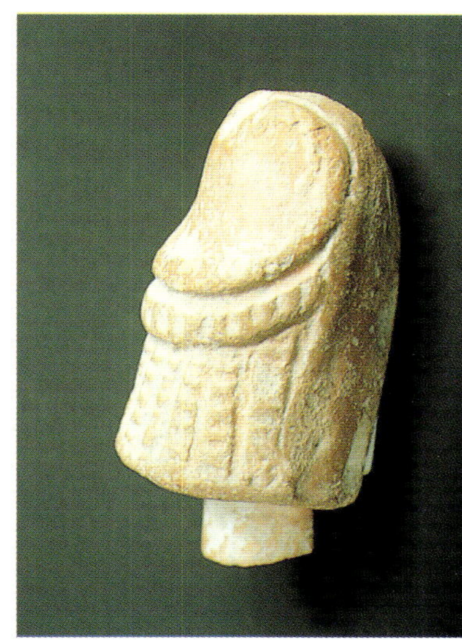

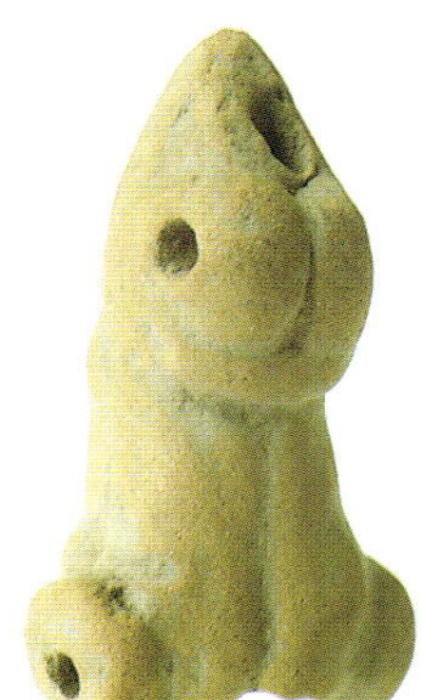

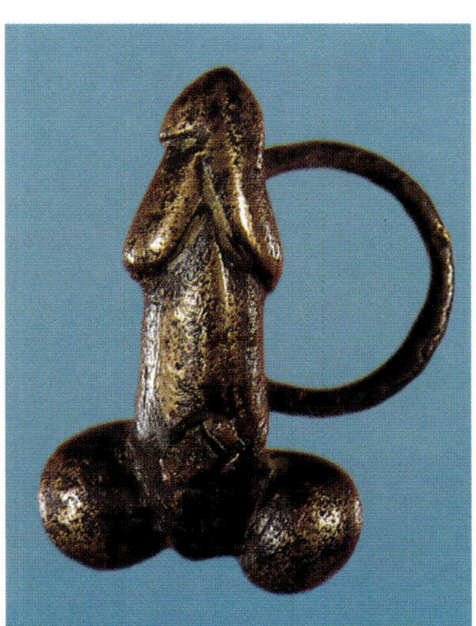

Römisches Reich

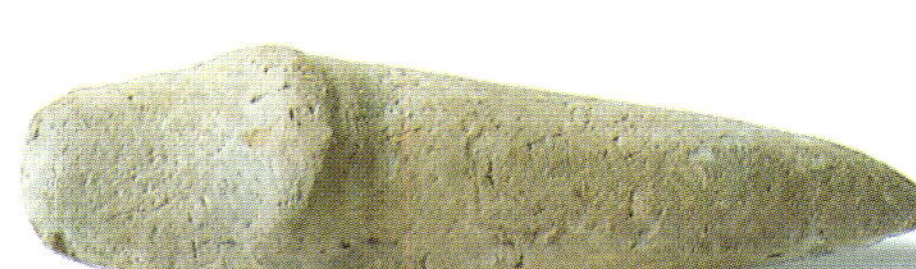

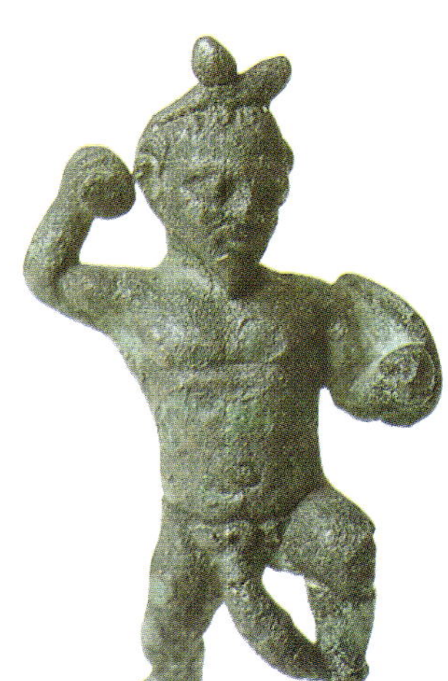

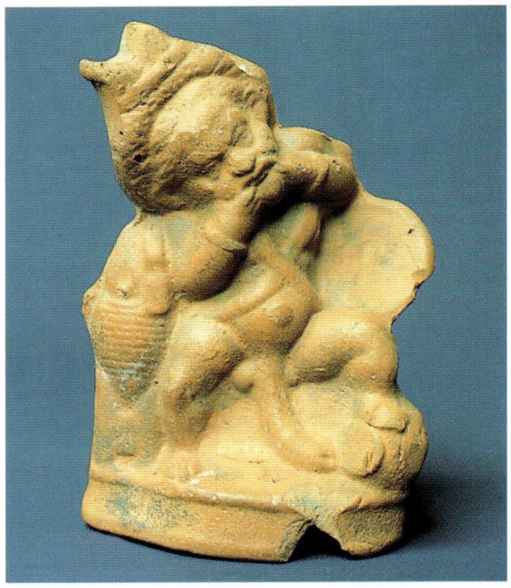

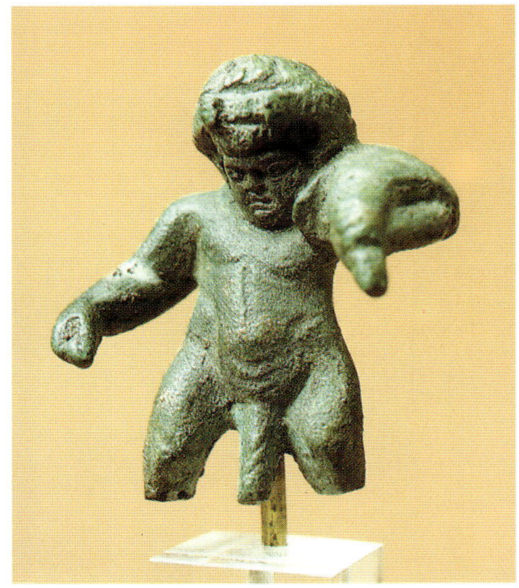

Kultische Phallusdarstellungen aus dem Umkreis des Römischen Reiches

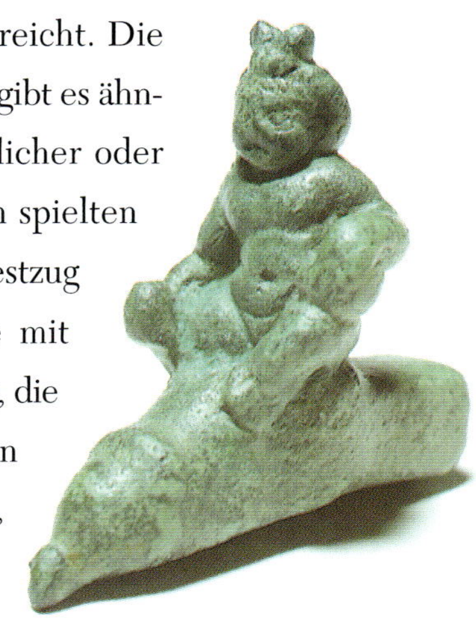

Göttin waren die Frauen angehalten, sich öffentlich ihr zu Ehren preiszugeben. Bei den Haloen in Attika, an denen nur Frauen teilnehmen durften, wurde ein Gebäck in der Form eines männlichen und weiblichen Geschlechtsteiles herumgereicht. Die Römer tranken Wein aus Gefäßen, die einem Phallus glichen. (Noch heute gibt es ähnliche Gefäße in Spanien.) Auch sie kannten Backwaren in Form männlicher oder weiblicher Genitalien. Erotische Szenen spielten sich bei den großen Dionysien ab. Zum Festzug gehörten bekränzte Männer, die Stäbe mit einem Phallus trugen, halbnackte Männer, die auf den Phallus bezügliche Lieder sangen und unzüchtige Bewegungen ausführten, schließlich Männer, die einen ledernen Phallus um den Körper geschnallt hatten. Im alten Rom erfreute sich der Gott Priapus besonderer Verehrung. Er wurde stets mit einem mächtigen, erigierten Penis dargestellt und war eine volkstümliche Gottheit. Seine Statue wurde nicht nur in Gärten, auf öffentlichen Plätzen und Anlagen aufgestellt, sondern auch in Privathäusern. Die jung verheiratete Römerin mußte sich auf den Penis der Priapusstatue setzen und dem Gott ihre Jungfernschaft darbringen. Auch an Wänden und Stadtmauern, an Torbögen, Brücken, auf den Fußböden stellten Griechen und Römer Phalli dar – als Abwehrmittel gegen alles Böse. Ausgrabungen in Italien und

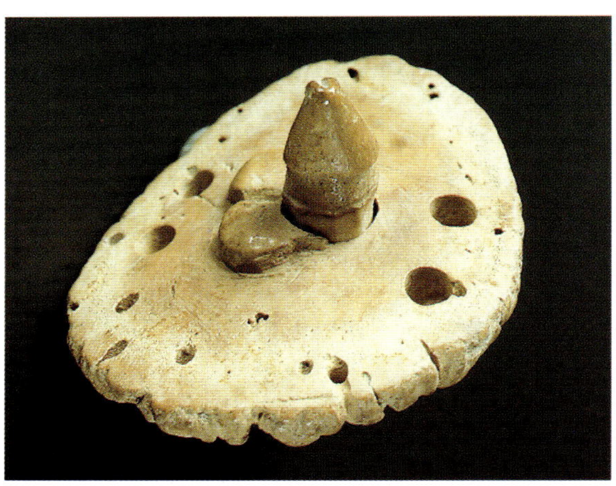

Ovale Hirschhornscheibe mit herausnehmbarem Phallus, römische Kaiserzeit

Afrikanische Skulpturen zum Phalluskult; Bronze (links), Holz (unten), Elfenbein (unten links)

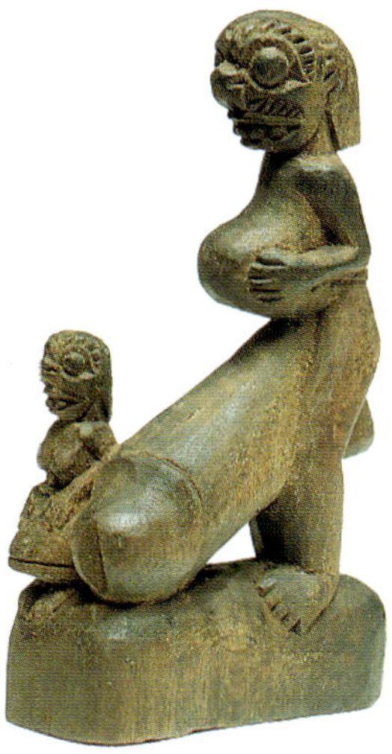

Nordafrika, auf Delos und Thera haben das belegt. Mit der Ausbreitung des Römischen Reiches drang der Phalluskult bis in die entferntesten Gegenden vor. Er faßte hier derartig Fuß, daß er bei Einführung des Christentums schwer auszurotten war und trotz energischer Verbote seitens der Kirche bis ins Mittelalter bestehen blieb. Das Volk nahm zwar die neuen Heiligen an, stattete sie aber nach alter Gewohnheit mit einem mächtigen Glied aus. Besonderer Beliebtheit erfreute sich in dieser Hinsicht der hl. Futinus. Unfruchtbare Frauen wallfahrten zu Statuen dieses Heiligen, erflehten seinen Segen und schabten sich von dem stehenden Glied Staub ab oder begossen es mit Wein und tranken die davon abtropfende Flüssigkeit. An einem bestimmten Tage des Jahres kamen die jungen Burschen und Mädchen von Rouen in der Kapelle der hl. Veronica zusammen und trugen in den Händen ein Gebäck, das einen Penis mit Testikeln wiedergab. In der Stadt Saintes hieß der Palmsonntag »la fête des pines« (pine = penis), nach der Form des Gebäcks, das Frauen und Kinder an der Spitze eines Zweiges in den Händen trugen. Im 16. Jahrhundert beschreibt Johannes Bruerinus Campegius ähnliche Gebäckformen, wie sie noch um die Mitte des 18. Jahrhunderts in verschiedenen Teilen Frankreichs gang und gäbe waren. In Rocher, einer Abtei bei Rouen, steckten die jungen Männer phallische Abzeichen in ihre Knopflöcher und verehrten sie ihren Mädchen. Auch in Belgien und Italien hielten sich die Überreste einer Phallusverehrung bei der katholischen Bevölkerung bis in neuere Zeit. Mittelalterliche Schriftsteller berichten von Figuren Heiliger mit mächtigem Penis, die sich in Antwerpen befanden und von den Frauen angebetet wurden. Andere erzählen von heiligen Statuen in Italien, die in der gleichen Weise mit einem großen Penis ausgestattet waren. In allen diesen Fällen diente die Verehrung des Phallus der Fruchtbarkeit. In Nordeuropa stand der Phalluskult in Verbindung mit der Verehrung des Gottes Freyr oder Fro, von dem Adam von Bremen erzählt, daß er »cum ingenti priapo« dargestellt wurde. Auf diesen Kult beziehen sich auch die weißen oder heiligen Steine in Phallusform aus jungsteinzeitlichen Gräbern Skandinaviens, die sich weit über Nordrußland verbreitet finden. – In Asien sind es Japan und Indien, die als Phalluskultländer bezeichnet werden können. Im Land der aufgehenden Sonne wurde dem männlichen Glied seit jeher bis in die Mitte des vorigen Jahrhunderts, als der Staat die öffentliche Ausstellung verbot, ausgedehnte Verehrung zuteil. Es gab damals zahlreiche Schreine und Altäre, auf denen Nachbildungen des männlichen und weiblichen Geschlechts aus Papiermaché, Ton und Stein standen und von der Bevölkerung angebetet wurden. Bei Leiden des »Unterleibs« (Unfruchtbarkeit und Geschlechtskrankheit) wurden diese Stätten

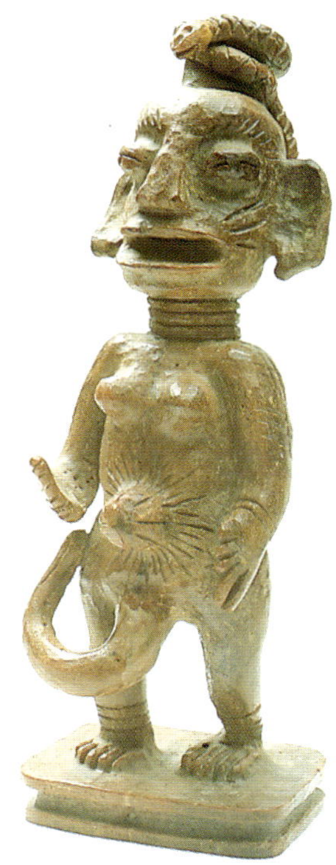

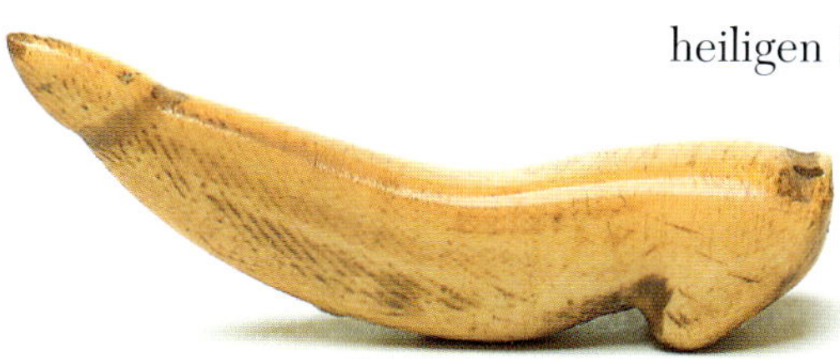

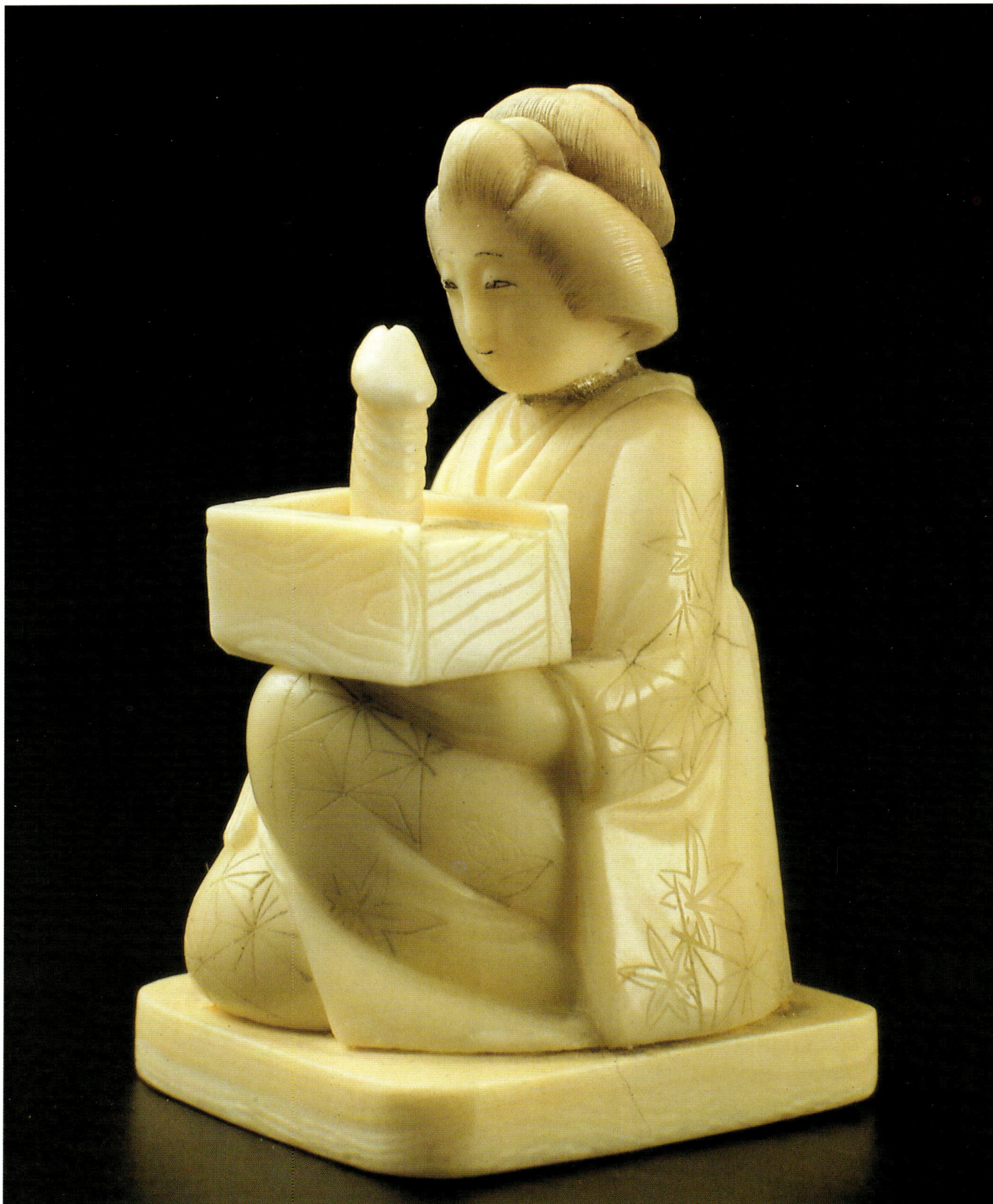

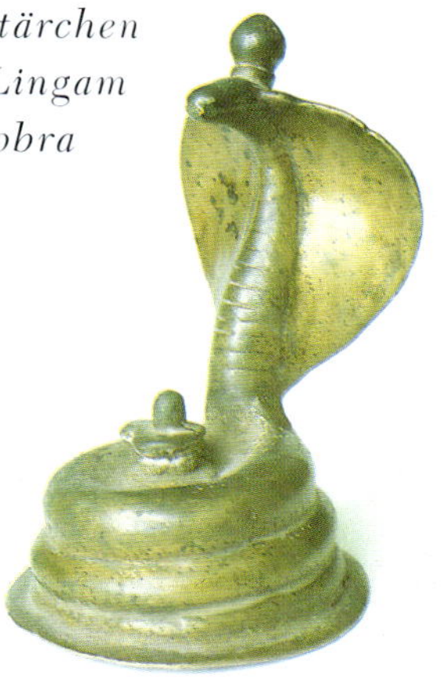

Indisches Hausaltärchen aus Bronze mit Lingam unter einer Kobra

aufgesucht; man entnahm ihnen leihweise einen Phallus und brachte ihn, wenn man geheilt worden war, mit einem weiteren zurück. Überhaupt genossen nicht nur künstliche Darstellungen der Geschlechtsteile in Japan Verehrung, sondern jedes ähnliche natürliche Gebilde, etwa aufrecht stehende gespaltene Steine oder Felsspalten. In Indien besteht der Lingamkult, die Verehrung eines aufgerichteten Steins, als Symbol Shivas. Zumeist steht er in Verbindung mit einem beckenartig ausgehöhlten Stein, aus dessen Mitte er senkrecht emporragt. Dieses Gebilde wird seit alters her für heilig gehalten und von der Bevölkerung angebetet, mit Öl und Milch eingerieben sowie mit Blumen bekränzt. Heute beschränkt sich der Kult hauptsächlich auf den Süden des Landes. Eine Sekte, die Lingayat, hält das Lingamsymbol für besonders heilig. Ihre Anhänger tragen es als Amulett beständig bei sich. Der Lingamkult hat sich auch über Indonesien und die malaiische Inselwelt ausgebreitet. Auf der Insel Nias begegnen wir Ahnenfiguren und Dorfgottheiten, die mit einem mächtigen Penis versehen sind und zur Abwehr allen Unglücks dienen sollen. Auf Borneo kommen ähnliche Figuren und Gebräuche vor, die sich auf die Phallusverehrung zurückführen lassen. Indiens Hindutempel zeigen überwältigende erotische Plastiken. Im Norden des Landes sind die eindrucksvollsten zwischen dem 9. und 13. Jahrhundert geschaffen worden, im Süden zwischen dem 6. und 17. Jahrhundert. Männer und Frauen werden in verschiedenen Koitusstellungen gezeigt. Oft sind drei oder mehr Teilnehmer dargestellt. Viele Skulpturen zeigen ausgefallene Formen der sexuellen Vereinigung, zum Beispiel den Koitus per anum, die Fellatio und den Cunnilingus, Stellungen, die auch auf Hausaltären zu finden sind. Diese erotische Kunst hat ihren Ursprung in den alten überlieferten erotischen Legenden, die bei den Brahmanen als Werke göttlichen Ursprungs gelten.

Indischer Hausaltar aus Bronze mit Phallus und Vagina (Lingam und Yoni)

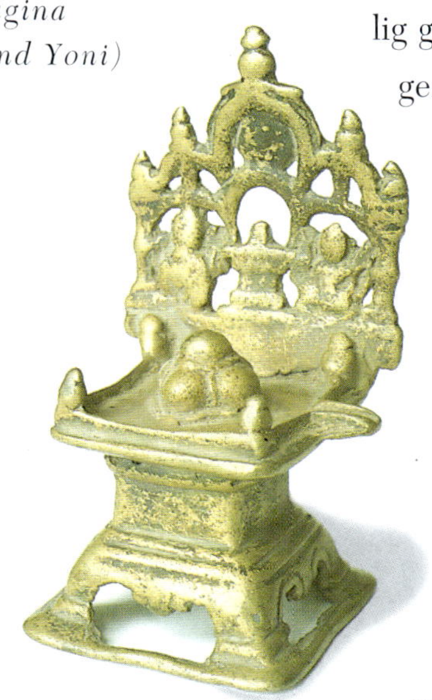

links: Japanischer Witwenschrein aus Elfenbein, um 1750

nächste Doppelseite: Indische Hausaltäre aus Elfenbein, 14. Jahrhundert

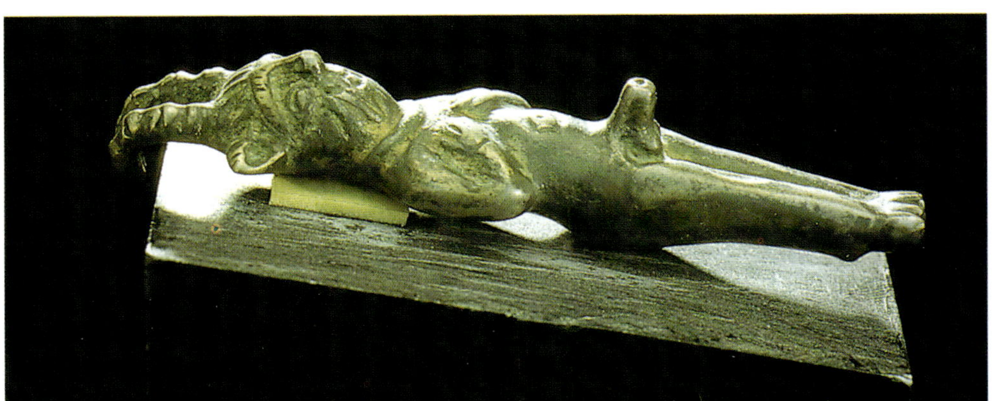

Persischer Gott der Fruchtbarkeit (»Ziegengott«), Silber, montiert auf Marmor, um 300 v. Chr.

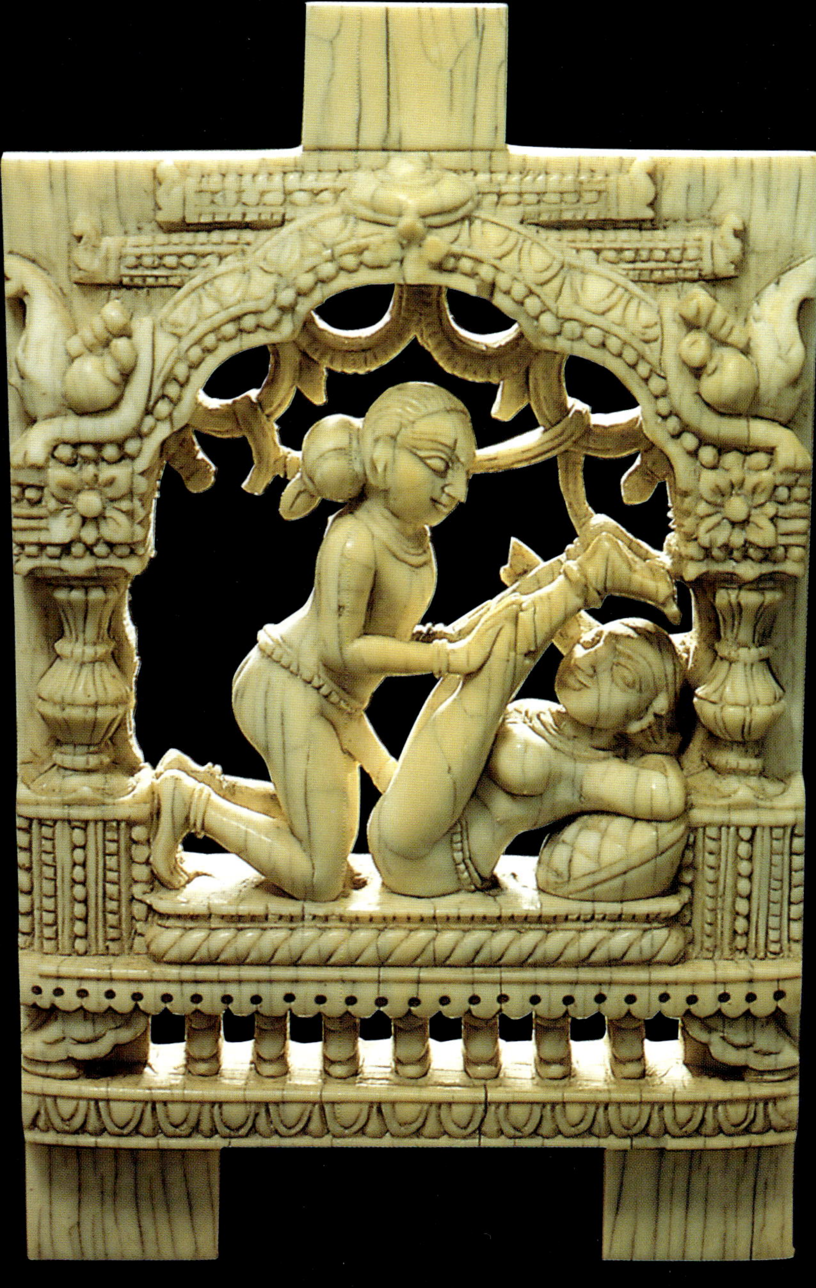

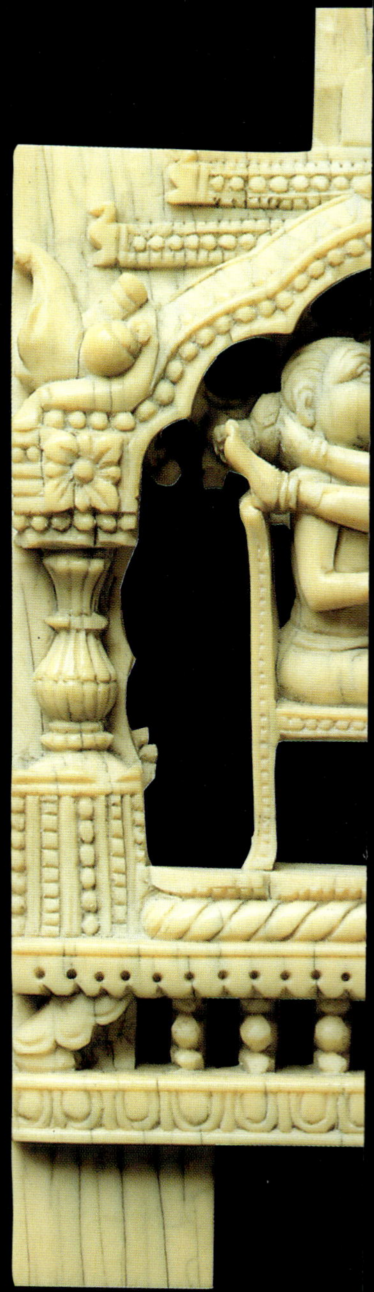

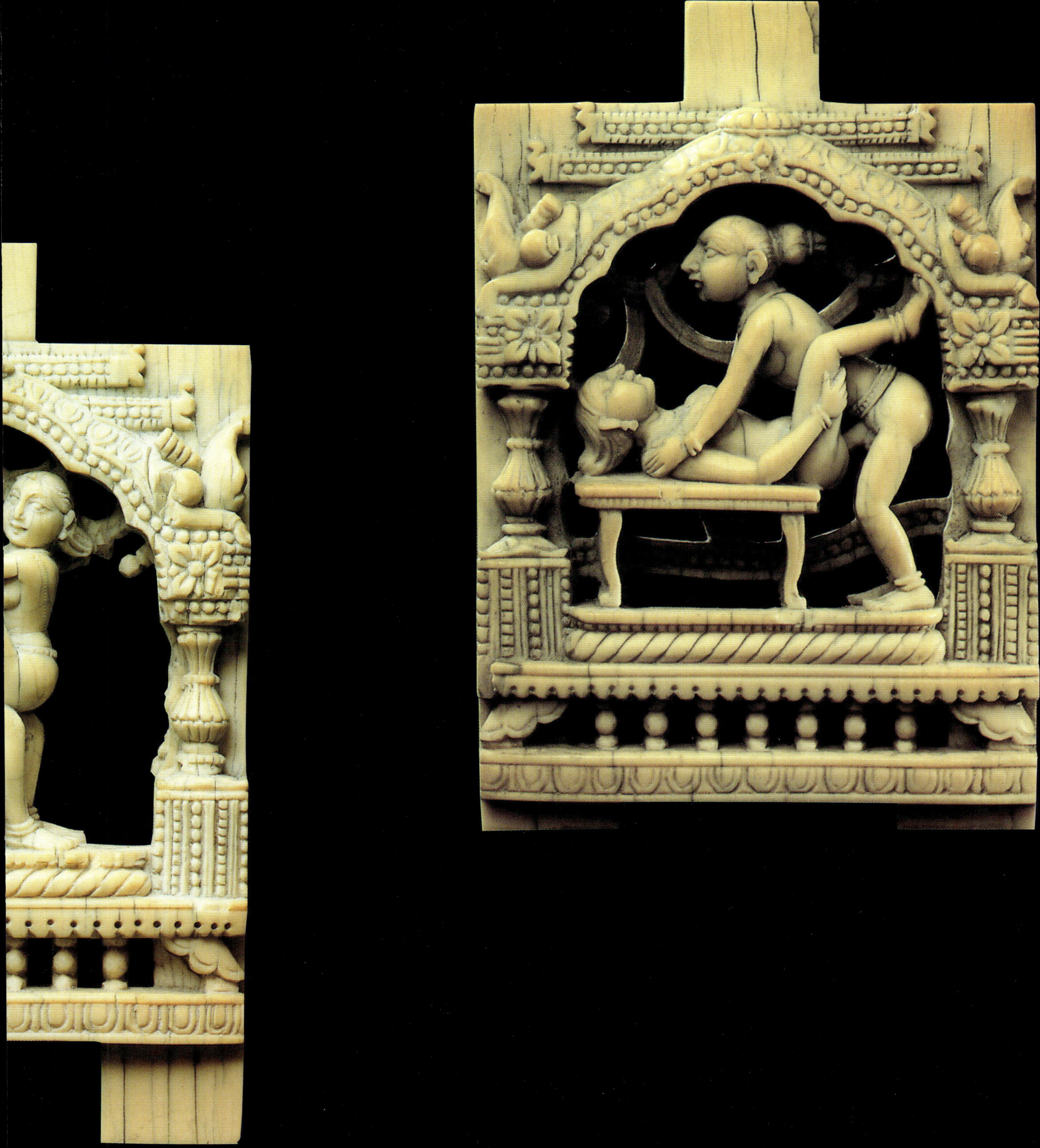

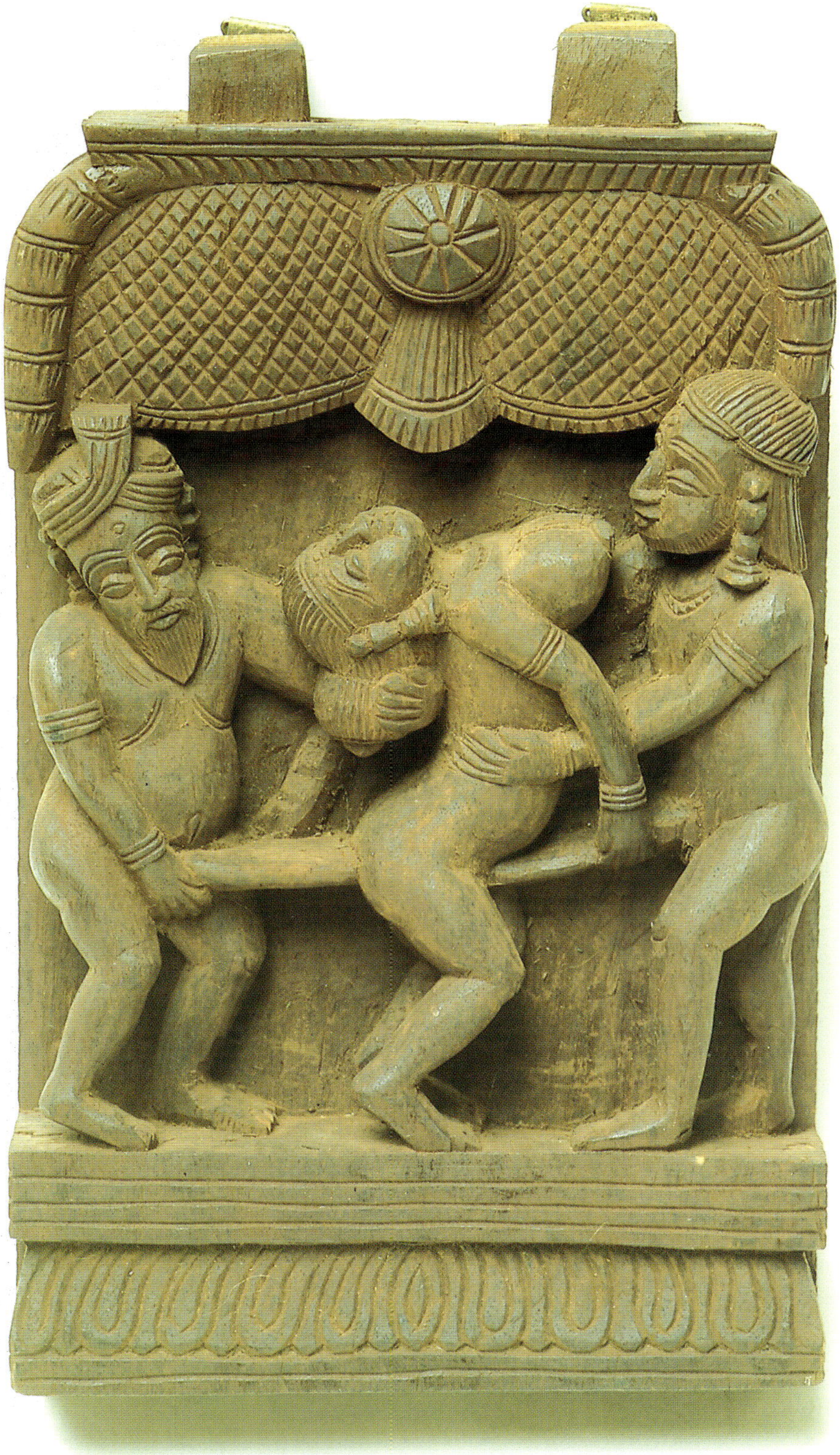

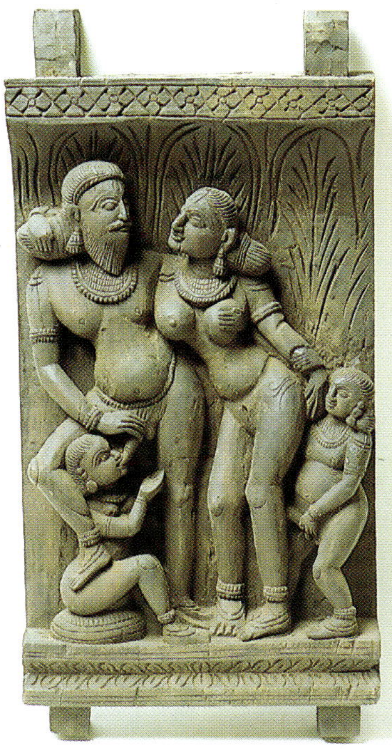

Indische Tempelschnitzereien aus Hartholz, 18. Jahrhundert. Liebesdarstellungen mit drei Personen

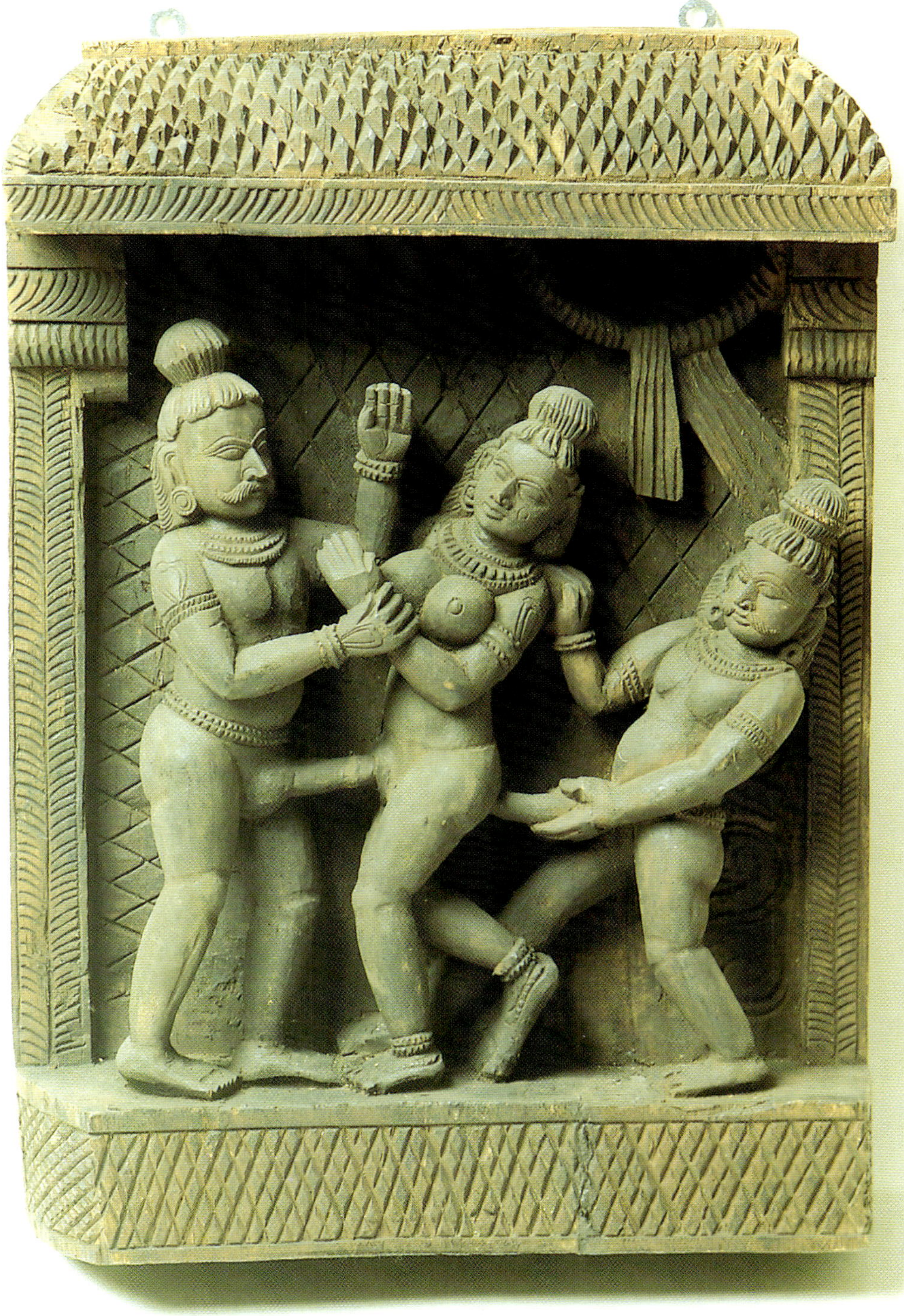

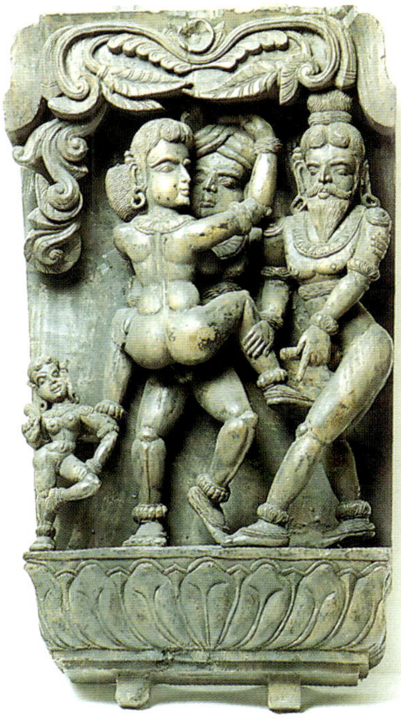

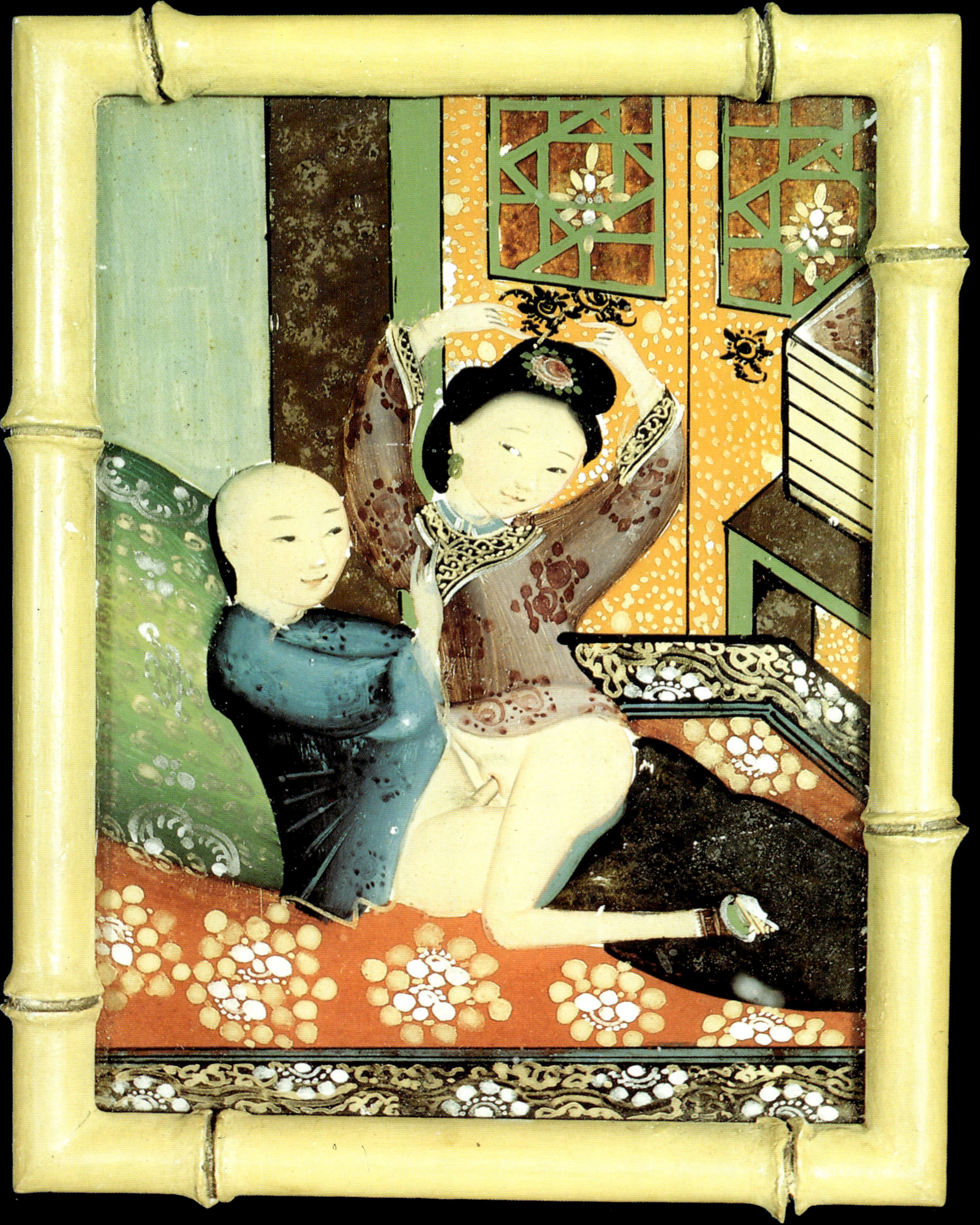

Liebesspiel und Koitus

Koitus-Darstellung, China, Hinterglasmalerei, Ende 18. Jahrhundert

Kein anderes Thema hat über Jahrtausende mit unverminderter Intensität Künstler zu Darstellungen angeregt. Ob Maler, Zeichner, Bildhauer oder Kunsthandwerker, Schriftsteller oder Dichter, sie alle empfanden die Faszination der Lust als permanente Herausforderung ihrer Kreativität. Die Sehnsucht aller Liebenden nach Zärtlichkeit, die sich zur Begierde steigert und in mannigfaltigen Liebesspielen ihren Ausdruck findet, kennt keine zeitlichen und ethnischen Grenzen. Von der Mythologie der Pharaonenzeit über Griechenland und das antike Rom spannt sich das Band der Sexualität bis hin zu den indischen Kultdarstellungen und weiter nach China und Japan. Unzählig sind in allen Kulturen die Kunstwerke, die diesem Thema ihre Existenz verdanken – und so ist es bis auf den heutigen Tag. Alle Bereiche menschlichen Lebens dienen dieser gestalterischen Herausforderung: Zeugung und Tod, Liebe und Trieb, Sakrales und Profanes, Poesie und Realismus, Glaube und Aberglaube, Hingabe und Ausschweifung. Sexualität drängt nach koitalem Vollzug und entzieht sich folgerichtig allen veränderlichen moralischen Kriterien. Erst in unserem Jahrhundert, dem Zeitalter der Wissenschaft, wurde in der westlichen Hemisphäre der zum Scheitern verurteilte Versuch unternommen, das Wesen der Sexualität mechanistisch zu erklären. Unter dem Begriff »Aufklärung« wurden aus Medizin und Anthropologie Begriffe verwendet, die das »Schmutzige« sauber machen und damit für den Aufklärungsunterricht qua Sexualatlas auch an Schulen brauchbar machen sollten. Es entstand eine neue Disziplin – die Sexualwissenschaft. Den von der Natur her nach lustvollem Vollzug strebenden Menschen aller Bildungsstufen hat sie weder befreit – was sich kaum jemand wünschte –, noch hat sie ihm zu verfeinertem Genuß verholfen. Enzyklopädisches Wissen bietet der Phantasie keine Anregungen, und statistische Erhebungen über das sexuelle Verhalten haben bei einem Tabu-Thema nur geringe, eher abstrakte Bedeutung. Den Menschen hat es wenig geholfen, in jedem Lexikon nachschlagen zu können, daß Cunnilingus der Lippen- und

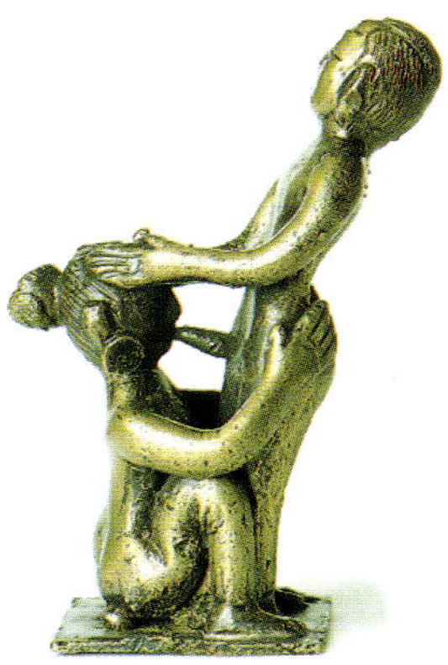

Fellatio, Bronze aus Nepal, 18./19. Jahrhundert

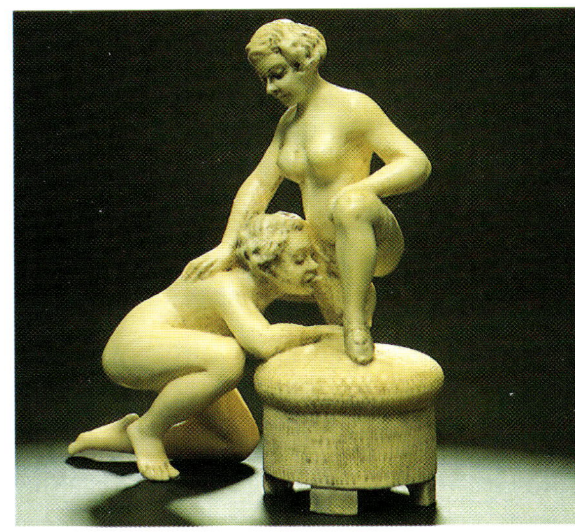

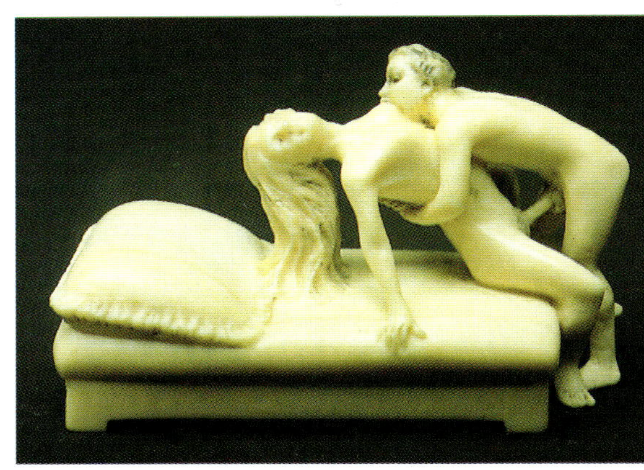

Cunnilingus und Liebkosung der Brust, französische Elfenbeinschnitzereien, Anfang 19. Jahrhundert

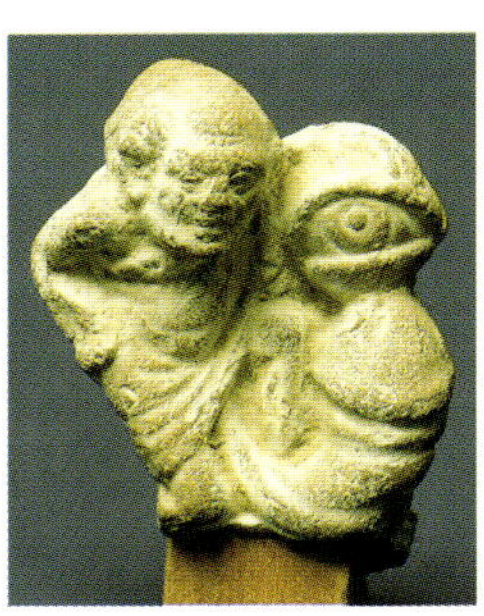

Fellatio, römisch

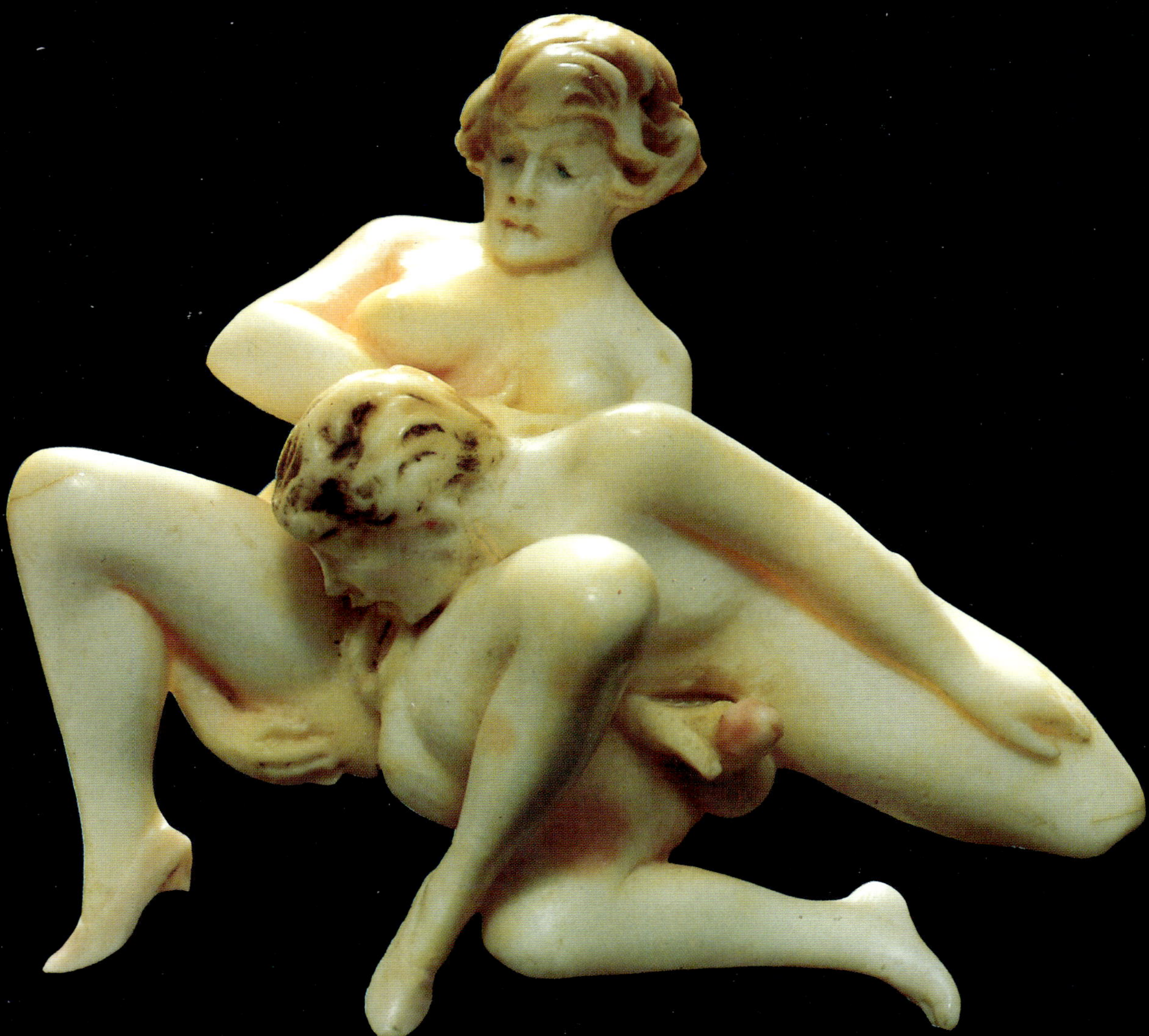

Zungenkontakt des Mannes mit der Vulva ist, Fellatio hingegen die Aufnahme des männlichen Gliedes in den Mund der Frau, wobei beide Techniken dem oral-genitalen Bereich zuzuordnen sind. Auch den Körper des Partners in erogene Zonen aufzuteilen – bei der Frau die Brustwarzen, beim Mann der Rücken (Streicheln der Wirbelsäule vom Hals bis zur Gesäßspalte) ist wenig hilfreich. Daß ein genialer Maler des 19. Jahrhunderts wie Courbet bekannte, daß er an Modellen für seine erotischen Bilder roch, um sich zu inspirieren, führt eher zum Verständnis für das eigene Verlangen. Im Bereich von Liebesspiel und Koitus spielen die fünf Sinne des Menschen eine zentrale Rolle:

Liebkosung der Brust während des Koitus und Koitus-Darstellung, indische Miniaturen auf Elfenbein

die Wahrnehmung mit den Augen – das Sehen;
die Wahrnehmung mit den Ohren – das Hören;
die Wahrnehmung mit der Nase – das Riechen;
die Wahrnehmung mit der Zunge – das Schmecken;
die Wahrnehmung mit der Haut – das Fühlen.

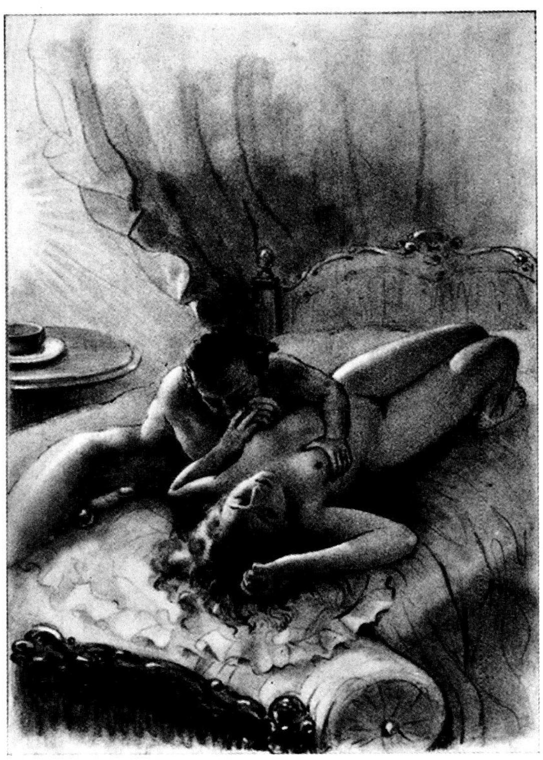

Die erogene Zone der weiblichen Brust – Vorspiel zum Koitus aus einem Prospekt zu einer Luxusausgabe der »Fanny Hill«, Brüssel, um 1950

Je weiter sich der moderne, scheinbar aufgeklärte Zeitgenosse von diesen einfachen Quellen der Lust entfernt, je länger und intensiver er das eine bejaht, das andere aber moralisch verwerflich findet, um so eher wird es zu Störungen im Liebesleben kommen. Dabei gibt es normalerweise nur zwei Faktoren, die zu solchen Störungen führen: Impotenz des Mannes und Frigidität der Frau. Beide Formen sind – von Ausnahmen abgesehen – neurotische Erscheinungen, unter denen im 20. Jahrhundert immer mehr Menschen leiden. Seit Jahrzehnten bemüht sich die Sexualforschung darum, eine psychologische Therapieform zu entwickeln, die den Betroffenen Heilung bringt. Aber: Bis heute leidet eine erfolgreiche Sexualtherapie immer noch darunter, daß ihre Systematik auf der persönlichen Interpretation des Therapeuten beruht. Fast alle Forschungsergebnisse sind nach wissenschaftlichem Anspruch lückenhaft, statistische Erhebungen lassen gerade auf diesem so privaten Gebiet keine eindeutigen Schlüsse zu. Die Erfolgsquote ist minimal, was unter anderem mit der komplizierten Struktur der Psyche eines jeden Menschen zusammenhängt. Beispielhaft für die verschwommene Grenze zwischen Wissenschaft, Unsinn und Geschäftemacherei sind die vor allem in den USA verbreiteten

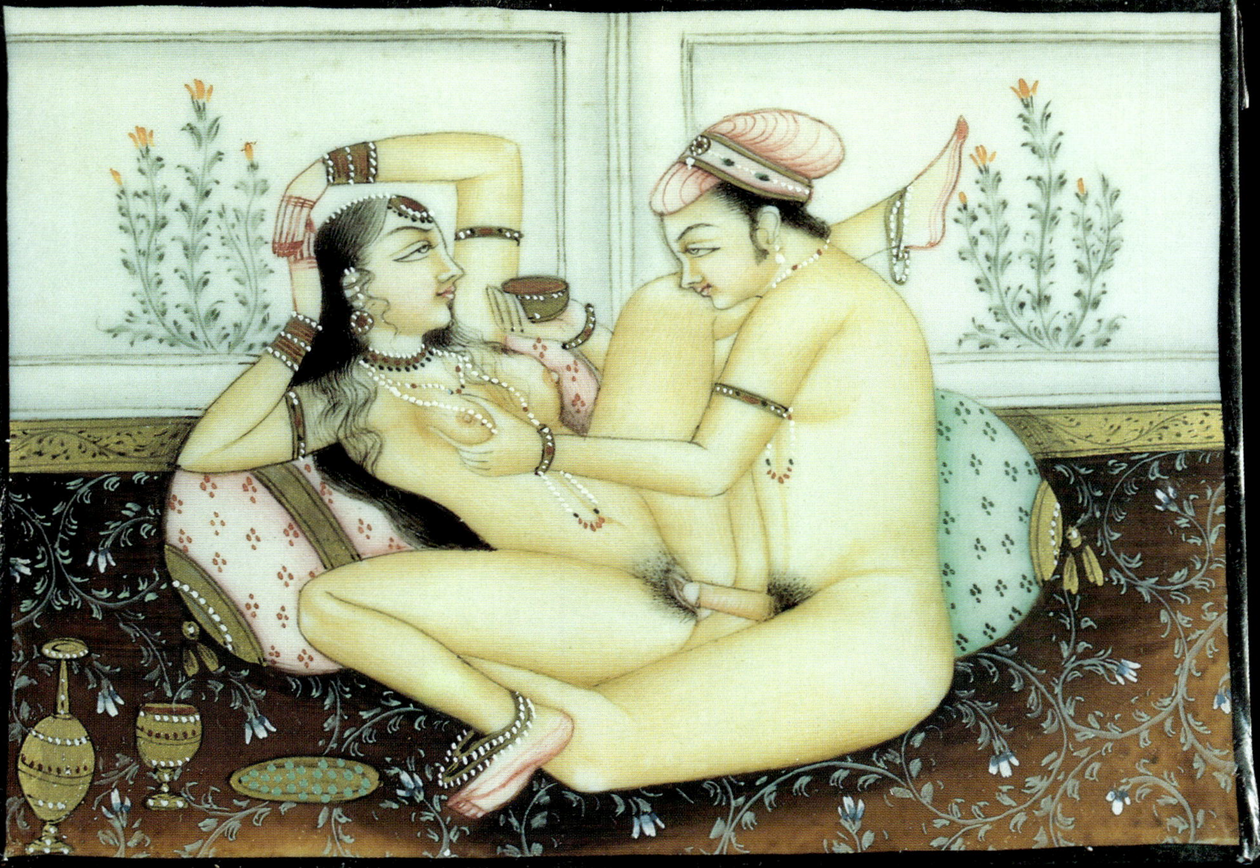

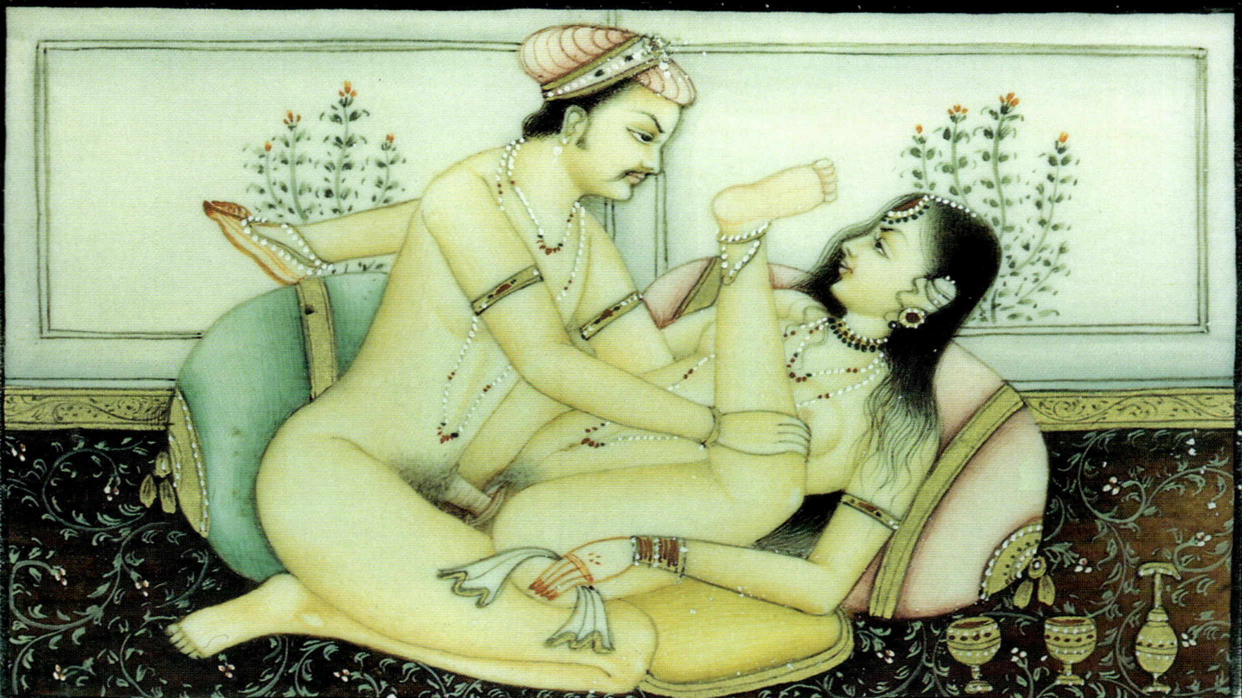

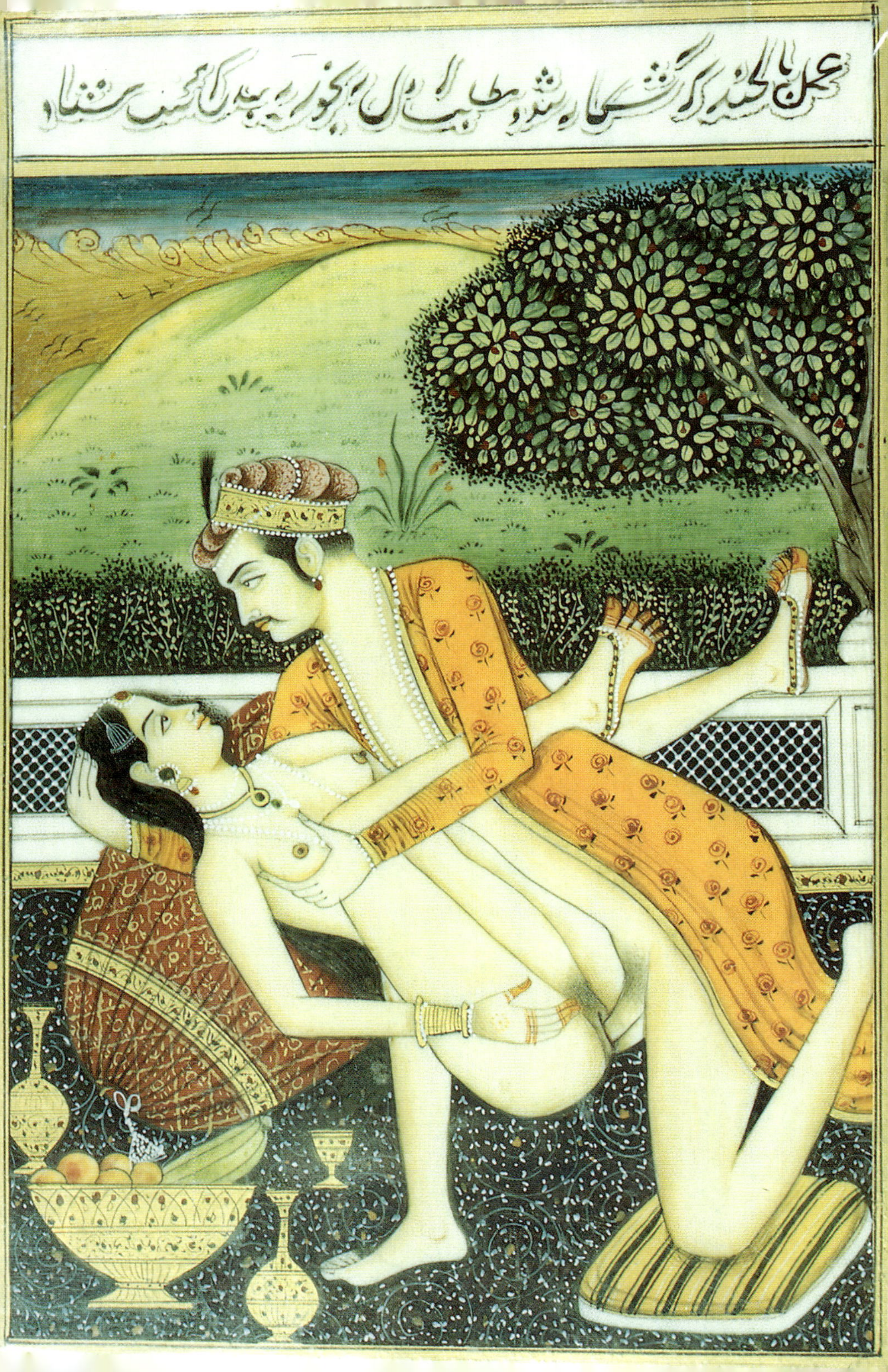

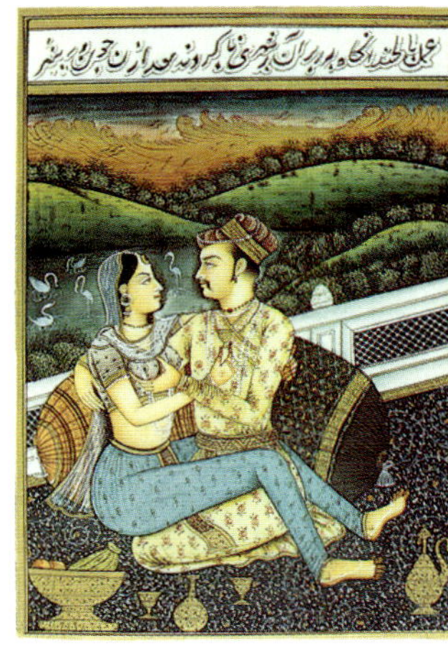

Liebesspiel- und Koitus-Darstellungen, persisch-indische Elfenbeinmalerei

sexualtherapeutischen Schulen wie die von Masters/Johnson in Los Angeles (zugelassen werden nur Paare, die ihre sexuellen Probleme beseitigen wollen). In diesen Schulen gibt es für alle sexuell Hilfsbedürftigen den gleichen Stundenplan: Erste Woche: Die Partner onanieren jeder für sich allein einmal täglich, schreiben anschließend ein Protokoll über ihre Lustvorstellungen bei der Selbstbefriedigung und geben es dem anderen vor der nächsten Masturbation zum Lesen. Zweite Woche: Die Partner masturbieren drei Tage gemeinsam im gleichen Tagesrhythmus, jeder für sich und weitere drei Tage wechselseitig, wobei sie alles Obszöne aussprechen sollen, das ihnen in den Sinn kommt, seien es unzüchtige Bilder aus ihrer Phantasie oder auch nur zusammenhanglose Worte wie geil, ficken, Schwanz oder Fotze. Dritte Woche: Jetzt beginnt die Übung »Vorspiel und Koitus«. Sie umfaßt das Streicheln aller erogenen Zonen, Küssen der Genitalien, Speichelübertragung mit der Hand auf Penis und Scheideneingang. Schließlich steht als Höhepunkt und Abschluß der normale Aktverkehr auf dem Stundenplan. Vom Ablauf der Therapie wird mit versteckter Kamera eine lückenlose Dokumentation aufgenommen; das Videoband wird den Absolventen nach Beendigung der Kurse zu weiteren Stimulationen im eigenen Bett ausgehändigt. Nur zwei von zehn potenzgestörten

Drei Darstellungen des Liebesspiels auf chinesischen Porzellanbildern, 18./19. Jahrhundert

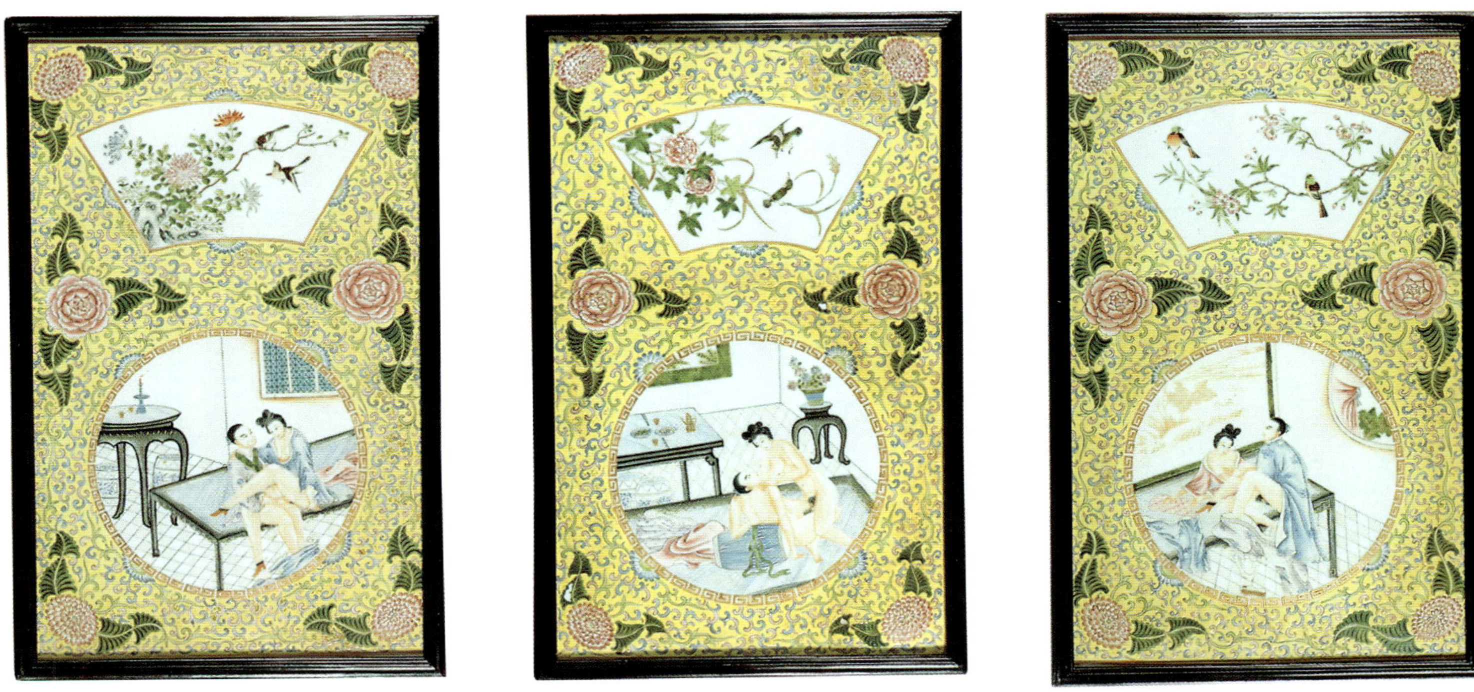

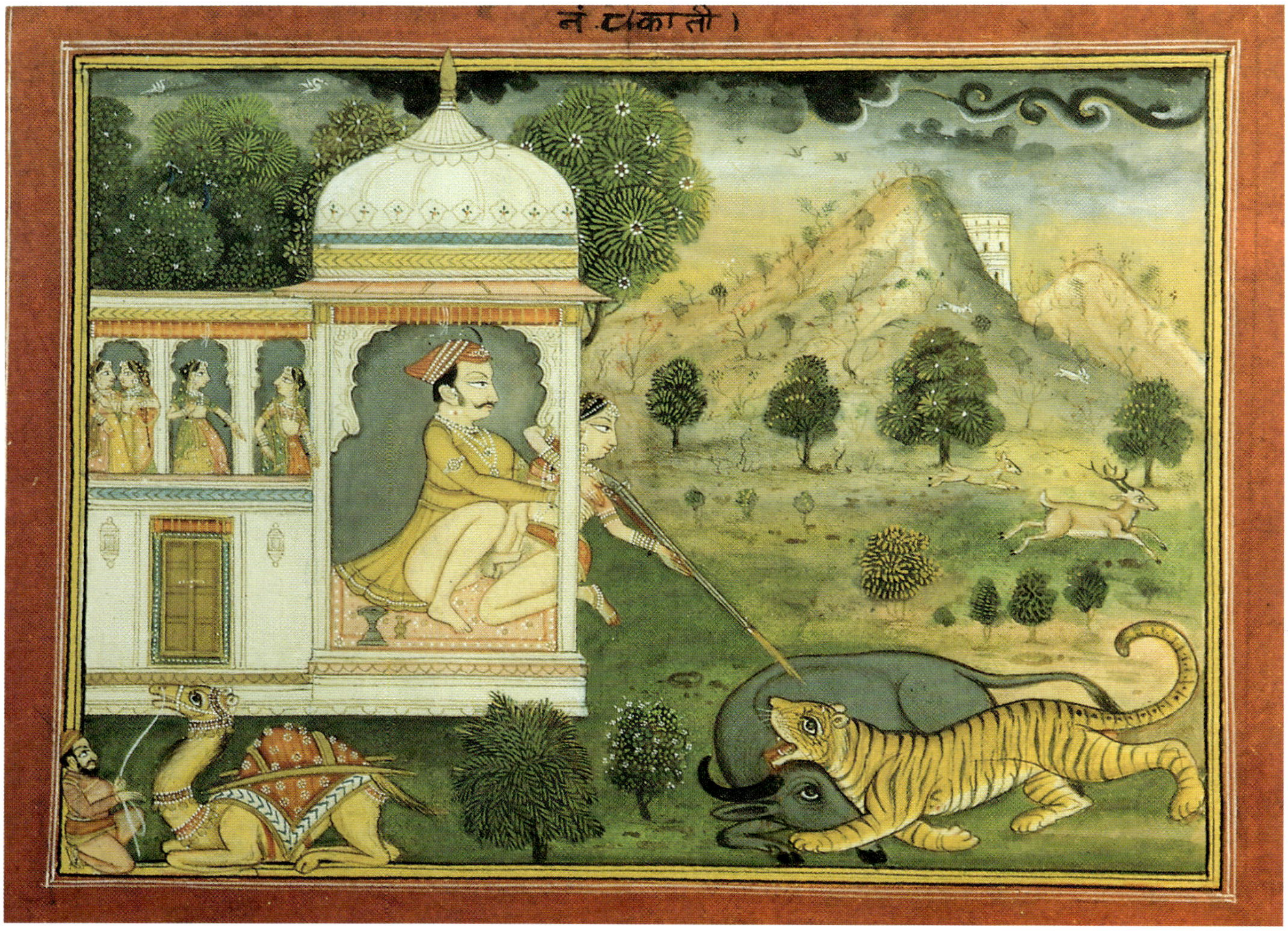

Persisch-indische Miniaturen auf Elfenbein

Paaren erreichen auf diese Weise das Klassenziel: ohne Hilfe eines Therapeuten wieder regelmäßig zu koitieren. Was aus den anderen sechzehn Sitzengebliebenen wird, verrät kein Bericht und keine Statistik. Werden sie impotent oder schwul? Wichsen sie bis ans Lebensende allein oder zu zweit weiter? Therapien mit so geringem Erfolg verdienen diesen Namen nicht. Heftig umstritten sind religiös-weltanschauliche Hilfestellungen bei sexuellen Verkrampfungen, wie sie der Bhagwan seinen Anhängern anbot. Poona, das viele für einen großen Puff in metaphysischer Verpackung hielten – solche Leute reisten nach kurzer Stippvisite enttäuscht wieder ab –, ist als Institution gescheitert. Mit dem Urschrei ist's nicht viel besser gelaufen. Eher hat man damit die Nachbarn geweckt als das Verlangen nach ungehemmter Erotik. Die vegetarische Schule des Mastasnan, deren Erlösungszyklus vom Rohkostteller über den Dampftopf bis zum Geschlechtsverkehr mit völligem Stillhalten reichte – die Körper sollen eins werden, ohne daß rhythmische Bewegungen dabei stören –, scheiterte nach kurzer Blüte in den zwanziger Jahren ebenso wie die Oneida Community, die der Pfarrer John Humphrey Noyes 1831 begründete. Die Oneida-Leute lebten in den USA in zwei Dörfern in völliger Gütergemein-

Persische Miniaturen auf Elfenbein

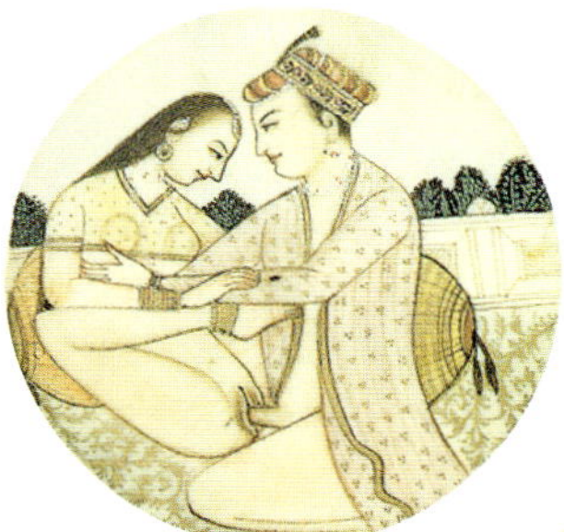

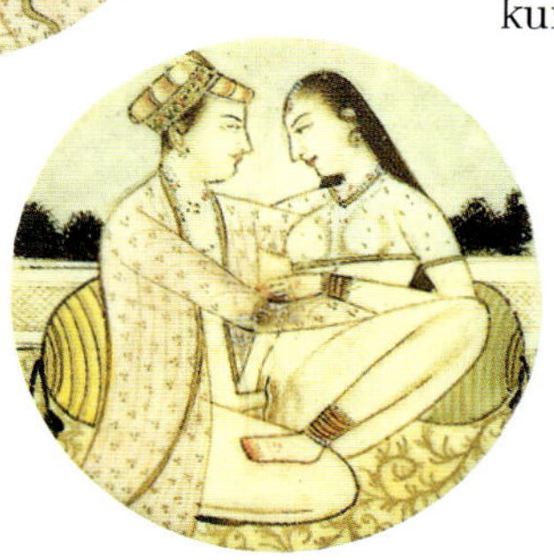

schaft und »umfassender Ehe«. Geschlechtliche Beziehungen gab es nur in Gruppen mit Anwendung der Karezza-Liebe. Sie erlaubt nur leichte Zärtlichkeiten, gestattet das Einführen des Gliedes, verbietet aber den Orgasmus. Entspannung erreichen die Partner durch stundenlange Vereinigung nach diesem Prinzip. Wissenschaftlich gesichert ist in der Sexualtherapie bisher nur wenig. Erwiesen ist lediglich, daß neben einer verschwindend geringen Zahl von körperlich determinierten Potenzstörungen die verschüttete oder erlahmende Einbildungskraft – die Phantasie des Individuums – eine entscheidende Rolle spielt. Sie freizulegen und anzuregen ist das Prinzip seriöser sexualtherapeutischer Übungen und Maßnahmen. Ein gutes literarisches Beispiel für verschüttete erotische Wünsche verdanken wir Henry Miller, der in seinem Buch »Wendekreis des Steinbocks« die Sterbestunde eines alten Schotten beschreibt: »Gerade als er im Begriff war, den Geist aufzugeben, beugt sich seine Frau, die sieht, daß er sich bemüht, etwas zu sagen, zärtlich über ihn und fragt: 'Was ist's, Jock, was du zu sagen versuchst?' Und Jock richtet sich mit letzter Anstrengung mühsam auf und sagt nur: 'Fotze ... Fotze ... Fotze ...'«

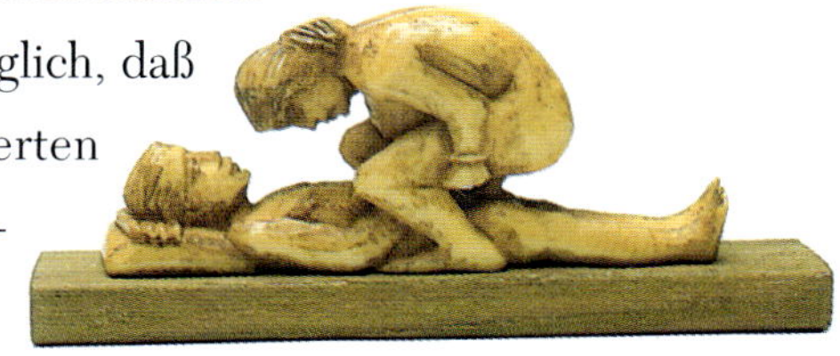

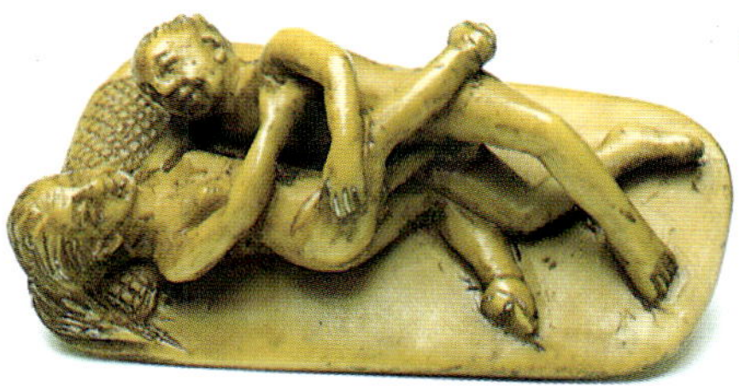

Ebenso wie das Aussprechen ist das Aufschreiben von Phantasien ein exhibitionistischer Akt, eine seelische Entblößung, die wie jede andere Entblößung ihre Lust aus sich selbst bezieht. Solche enthüllenden Schriftstücke kommen selten an die Öffentlichkeit. Die Wissenschaft bezeichnet diese Form des psychischen Exhibitionismus und seiner Ausdeutung als analytische Pathographie. Im Lexikon der Sexualwissenschaft heißt es dazu: »Die Schwierigkeiten der analytischen Pathographie beruhen vor allem darauf, daß die Betrachtung eines psychopathologischen Künstlers sich meist auf Tagebuchblätter, Briefe und andere, schwer zugängliche private Äußerungen stützen muß.« Als klassisches Beispiel gilt die analytische Pathographie von Sigmund Freud über Leonardo da Vinci. Sie basiert auf einer Kindheitserinnerung des Renaissance-Künstlers. Leonardo erinnerte sich nach seinen Aufzeichnungen, daß ein Geier zu ihm herabgekommen war, als er in der Wiege lag, ihm mit dem Schwanz den Mund öffnete und viele Male mit dem Schwanz gegen seine Lippen stieß.

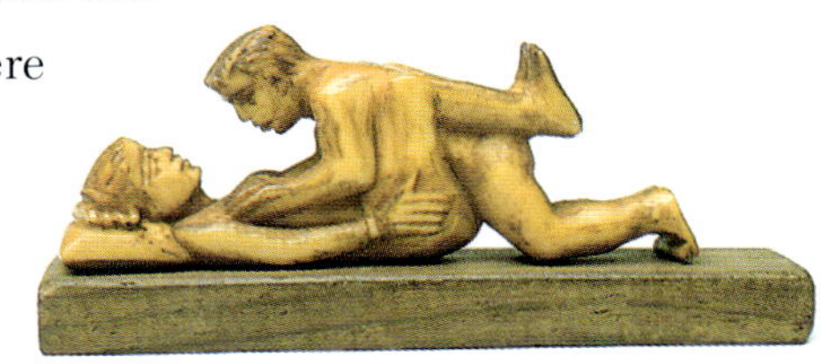

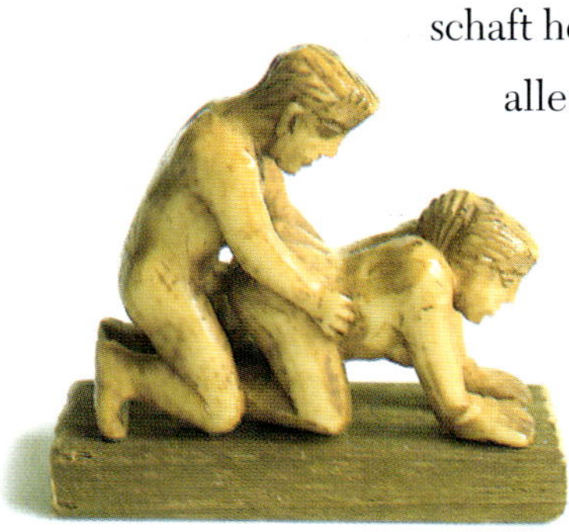

Indische Elfenbeinschnitzereien 13.–17. Jahrhundert

Nach Freuds Deutung ergibt sich daraus eine gehemmte Homosexualität. Denn der Schwanz (coda) ist ein bekanntes Penissymbol, der Inhalt dieser Erinnerung die Vorstellung einer Fellatio. Der Geier soll, der Fabel nach, ein eingeschlechtiges Wesen sein und wurde daher in der Phantasie herangezogen, um die Befriedigung dieses erotischen Wunsches auszu-

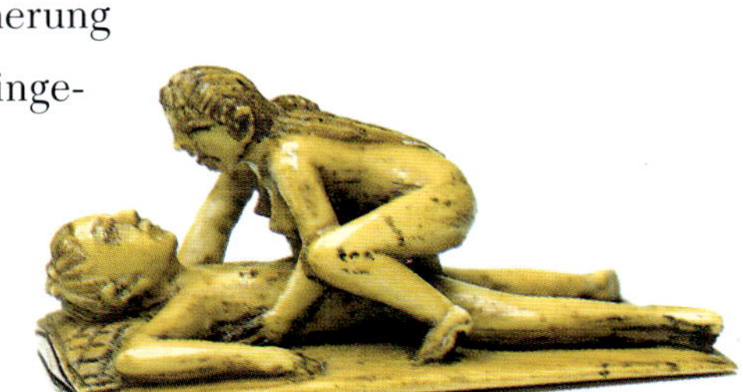

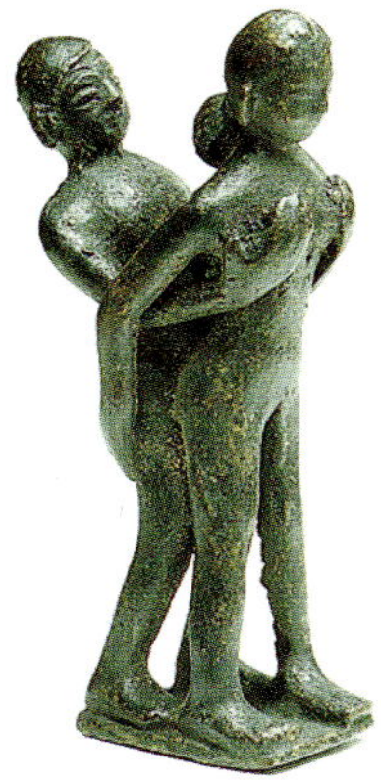
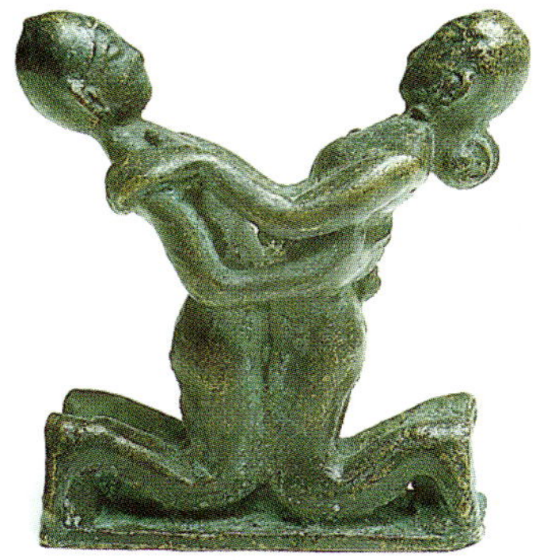
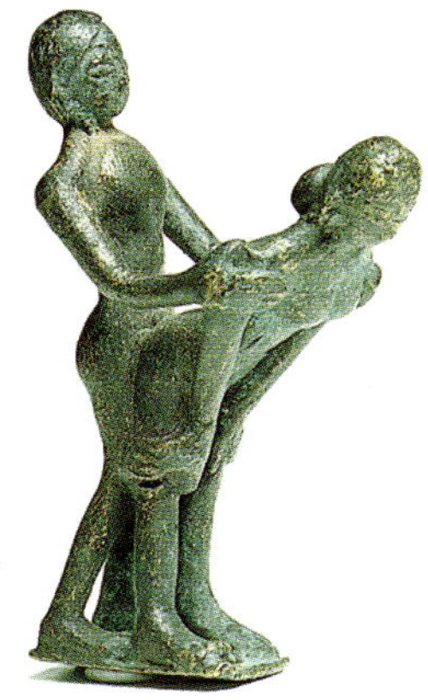

obere Reihe:
Indische Bronzeskulpturen
aus verschiedenen Zeiten

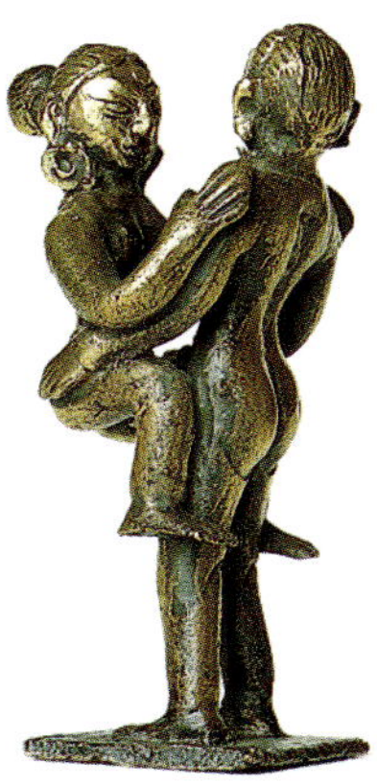
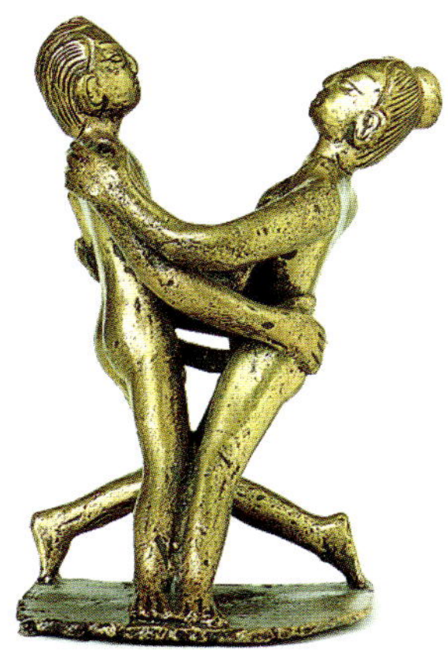
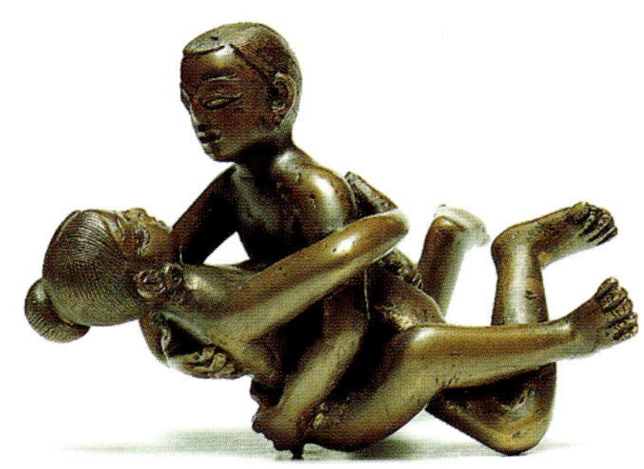
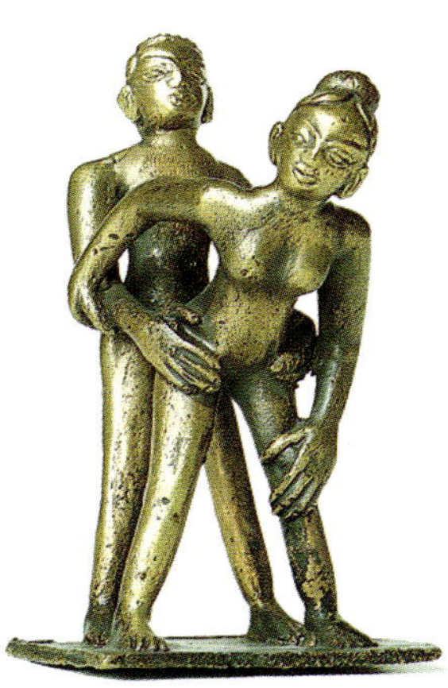
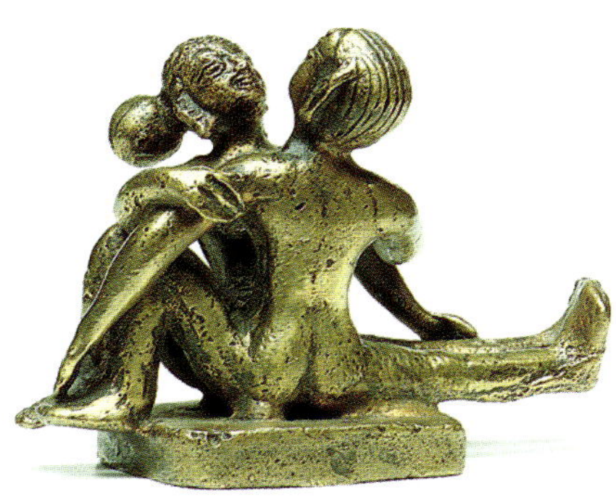
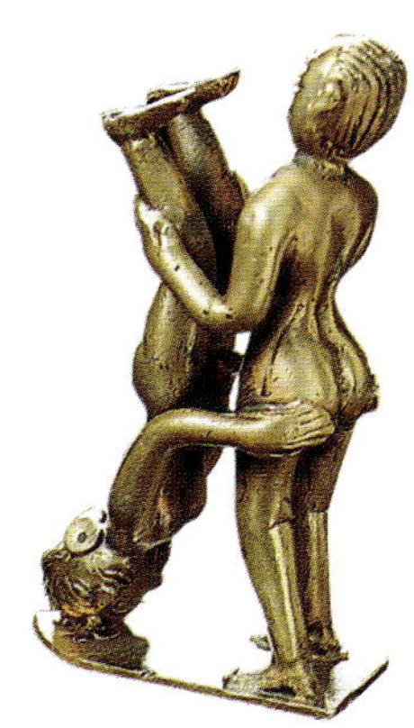

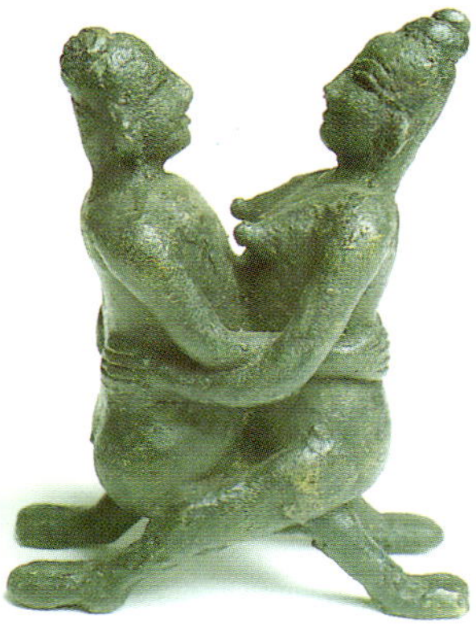

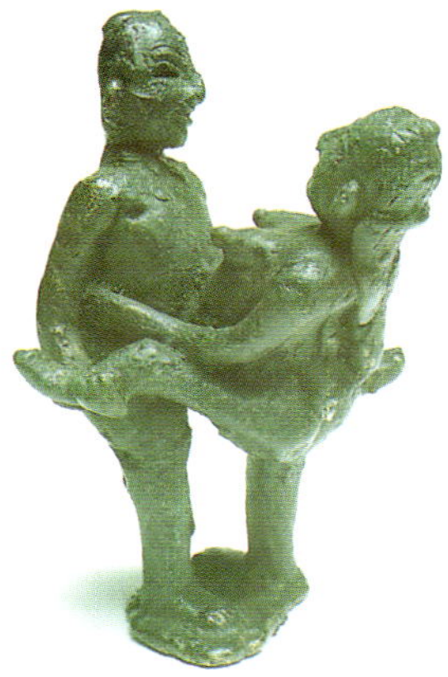

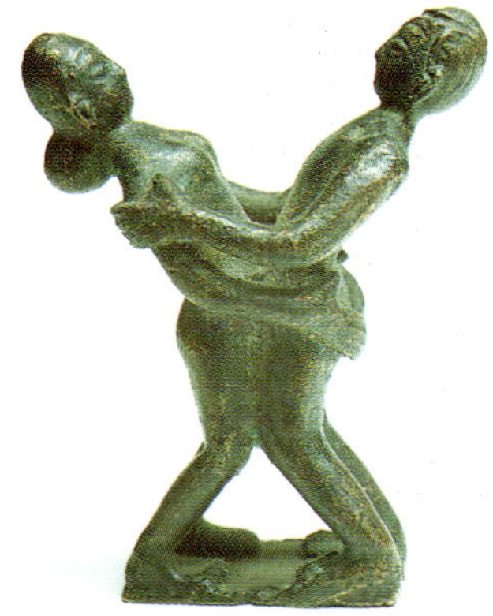

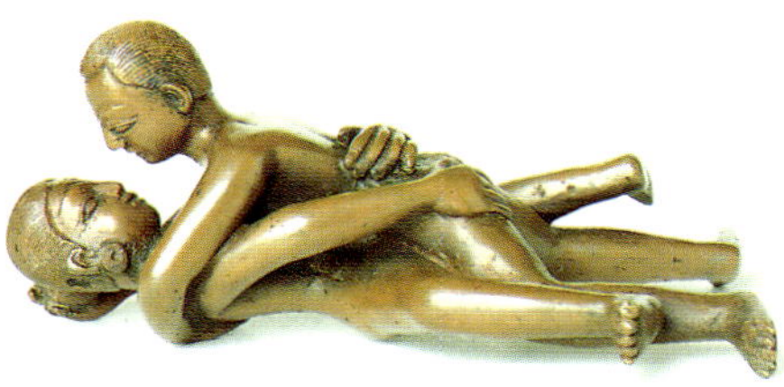

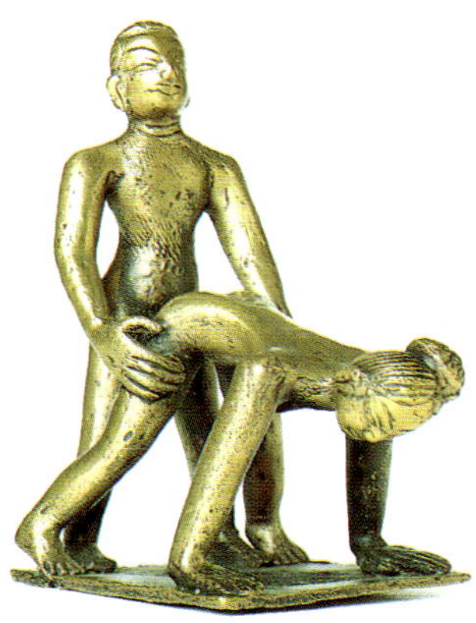

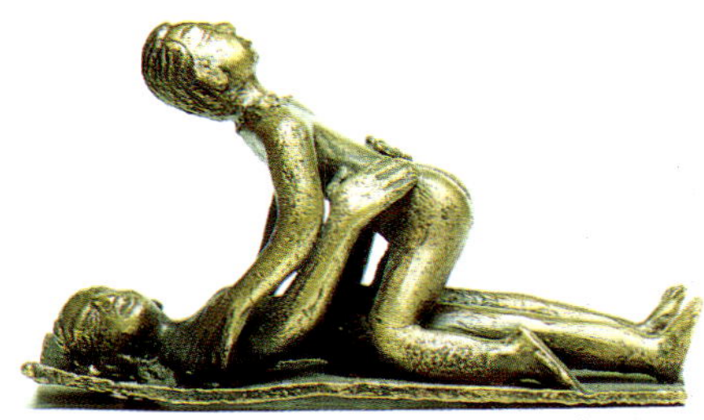

mittlere und untere Reihe:
Nepalesische Bronzeskulpturen,
18./19. Jahrhundert

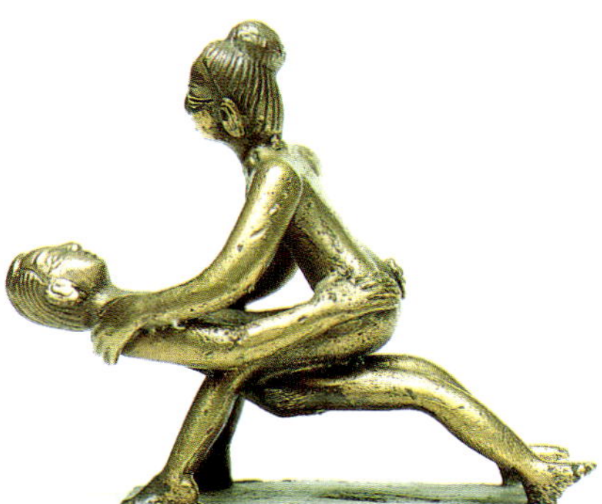

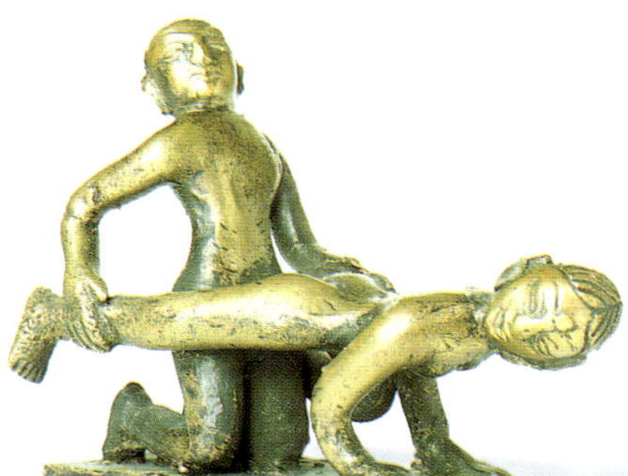

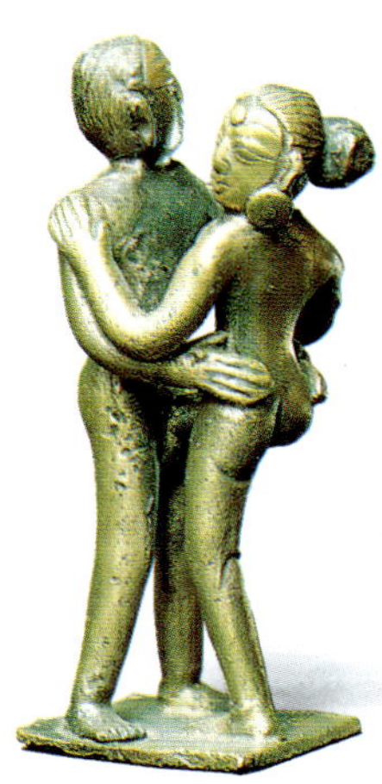

drücken. Einer analytischen Deutung wurden auch die Werke anderer berühmter Personen unterzogen. So die des großen Mystikers Jakob Böhme, Dantes Schilderung seiner Liebe zu Beatrice und auch das Weh Christian Friedrich Hebbels. Von ihm sagt die Sexualforschung, daß er an einer Zwangsneurose gelitten habe, deren sexuelle Abartigkeit sich in der Heldin eines seiner Dramen, Judith, ausdrückte. Sie blieb trotz Verehelichung Jungfrau, da ihr Mann Menasse in der Brautnacht die eheliche Pflicht nicht erfüllen konnte.

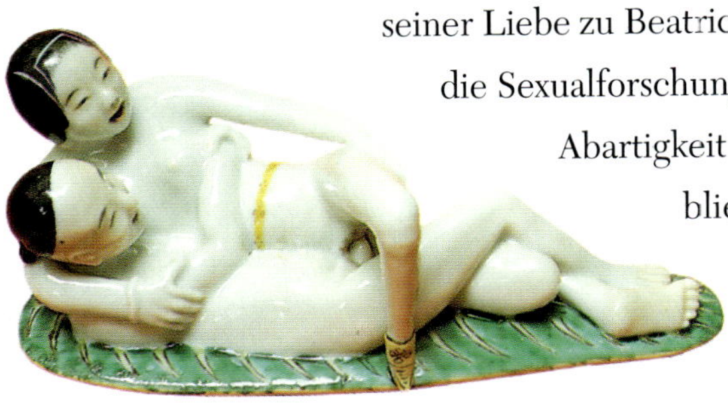

Auch der Pessimismus des deutschen Philosophen Arthur Schopenhauer (1788–1860) wird von Hitschmann dahingehend gedeutet, daß er aufgrund verdrängter Sexualität und sadistischer Triebe entstanden sei. »Erst nachdem wir mit der wirklichen Welt im gewissen Grade entzweit und unzufrieden sind, wenden wir uns um Befriedigung an die Welt des Gedankens«, sagt Schopenhauer. In seiner Pubertät versuchte er sich seiner Mutter erotisch zu nähern. Als er von ihr zurückgewiesen wurde, wandte er sich auch von der übrigen weiblichen Welt ab, die er mit Haß verfolgte. Jean-Jacques Rousseau hat uns in seinen »Confessions« ein seltenes Dokument des psychischen Exhibitionismus hinterlassen. Äußerst genau beschreibt er seine Sexualität und die ersten unvergeßlichen Eindrücke, die er sich bei Fräulein Lamercier holte, die bei ihm Mutterstelle vertrat, da seine eigene Mutter bei seiner Geburt verstorben war. Aus neuerer Zeit finden wir ein verläßliches Zeugnis für diesen speziellen Exhibitionismus in dem bei Rowohlt erschienenen Band »George Grosz – Briefe 1913–1959«. Grosz schreibt am 26.6.1932 aus New York einen Brief an seine Frau, in dem er mit ganz detaillierten Angaben um intime Fotos von ihr bittet: »Als erstes dachte ich mir Dich als Zofe vorzustellen – halb angezogen: als schweinisch-süße Fickzofe ... Du müßtest von hinten aufgenommen werden; aber Dein geilfreches süßes Gesicht mit Häubchen müßte den Beschauer (mich) ansehen – so, als sähest Du Dich amüsiert um nach dem steifen Schwanz, der Dir gerade verpaßt werden soll ..., eventuell die eine Brust mit erigierter Warze dem Betrachter mit der rechten Hand zugewandt ... Zwei: Im schwarzen Abendkleid, darunter nichts, ausgezogene Höschen als Stilleben nebenbei – schwarze Handschuhe – Strümpfe. So, als wärest Du gerade nach Hause gekommen von einer Gesellschaft und solltest nun gevögelt werden – das Kleid frech und aufreizend hochgestreift, stehend. Beine breit, ein wenig nach vorne rüber

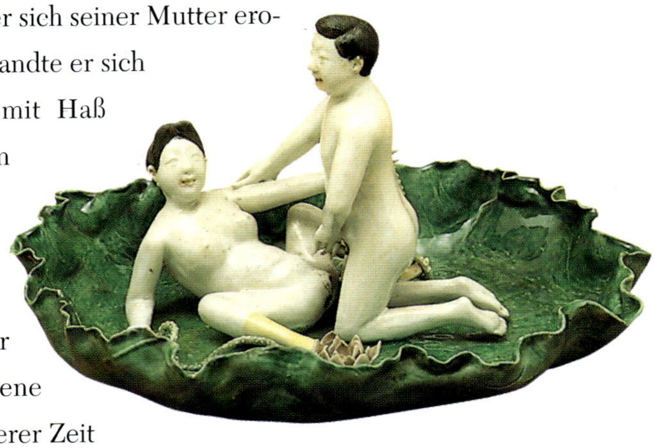

Chinesische Porzellanskulpturen, 19. Jahrhundert

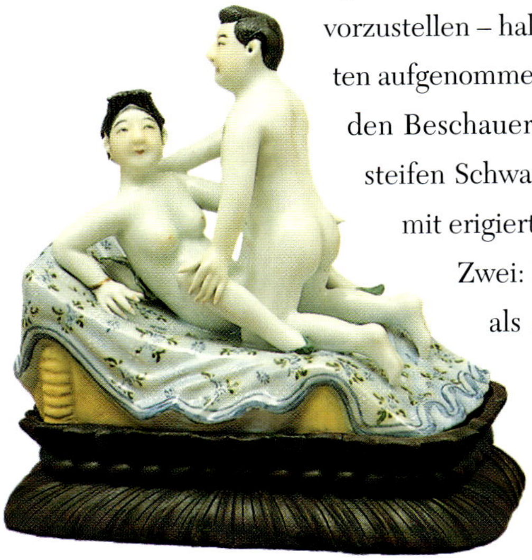

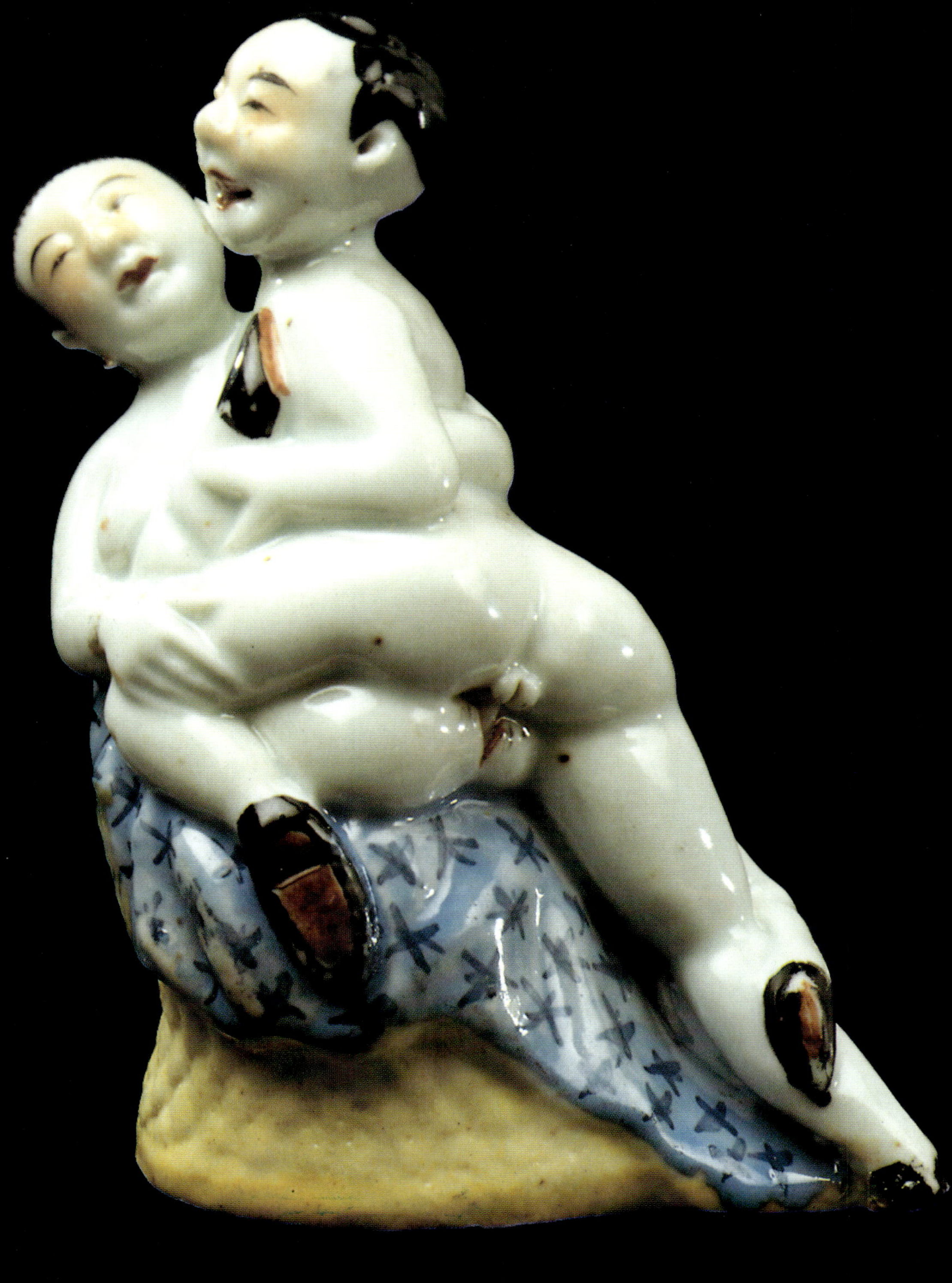

gebückt, als ließest Du Dich eben mal schnell im Stehen ficken ... ... Du müßtest überhaupt nebenbei immer ein wenig auf erregendes Stillebenarrangement achten: Bananen, Lippenstifte, Puderdose – so, als wären es richtige Fickszenen; Wäsche, die ausgezogen unter Dir liegt, und so. Kannst auch bei einer Aufnahme, wo Du Deine Schlüpfrige zeigst, gerade eine abgezogene Banane wie einen Steifen im Mund haben (erregend) ... ... Je mehr Aufnahmen, je besser, ich bezahle alles. Die Bilder müssen 'lustig-geil-exhibitionistisch' wirken. Dies sind nur ein paar Wunschfantasien ...« Solche Dokumente haben natürlich nichts mit Pornographie zu tun. Die ist immer nur eine künstliche Konstruktion, die auf die niedrigen Instinkte und Triebe ihrer Leser spekuliert, weit entfernt von dem Bekenntnis eines Kreativen. Viele ganz durchschnittliche Zeitgenossen haben darunter zu leiden, daß sie von unserer Gesellschaft, erbarmungslos und selbstgerecht, wie sie ist, einer erotischen Minderheit zugeordnet werden. Dabei konnte die Frage, was denn im Sexualleben normal sei, bisher nicht schlüssig beantwortet werden. Würde man alle sogenannten Minderheiten zusammenrechnen, wären sie gegenüber den »Normalen« wahrscheinlich in der Überzahl. Für diese immer noch geächteten Gruppen hat der schwedische Psychiater Dr. Lars Ullerstam ein Behandlungszentrum gegründet, das sich die Reintegration erotischer Minderheiten in die Gesellschaft zum Ziel gesetzt hat. Dr. Ullerstam geht davon aus, daß Vorurteile, verlogene Moralbegriffe und Tabus gerade diese Menschen immer tiefer in die Isolation führen. In seiner Therapie beschränkt er sich nicht darauf, Toleranz für die erotischen Minderheiten zu fordern, sondern praktiziert eine Sozialordnung, in der diese Gruppen ohne Scham- und Schuldgefühle ihre Neigungen befriedigen dürfen, mit der Einschränkung, daß Dritte dadurch nicht belästigt werden. In einem seiner Bücher regt Ullerstam die Einrichtung von Clubs unter medizinischer

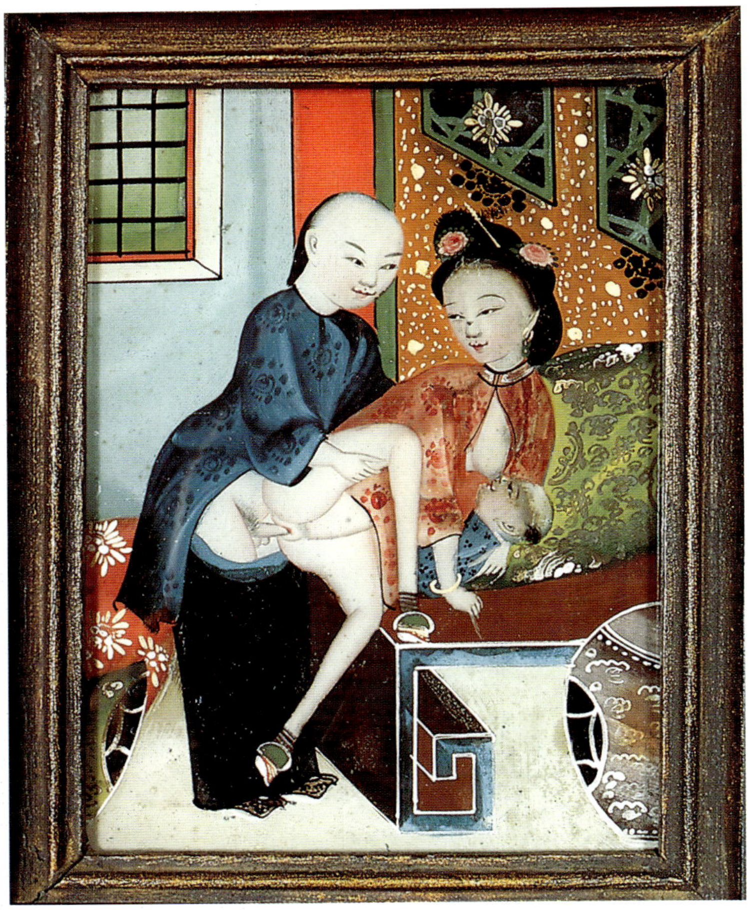

Chinesische Hinterglasmalerei, Ende 18. Jahrhundert

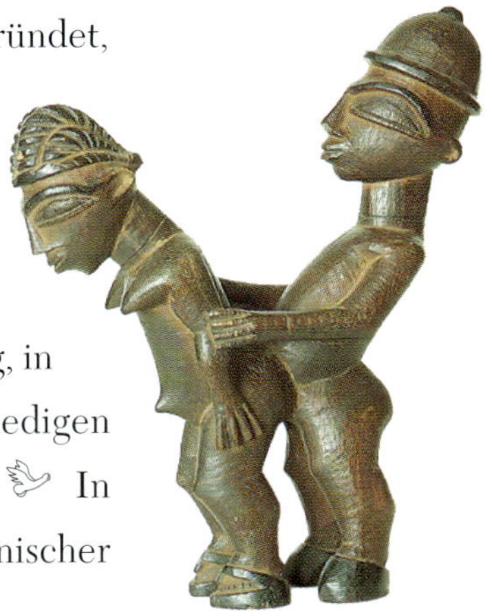

Afrikanische Holzskulptu[r] Höhe 21 cm, Kongo, 20. Jahrhundert

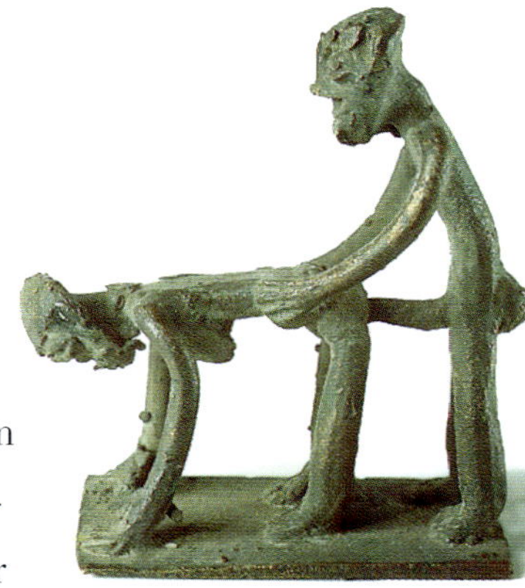

Leitung an, in denen Menschen verschiedenster sexueller Neigungen bei Gleichgesinnten Harmonie und Ergänzung finden können. Darüber hinaus fordert er Sexualkliniken, die nötigenfalls auch ambulante Behandlung übernehmen. Nach einer wütenden Pressekampagne gegen den schwedischen Sexualforscher wurde er schließlich auch von seinen Kollegen lächerlich gemacht. Dabei gibt es die therapeutische Behandlung spezieller erotischer Neigungen im Sinne Ullerstams schon seit über 200 Jahren. Nicolas Edme Restif de la Bretonne beschreibt 1769 bereits die Einrichtung des Parthenions. Danach wurden alle »gelüstigen Fräulein« einer Stadt in einem Haus untergebracht und der Aufsicht von zwölf rechtschaffenen Jüngern unterstellt. Die Besucher hatten Billetts zu lösen, ähnlich wie im Theater. Die Preise schwankten nach Alter und Schönheit der Bewohnerinnen – 18 Sous für die ältesten und häßlichsten bis zum Spitzentarif von zirka 1 000 Francs – und nach den erotischen Wünschen. Von der Frage, welche Praktiken im Hause erlaubt sind – nämlich alle –, über Krankheits- und Finanzfragen bis zu Kleidungsdetails war alles auf das genaueste geregelt. Die Spielarten erotischer Präferenz sind seit Restif de la Bretonne die gleichen geblieben. Bis allerdings Lösungen, wie sie Dr. Ullerstam vorschweben, vorurteilsfrei akzeptiert werden, bedarf die Gesellschaft noch eines langen Reifeprozesses.

Afrikanische Bronze, Bamun/Kamerun

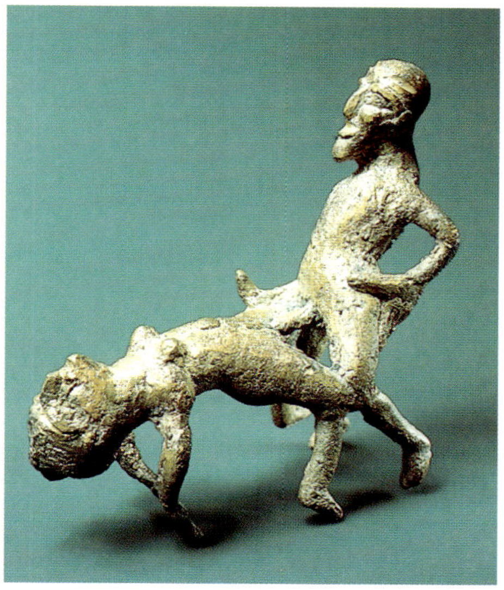

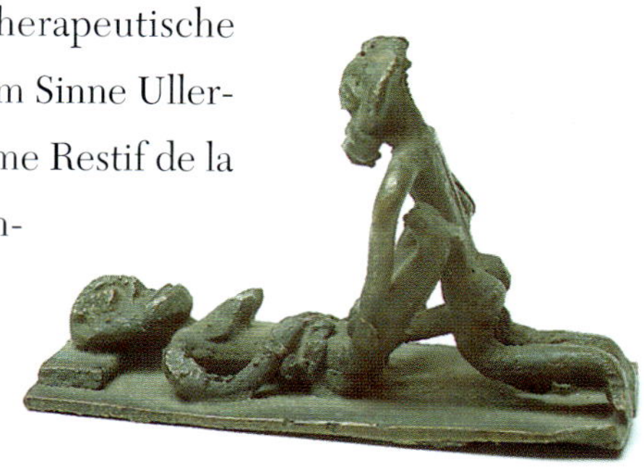

Afrikanischer Messingguß, Dahomey/Westafrika

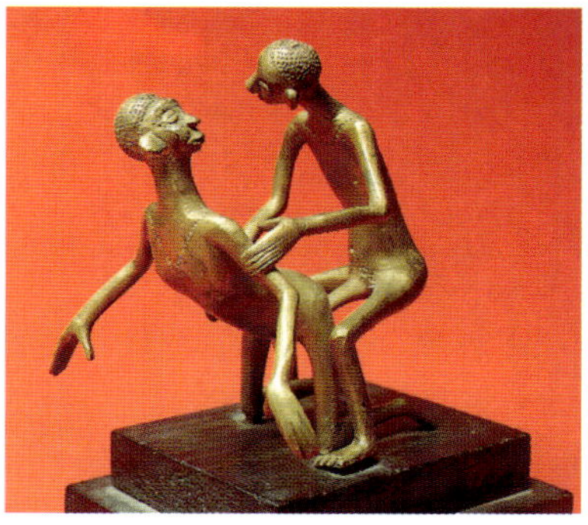

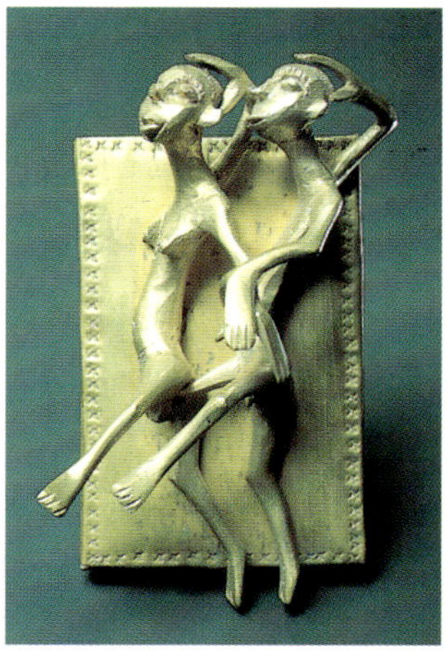

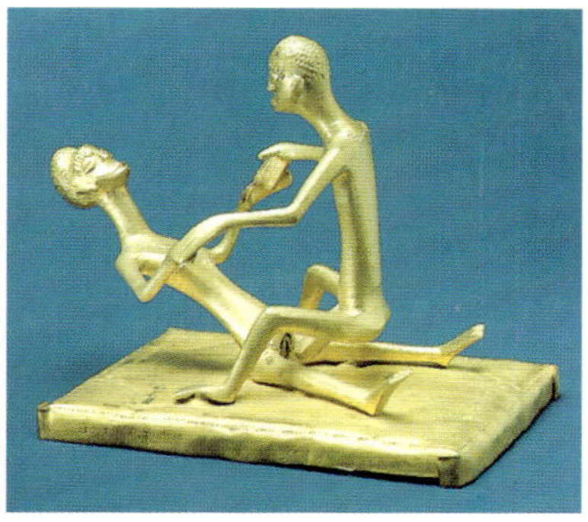

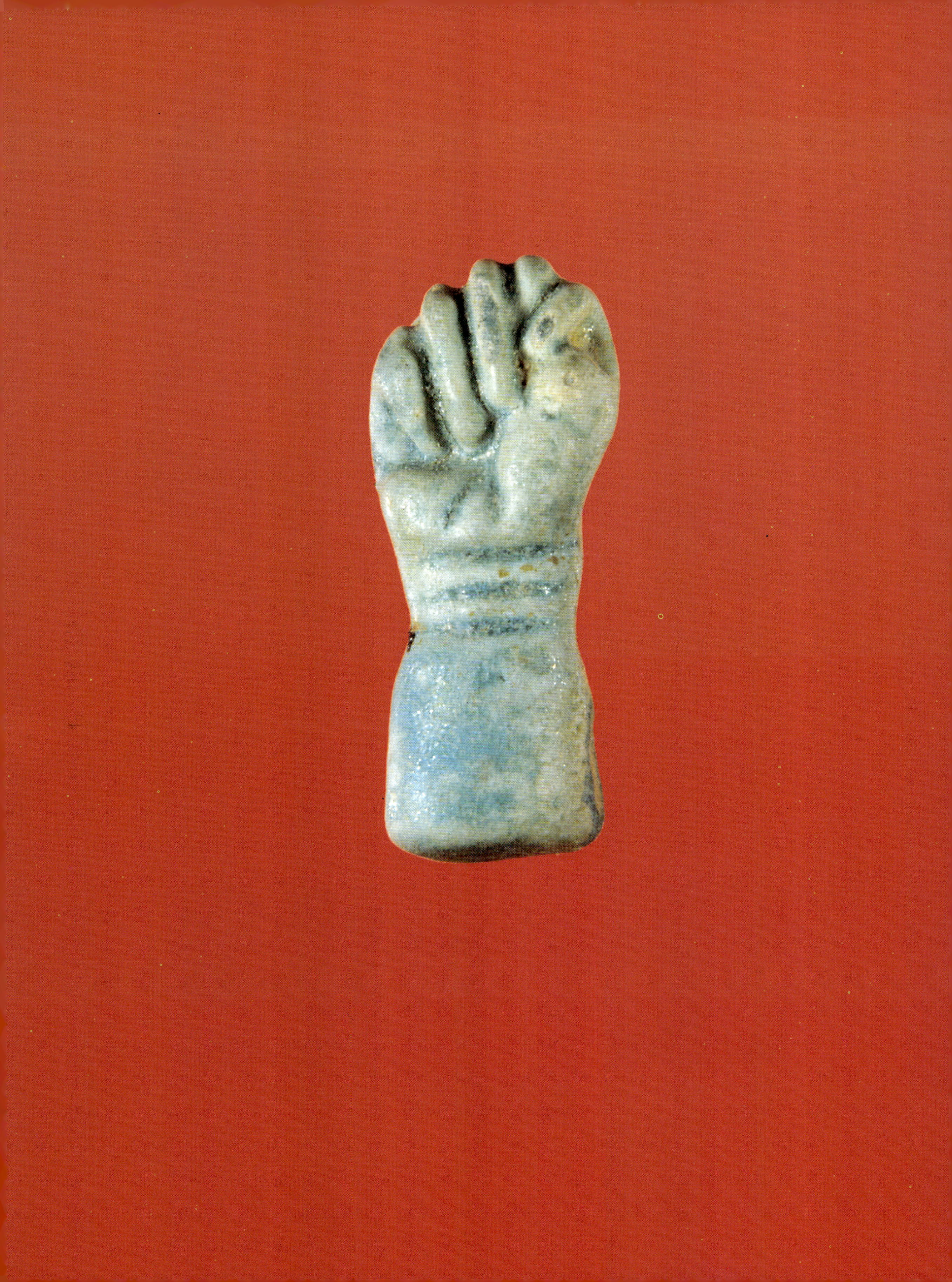

Amulett
und Schmuck

Ägyptisches Amulett in Form einer Fica,
Frittenporzellan, um 1000 v. Chr.

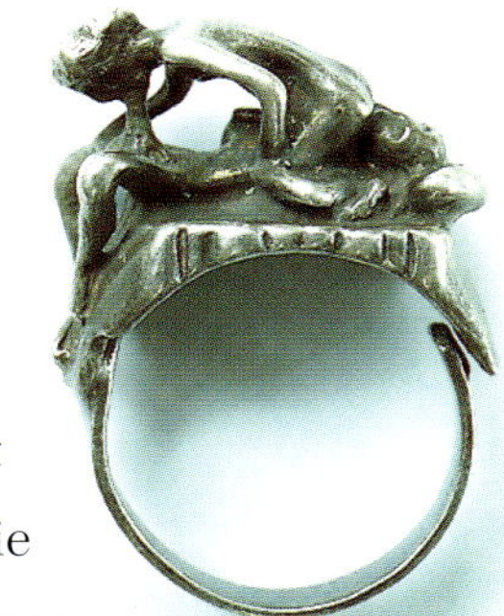

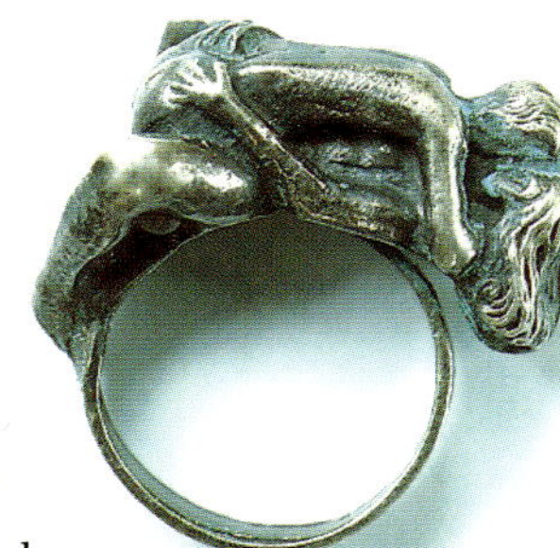

Im 19. Jahrhundert wurden in Frankreich Ringe mit unzüchtigen Darstellungen angefertigt

Seit alters her sollen Amulette Unglück abwenden und Glück bringen, vor allem in der Liebe. Die Liebesamulette sind meist wie ein Phallus geformt oder tragen phallische Symbole. Sie bestehen aus Metall, Glas, Terrakotta oder Edelstein, aber auch aus organischen Substanzen wie Zähnen (Elfenbein) oder Klauen. Oft wurden sie auch, zu mehreren an Schnüren aufgereiht, um den Hals getragen, nach dem Motto »Viel hilft viel«. Und selbst wenn man sie unsichtbar in der Tasche trug, war man sich ihrer Wirkung sicher. Bekannt ist das Liebeszauber-Amulett der französischen Königin Katharina von Medici (1519–1589). Mit ihm zwang sie angeblich die Männer, sich in sie zu verlieben. Der Volksglaube ist von den magischen Kräften, die den Amuletten innewohnen oder ihnen durch Beschwörung eingezaubert werden, noch heute überzeugt. In südlichen Ländern werden Amulette getragen, die wie männliche oder weibliche Geschlechtsteile geformt sind. Das »feindliche« Auge soll durch den Anblick des »Obszönen« so abgelenkt werden, daß es nicht mehr gefährlich werden kann. Um die Kraft seiner magischen Wirkung zu erhöhen, ist der Phallus in früheren Zeiten auch wie ein Tier geformt worden, mit Krallen oder Flügeln. Kleine Glöckchen wurden ihm angehängt, weil der Klang von Metall als besonders wirksam gegen bösen Zauber aller Art galt. Als Amulett wird bis heute die »Fica« (italienisch: die Feige) getragen. So heißt die Geste, bei welcher der Daumen zwischen Mittel- und Zeigefinger hindurchgesteckt wird, als ein Symbol für den Geschlechtsverkehr. Die Bezeichnung Feige ist entstanden, weil sowohl im Altgriechischen als auch im Italienischen das Wort auch Vagina

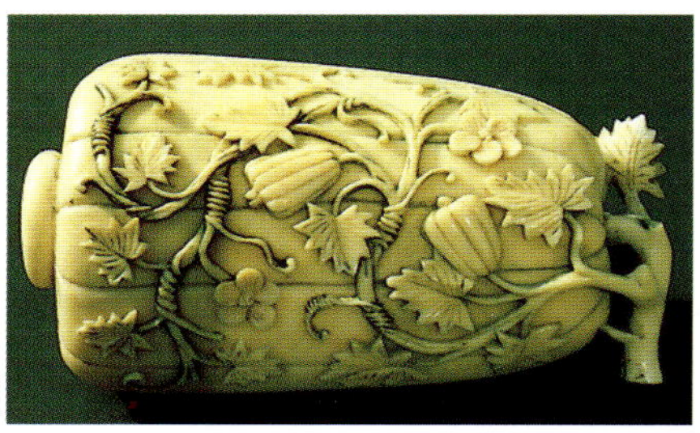

Beispielhaft für eine besonders kostbare chinesische Schnitzerei ist eine dreiteilige Gürteldose vom Ende des 18. Jahrhunderts, die erst später koloriert worden sein dürfte

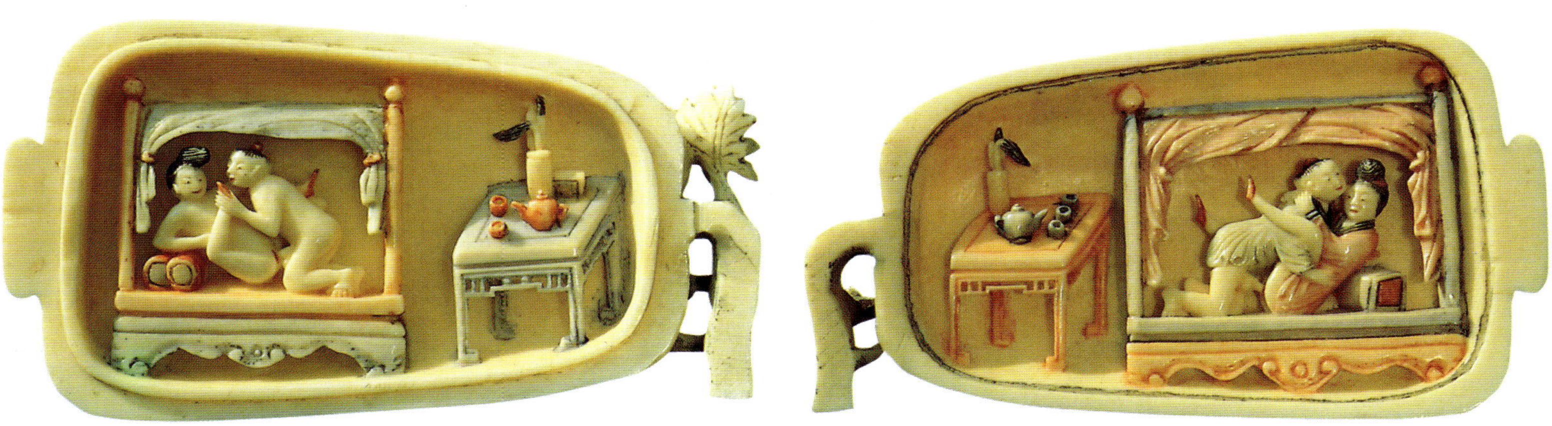

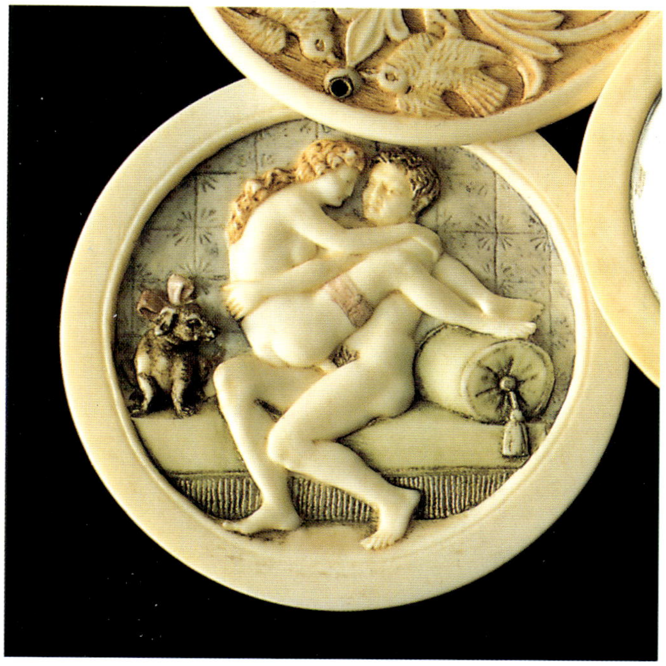

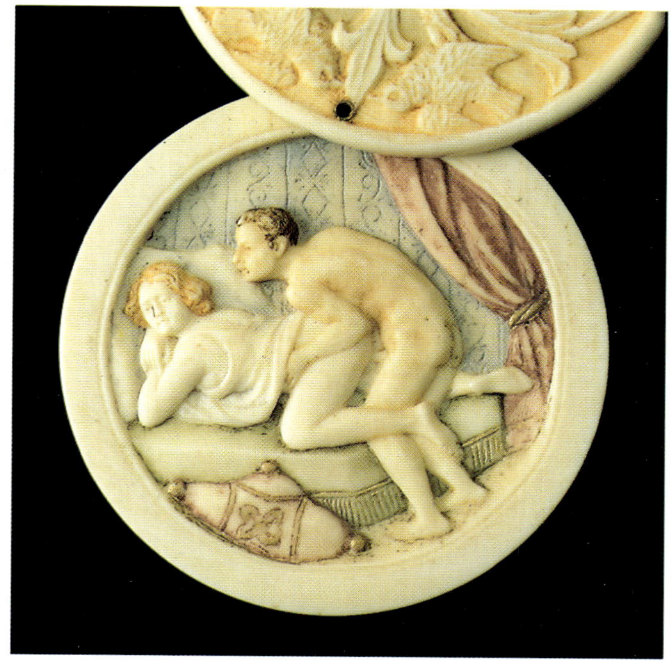

bedeutet. Die Fica gilt als besonders magisch, weil in ihr beide Geschlechtsteile vereint sind. Und somit auch deren Zauberkräfte. In Tirol hält sich folgender Brauch: Junge Männer schenken Mädchen eine silberne oder elfenbeinerne Fica als Angebinde und Anfrage. Schickt das Mädchen die Fica zurück, ist die Werbung abgewiesen. Schickt sie als Gegengabe ein silbernes Herz, ist sie angenommen. Das Mädchen trägt dann die Fica am Brustgeschnür. Die Grenze zwischen der Wirkung des Amuletts – Abwehr des Bösen, Anziehung des Erwünschten – und dem Schmuckbedürfnis, ist schwer zu ziehen. Die Motive ähneln sich stark: Der Phallus, als Anhänger am Hals getragen, sollte wohl in beide Richtungen wirken: als Amulett und Schmuck zugleich. Eindeutig sind dagegen die sexuellen Darstellungen, die Ringe und Armbänder, Gemmen und Gürtelschmuck zieren. Ob koitierende Paare, plastische Darstellungen von Fellatio oder Cunnilingus, immer wollte die Trägerin solchen Schmucks den Betrachter animieren und nicht provozieren. Da jedermann der körperlichen Liebe in all ihren Variationen unbefangen gegenüberstand, war das, was wir heute als unbürgerliche Herausforderung verstünden, schlicht und einfach Selbstverständliches.

Gegen Ende des 18. Jahrhunderts setzte sich die Mode durch, daß Damen sogenannte Spiegelmedaillons am Hals trugen, die beim Verschieben der einzelnen Teile erst als letzte Scheibe ihren erotischen Hintergrund enthüllten

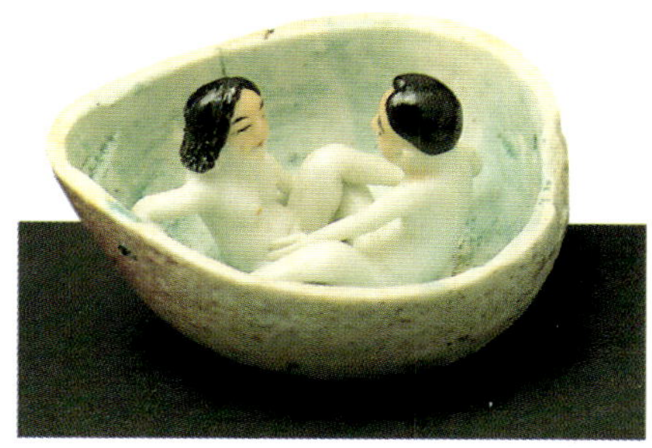

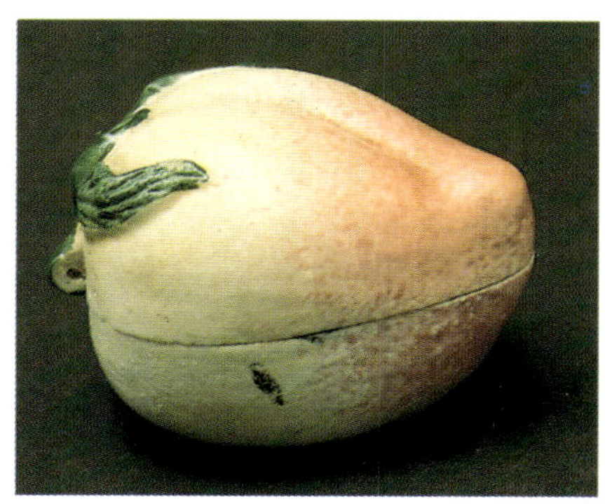

Ein Beispiel verschiedener Motive fernöstlicher Gürtel-Schmuckdosen

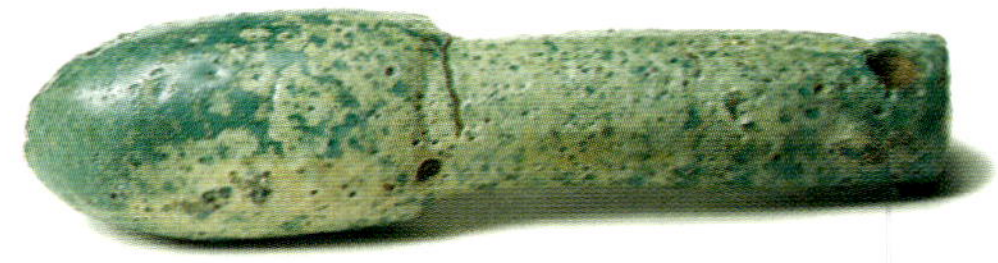

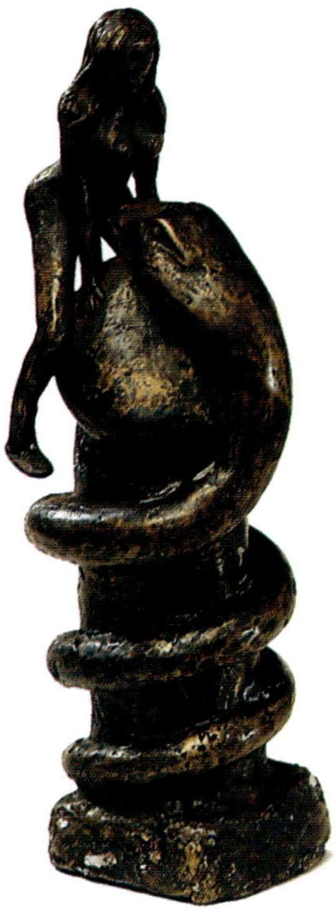

Zu den beliebtesten Amuletten gehörten in Rom und Griechenland, im Irak, in Ägypten und Indien kleine Plastiken aus Stein, Bronze, Elfenbein, Glas und Frittenporzellan. Bevorzugtes Sujet war der Phallus

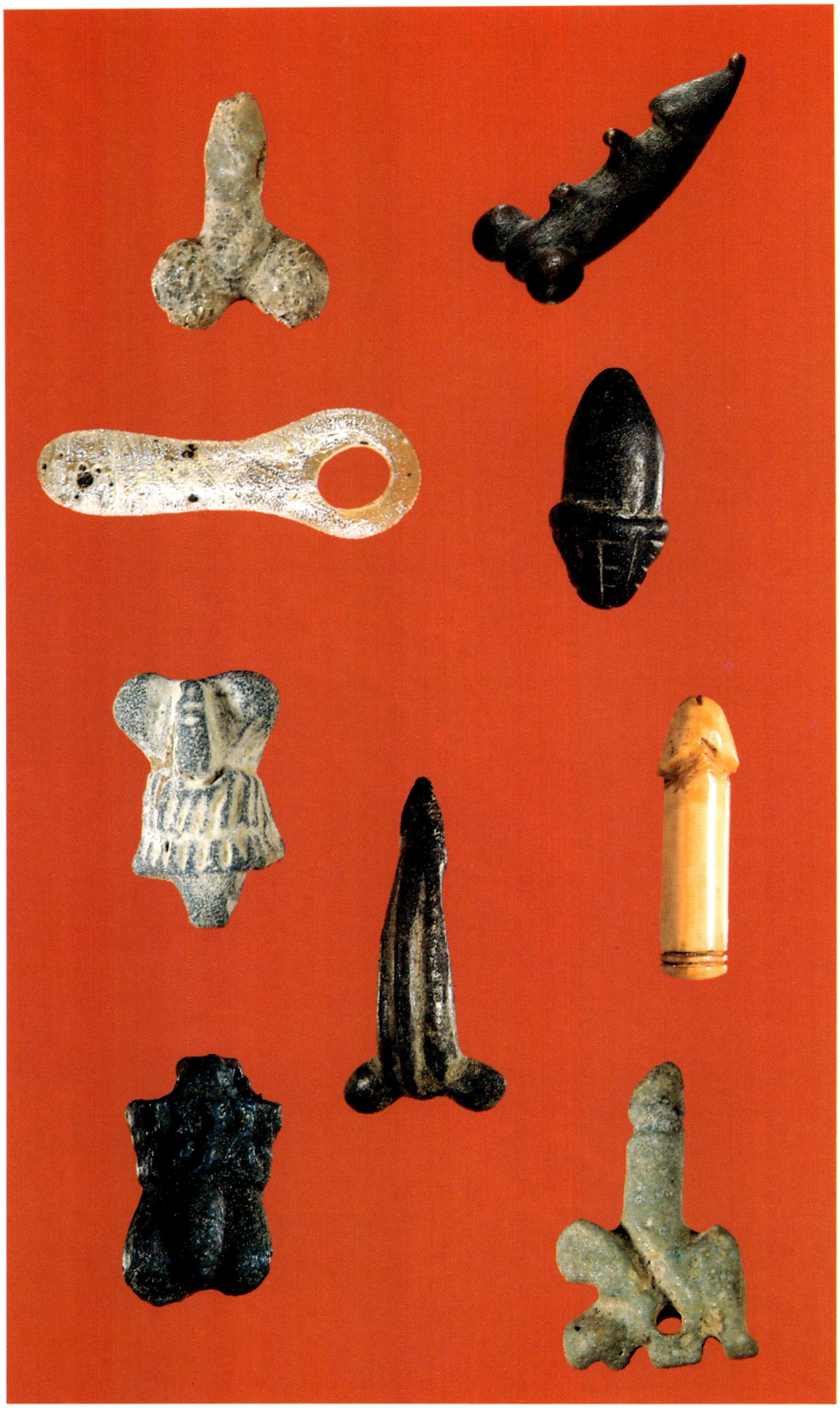

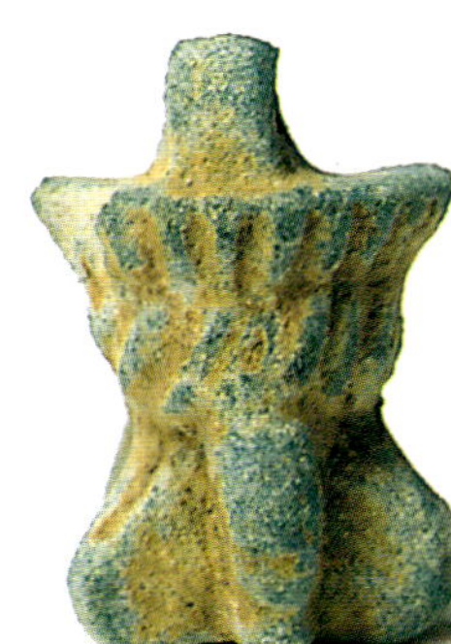

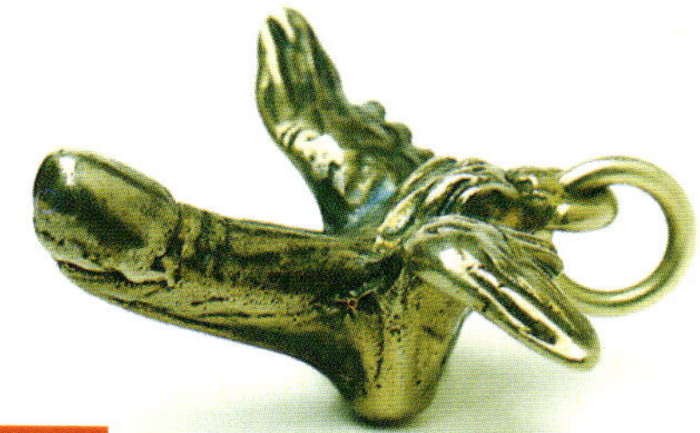

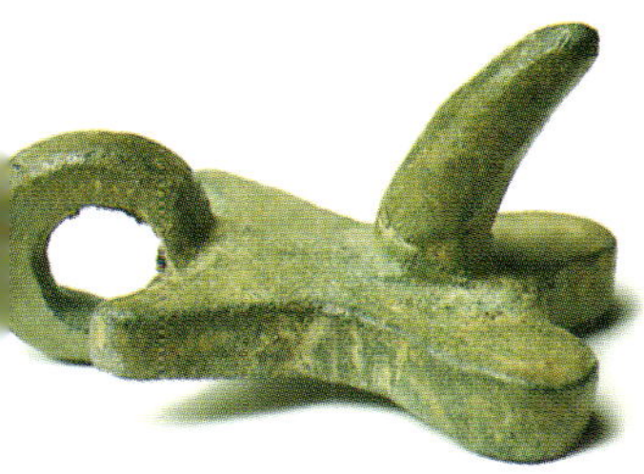

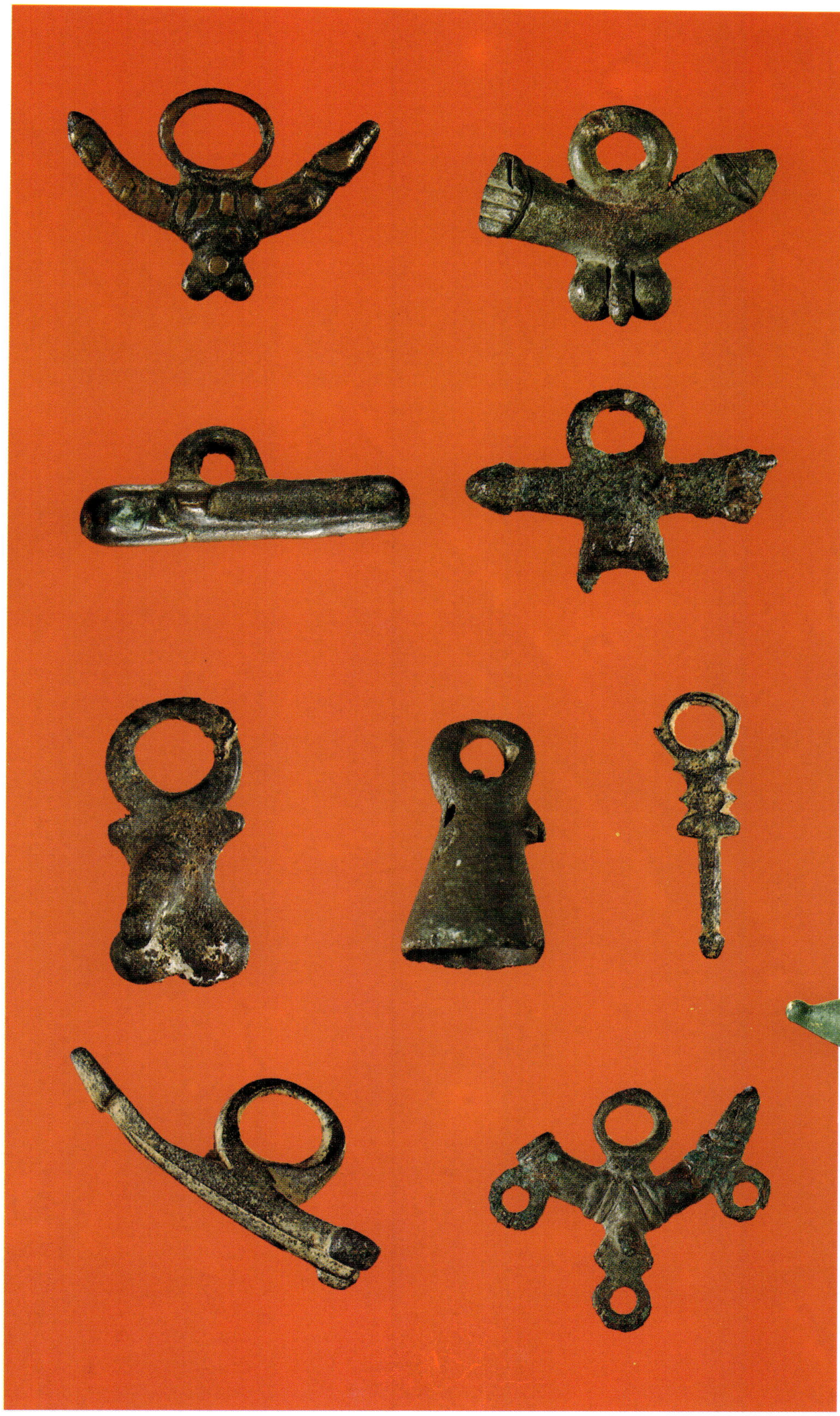

Im Altertum wurden Penisdarstellungen oder die Fica auch als Schmuckstücke getragen. Sie sollten beiden Funktionen, der Beschwörung und dem Schmuckbedürfnis, gerecht werden

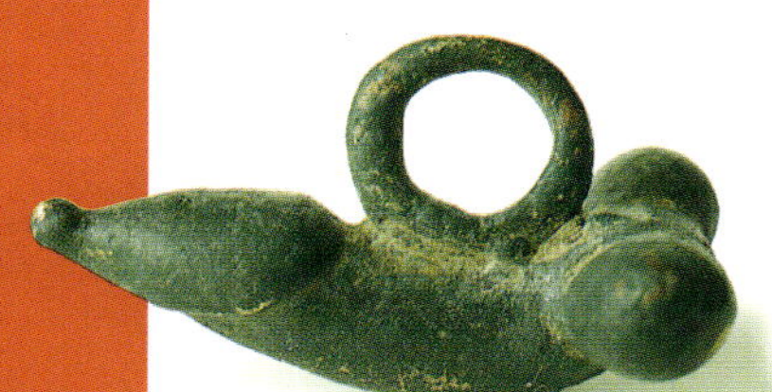

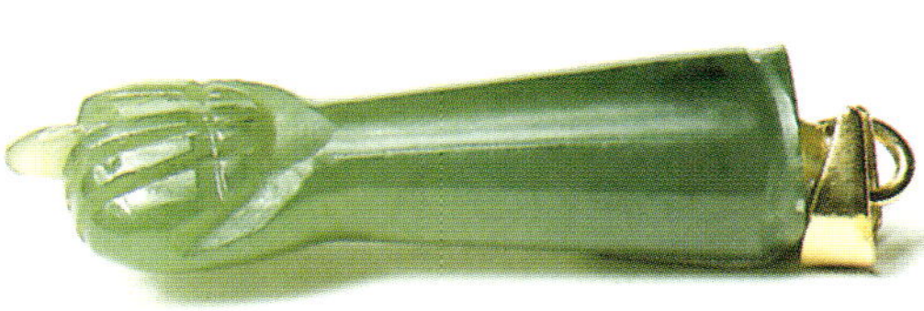

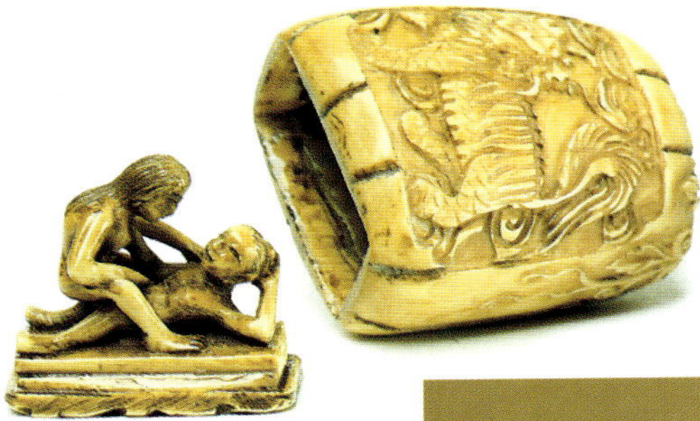

rechte Seite: Im antiken Griechenland entwickelte sich das Schneiden von Gemmen aus Halbedelsteinen zu hoher Kunstfertigkeit. Erst ein Kautschukabdruck zeigt die ganze Feinheit des in Jaspis geschnittenen Motivs

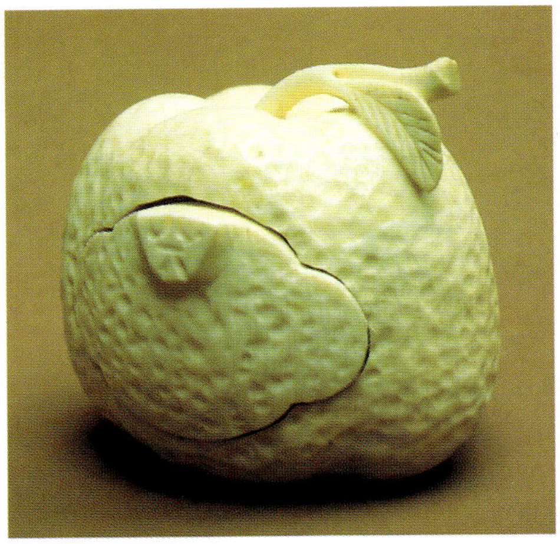

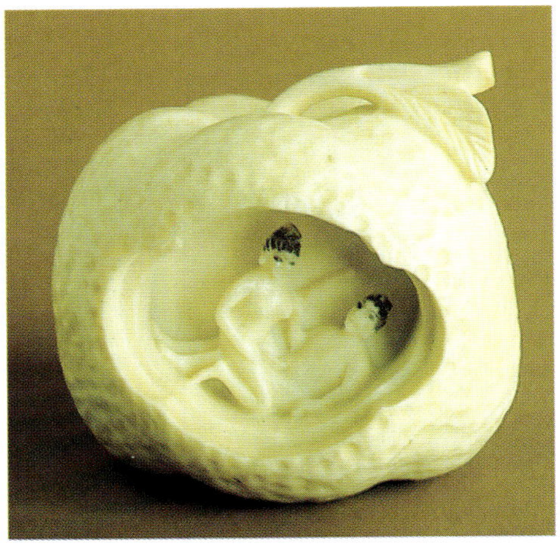

In Fernost, vor allem in China und Japan, gingen die Entwürfe von erotischem Schmuck andere Wege als in Europa. Elfenbein war das bevorzugte Material der Scherz- und Schmuckdosen, die am Gürtel des Kimonos getragen wurden. Erst beim Öffnen oder Auseinandernehmen offenbarte sich die erotische Überraschung

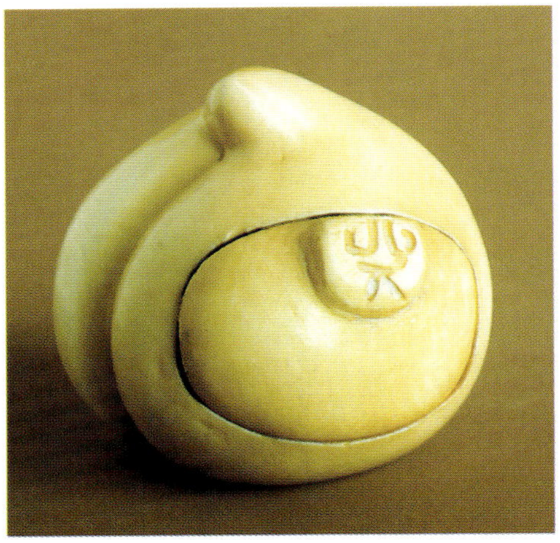

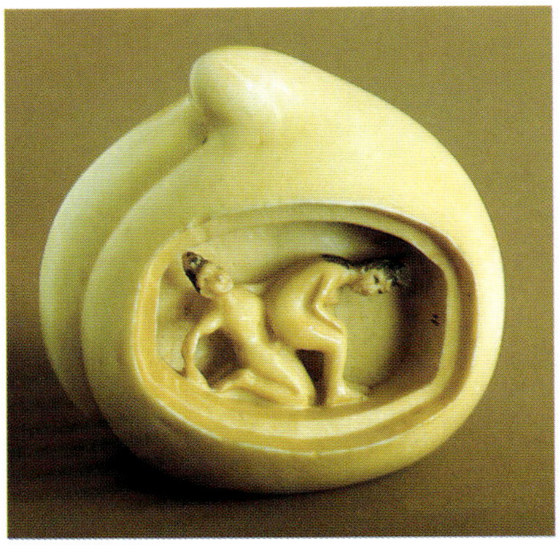

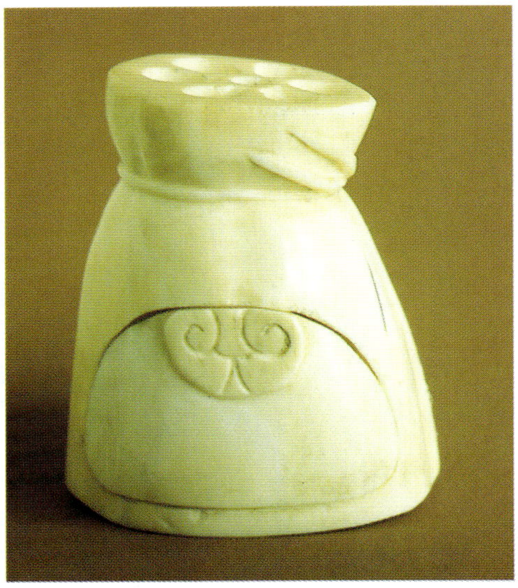

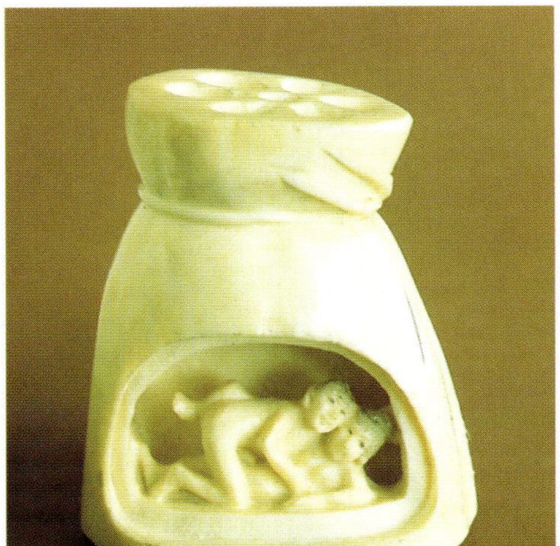

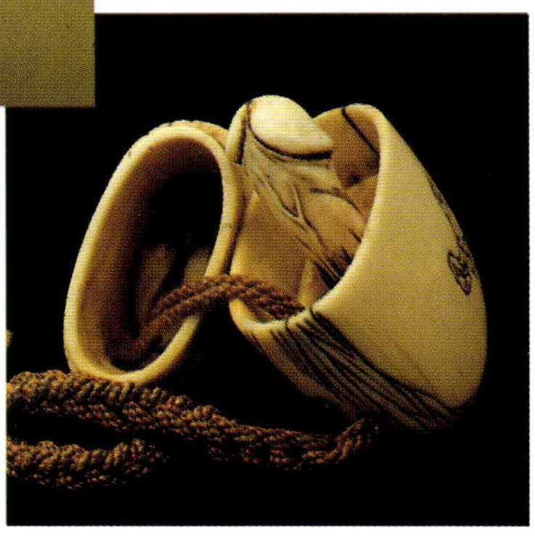

rechts: Sogenannte Schmuck-Scherzdose, aus der beim Öffnen der erigierte Penis herausragt

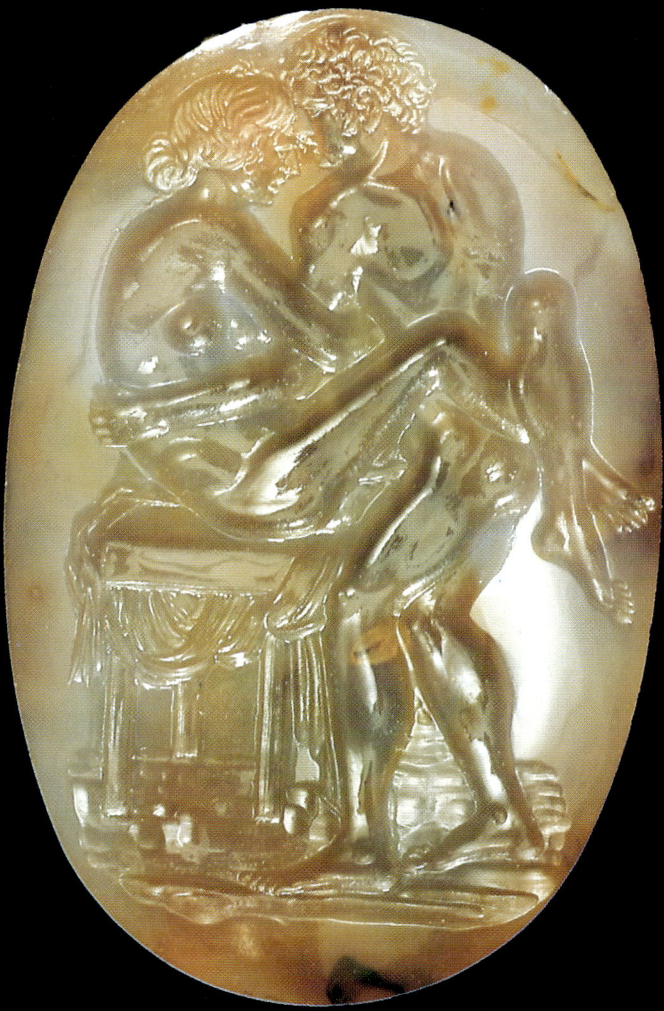

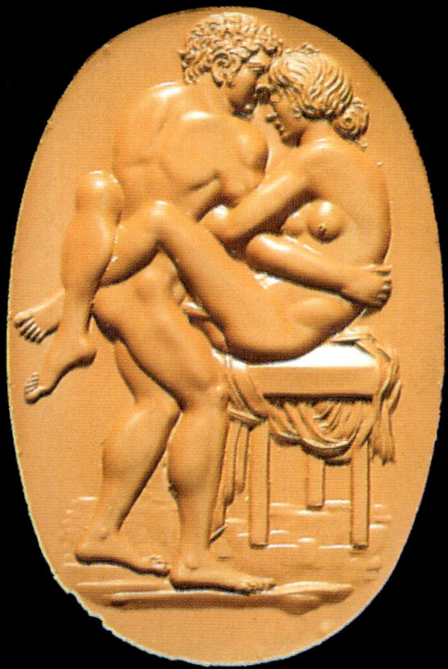

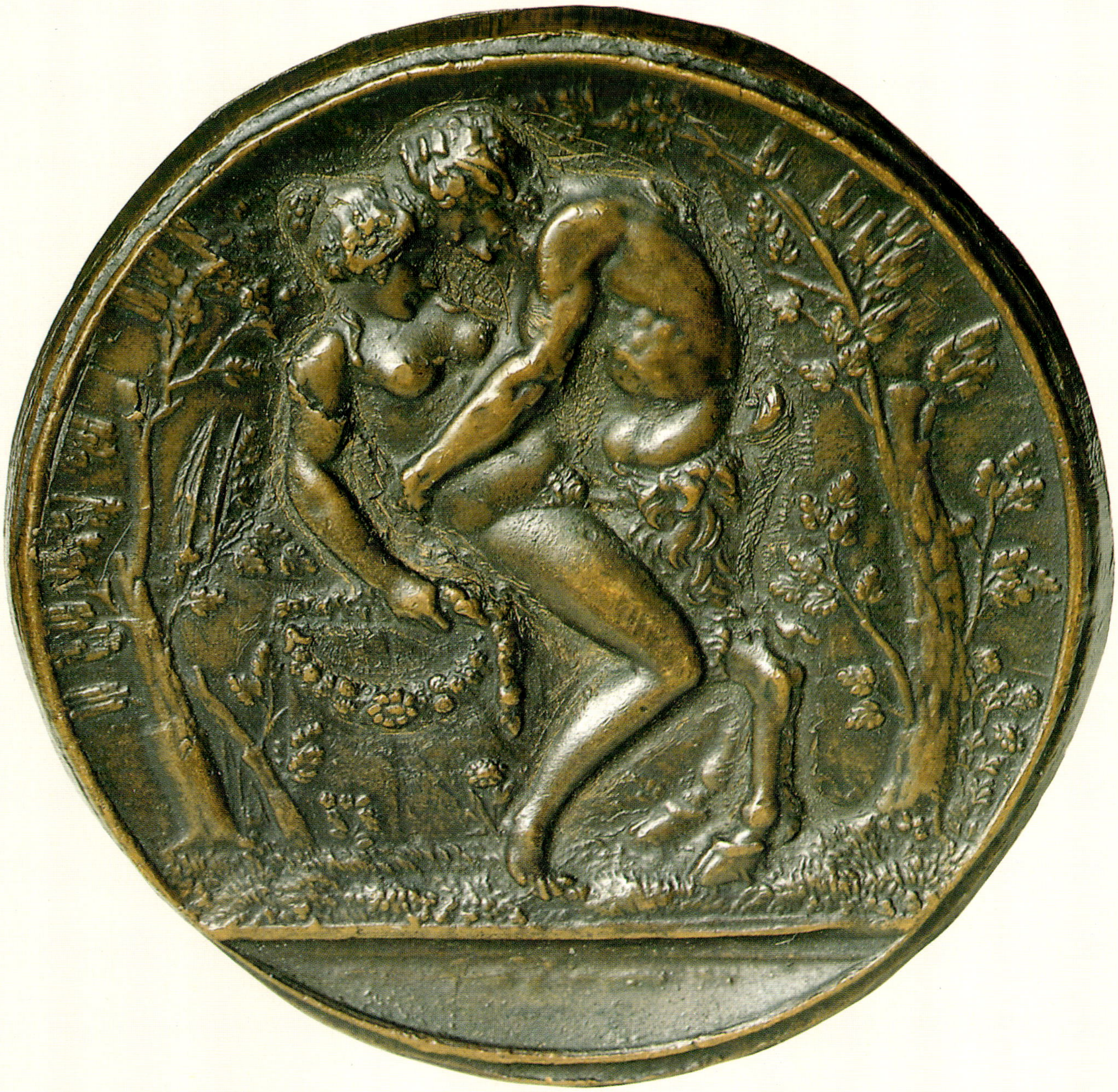

Sehnsucht
und Geilheit

. . . .

Bronzerelief aus der italienischen Künstlerfamilie Carracci,
einen Koitus im Stehen darstellend.
Der männliche Part ist als Satyr wiedergegeben

Wo immer Männer in freiwilliger oder berufsbedingter Isolation leben müssen, spielen die Zeugen der Sehnsucht eine bedeutsame Rolle. Walfänger, die noch im 19. Jahrhundert länger als zwölf Monate auf See waren, schnitzten und gravierten ihre erotischen Träume in Walzähne, in Asien stellten Mönche obszöne Porzellanfiguren her, und afrikanische Stämme nahmen erotische Bronzefigürchen mit auf ihre Jagdzüge. Bei der Selbstbefriedigung gibt es für die Geschlechter zwei grundverschiedene Motive: Frauen masturbieren, weil sie sich nach dem abwesenden Partner sehnen oder die Gewohnheit regelmäßigen Geschlechtsverkehrs plötzlich für einen längeren Zeitraum unterbrochen wurde, Männer onanieren fast immer, weil sie sich Wunschbilder schaffen. In der Phantasie beschäftigen sie geschlechtliche Details des weiblichen Körpers – häufig Dinge, die sie der Partnerin gegenüber nicht auszusprechen wagen. Auch die Vorstellung von fremden Partnerinnen, mit denen sich ihre erotischen Wünsche nicht realisieren lassen, spielen eine große Rolle. Während des Onanierens werden solche Wunschpartnerinnen zu zügellosen Hetären, die jeden Wunsch mit Hingabe erfüllen. Dabei genügt schon eine mechanische Erektion, um diesen Mechanismus auszulösen. Mit einem Wort: Der männliche Motor zur Selbstbe-

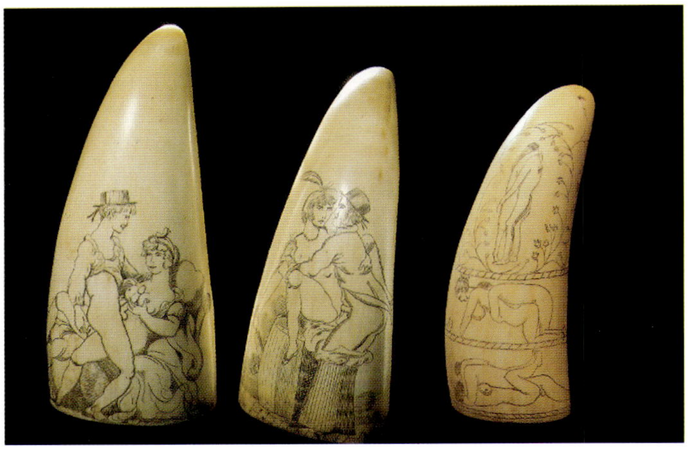

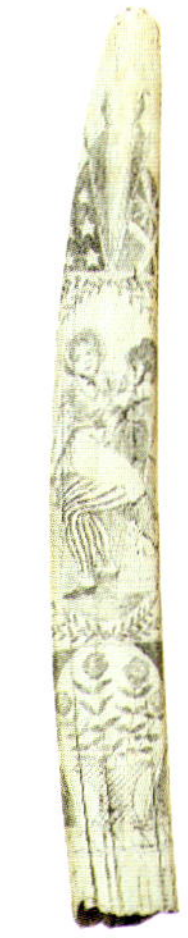

»srim shaws« nennt man die Walfischzähne, in die Matrosen bei den langen Fangzeiten ihre erotischen Träume eingravierten. Diese Dokumente der Sehnsucht sind begehrte Sammlerobjekte

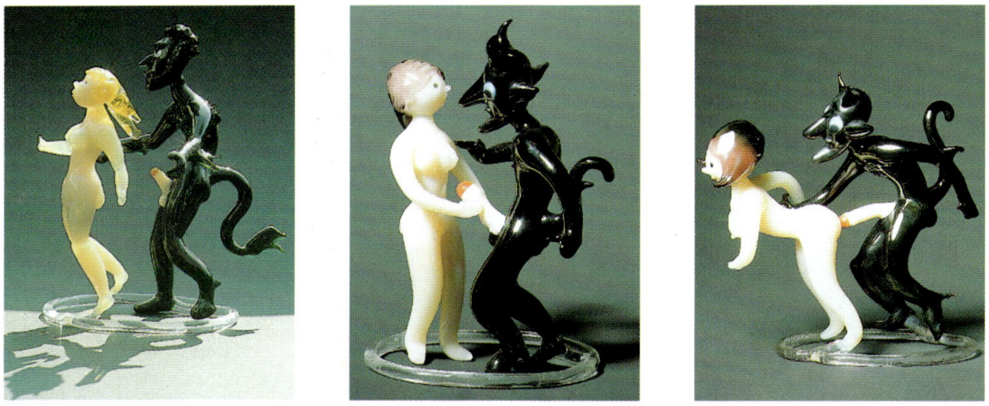

rechte Seite: Solche Püppchen aus Biskuitporzellan, hergestellt für die Vitrine, wurden in den zwanziger Jahren unseres Jahrhunderts zum Symbol männlicher Sehnsucht

Sehr viel direkter zur Sache sprechen die böhmischen Glasfigürchen aus der gleichen Zeit. Daß der männliche Part durch eine Phantasiefigur – den Teufel – dargestellt wird, soll es jedem Mann möglich machen, sich an seine Stelle zu versetzen

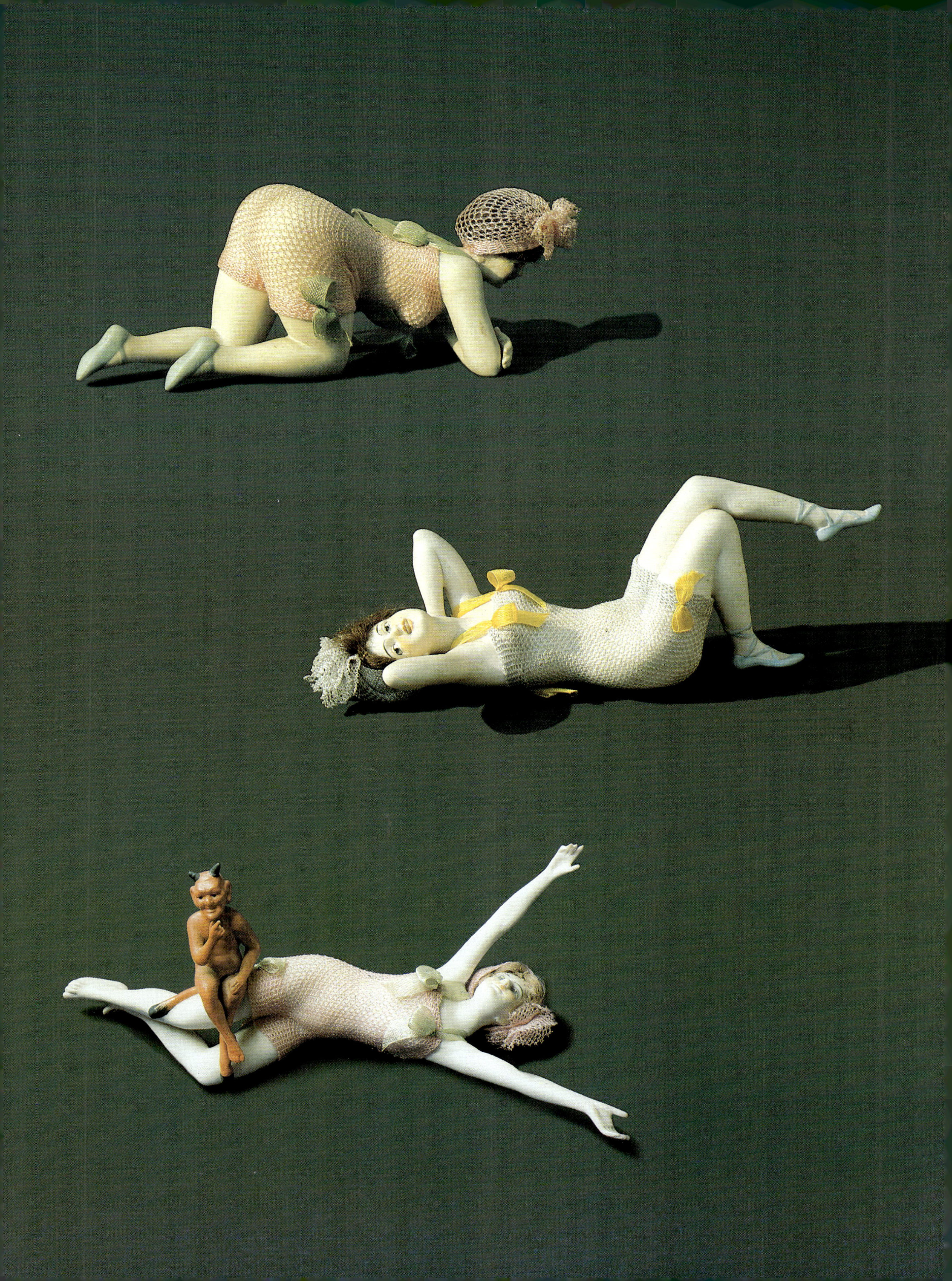

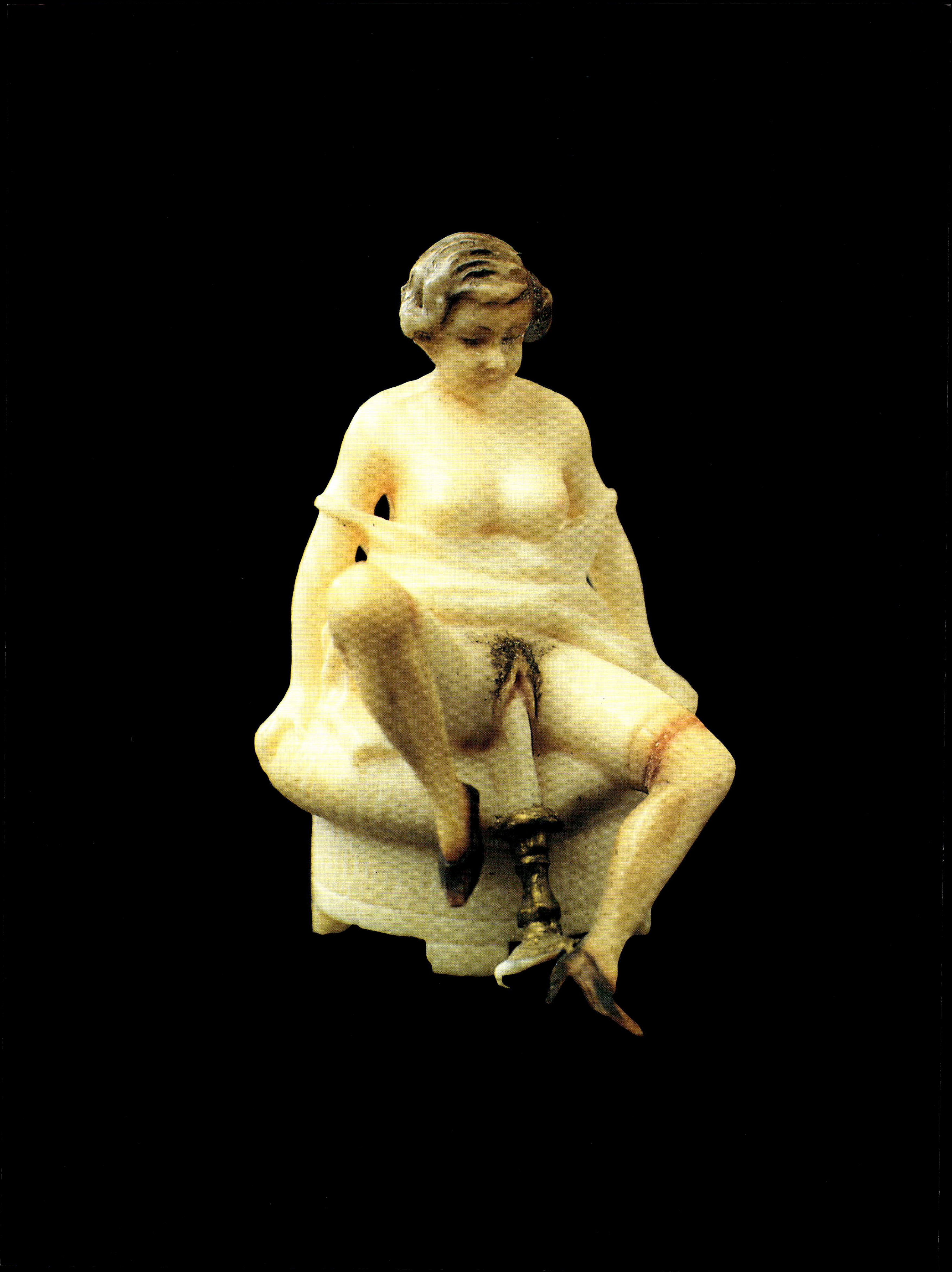

Selbstbefriediger sind von der Antike bis zur Gegenwart in vielen Ausformungen und verschiedensten Materialien bekannt. Allen gemeinsam ist die äußerliche Ähnlichkeit mit dem Penis

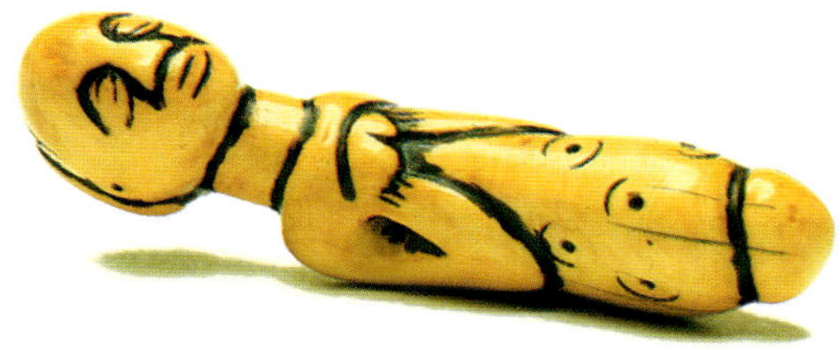

Chinesischer Selbstbefriediger aus Elfenbein. Der männliche Kopf sollte dem des Liebespartners möglichst ähnlich sein

friedigung heißt Geilheit. Um ihre Sehnsüchte zu stillen, bedienen sich Frauen nicht nur ihrer Finger, um zum Orgasmus zu gelangen, sondern greifen auch zu künstlichen Hilfsmitteln, die geeignet sind, in die Vulva eingeführt zu werden. Seit alters her sind daher künstliche Penisse unter den verschiedensten Namen bekannt: »godemichés« (vermutlich vom lat. gaude mihi), »bijoux indiscrets«, »consolateurs«, »cazzi«, »parapilla«, »Dildos«, »Witwentröster«, »lady's friend« usw. Sie dienen entweder onanistischen Zwecken oder homosexuellen Praktiken zwischen lesbischen Frauen. Sie waren schon bei den altbabylonischen Völkern gebräuchlich und wurden auch von Ägyptern und Griechen verfertigt. Den ostasiatischen Völkern waren die künstlichen Phalli gleichfalls nicht unbekannt. Die Spanier haben sie bei der Entdeckung der Philippinen vorgefunden. Von der Insel Bali im Malaiischen Archipel berichtet Jacobs: »In dem Boudoir von mancher balinesischen Schönen, und sicher in jedem Harem kann man ein aus Wachs verfertigtes 'plaisir des dames' finden.« Sehr verbreitet sind künstliche Phalli in Japan. Am bekanntesten ist der unter dem Namen »Harikata« gebrauchte Lustapparat. Er ist ein künstlicher Penis aus Horn oder Schildpatt, von dem ein japanisches Sprichwort meint, daß er ein unentbehrlicher »Genußartikel« der Frauen sei und für manche Frau mehr bedeute als ein wirklicher Mann. Die westeuropäischen Länder haben die Godemichés von den Alten kennengelernt. Der Bischof Burchard von Worms wetterte schon im 12. Jahrhundert gegen die künstlichen Mannesglieder, deren Gebrauch besonders in der italienischen Renaissance immer allgemeiner wurde. Fortini von Siena spricht im 16. Jahrhundert von dem gläsernen Gegenstand, der mit warmem Wasser angefüllt wird und den die Frauen benutzen, um sich selbst zu befriedigen. Man nannte ihn in Italien »passatempo« oder »diletto«. Die Technik seiner Herstellung wurde immer raffinierter. Katharina von Medici fand einmal nicht weniger als vier solcher »Bienfaiteurs« im Koffer einer ihrer Hofdamen. Im 17. Jahrhundert wurden in Frankreich Godemichés aus Samt oder Glas benutzt. Damals wurde eine raffinierte Neuerung angebracht, die sich besonders im 18. Jahrhundert großer Beliebtheit erfreute: ein künstlicher Hodensack, der mit heißer Milch gefüllt wurde und dessen Kompression den Akt der Ejakulation vortäuschen sollte. Auch in Deutschland waren diese Werkzeuge der Wollust nicht

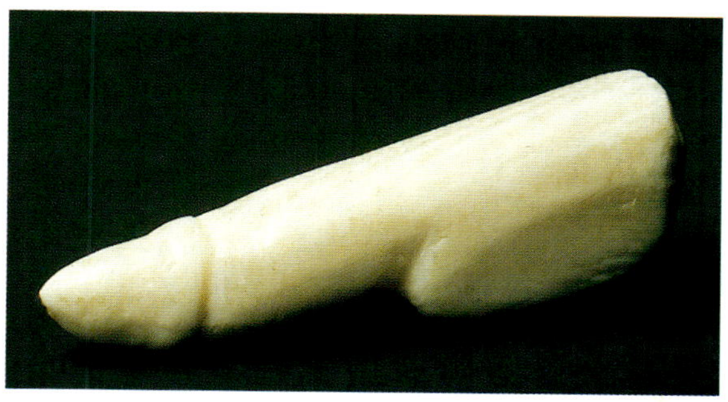

Altbabylonischer Dildo

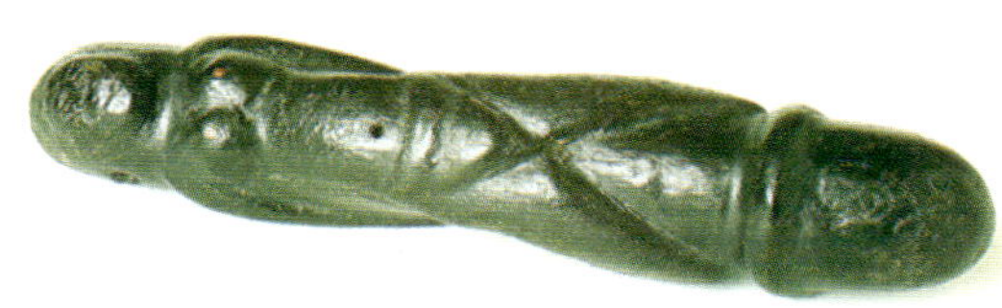

Godemiché aus Ebenholz, Französisch-Äquatorialafrika

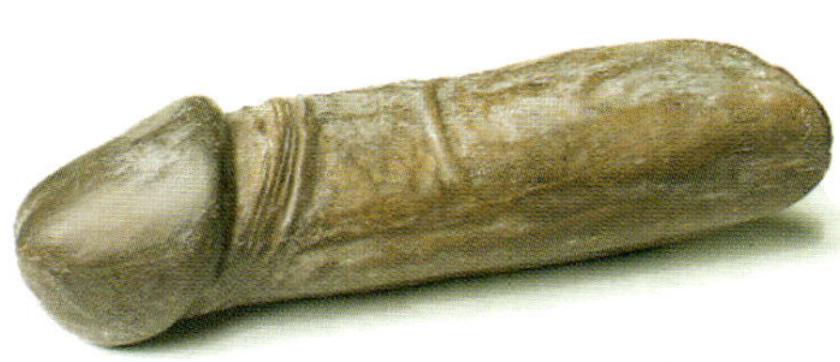

Römisch-griechisches künstliches Glied

linke Seite: Selbstbefriedigung mit einer Kerze, französische Elfenbeinschnitzerei aus der Goethezeit

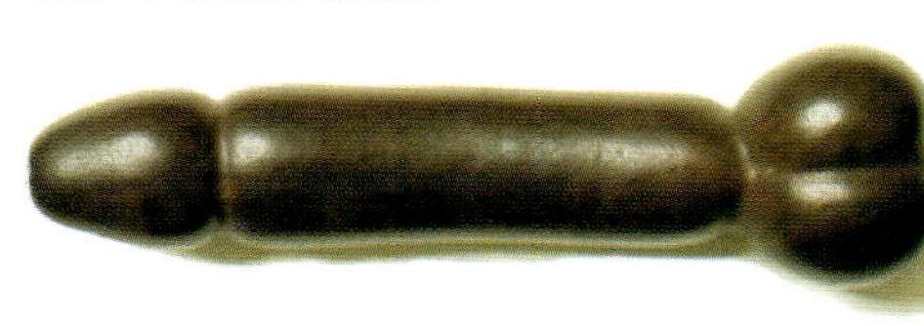

Witwentröster aus dem mediterranen Kulturkreis, aus einer Kalebassenfrucht geformt

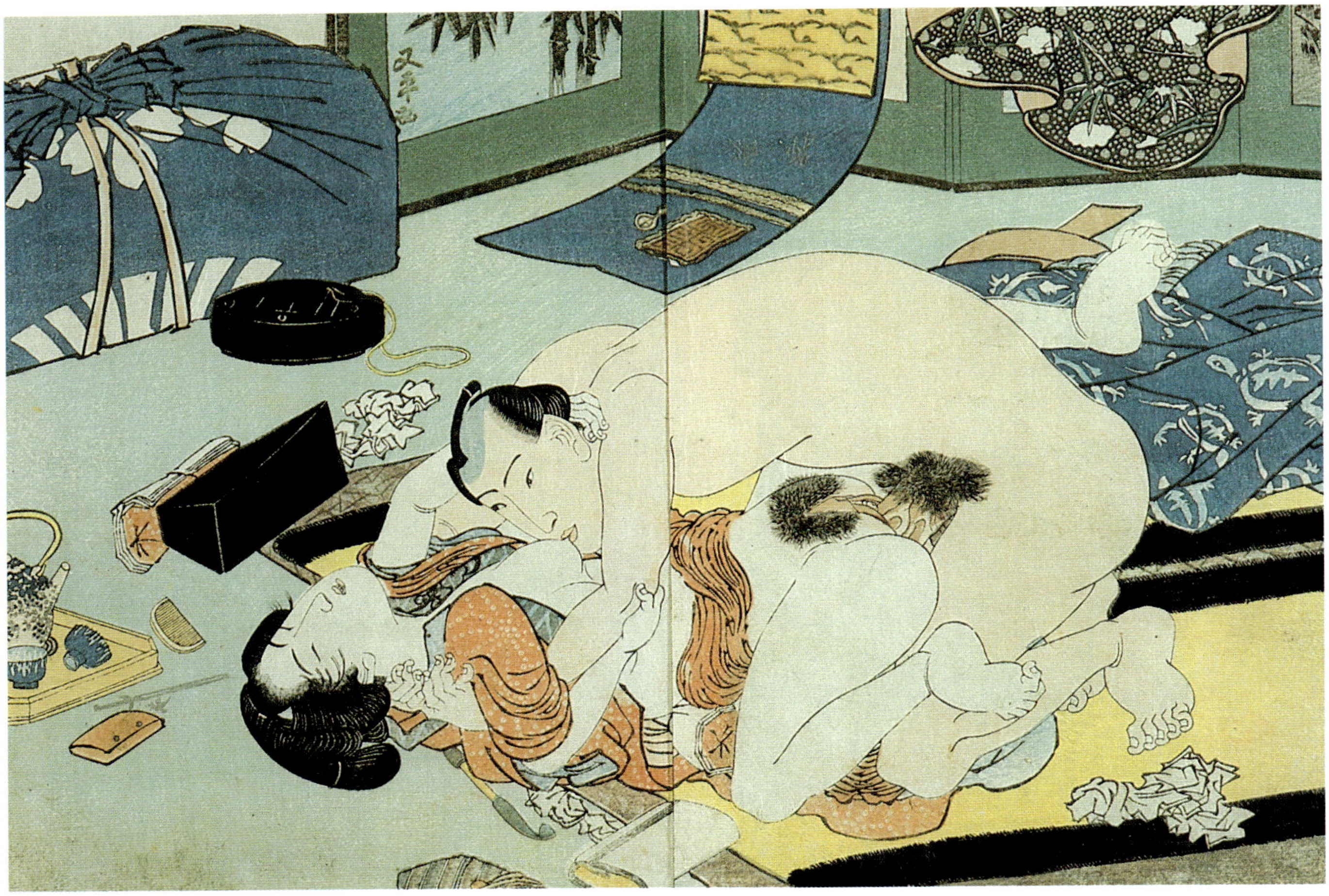

unbekannt, ebenso wurden sie in England, hier unter dem Namen »dildoes«, gerne gebraucht. Wo ein künstliches Glied nicht zur Hand ist, werden Objekte wie Kerzen, Gurken oder Bananen als Hilfsmittel zur Befriedigung verwendet. Für Männer beschränken sich Hilfsmittel auf das »Seemannsliebchen«, das heute als aufblasbare lebensgroße Gummipuppe mit kompletter Vagina von vielen einschlägigen Versandhäusern angeboten wird. Über 80 Prozent der Männer geilen sich an pornographischen Abbildungen, an Pornovideos, an obszönen Texten oder Peep-Shows auf. Weniger als 14 Prozent aller Frauen lassen sich durch solche Mittel stimulieren. Entsprechend groß ist auch das männliche Interesse an Sex-Drogen. Echte Sex-Drogen sind nicht häufig. Vielen Stoffen, wie zum Beispiel Marihuana, wird erotisierende Wirkung nachgesagt, obwohl das Unsinn ist. Aberglaube und Selbsthypnose spielen dabei die wichtigste Rolle. Die kleine Tablette, von der alle Männer träumen, die man einer widerspenstigen Jungfrau in ihr Milchmixgetränk wirft, um sie auf der Stelle in eine rasende Nymphomanin zu verwandeln, gibt es nicht. Gerade solch ein Aufputschmittel erhofften sich viele Menschen zu allen Zeiten und waren heimlich auf der Suche nach einer Droge, die die Leidenschaft der Frau entzündet und gleichzeitig den Mann mit unerschöpflicher Potenz ausstattet. Die meisten Drogen haben

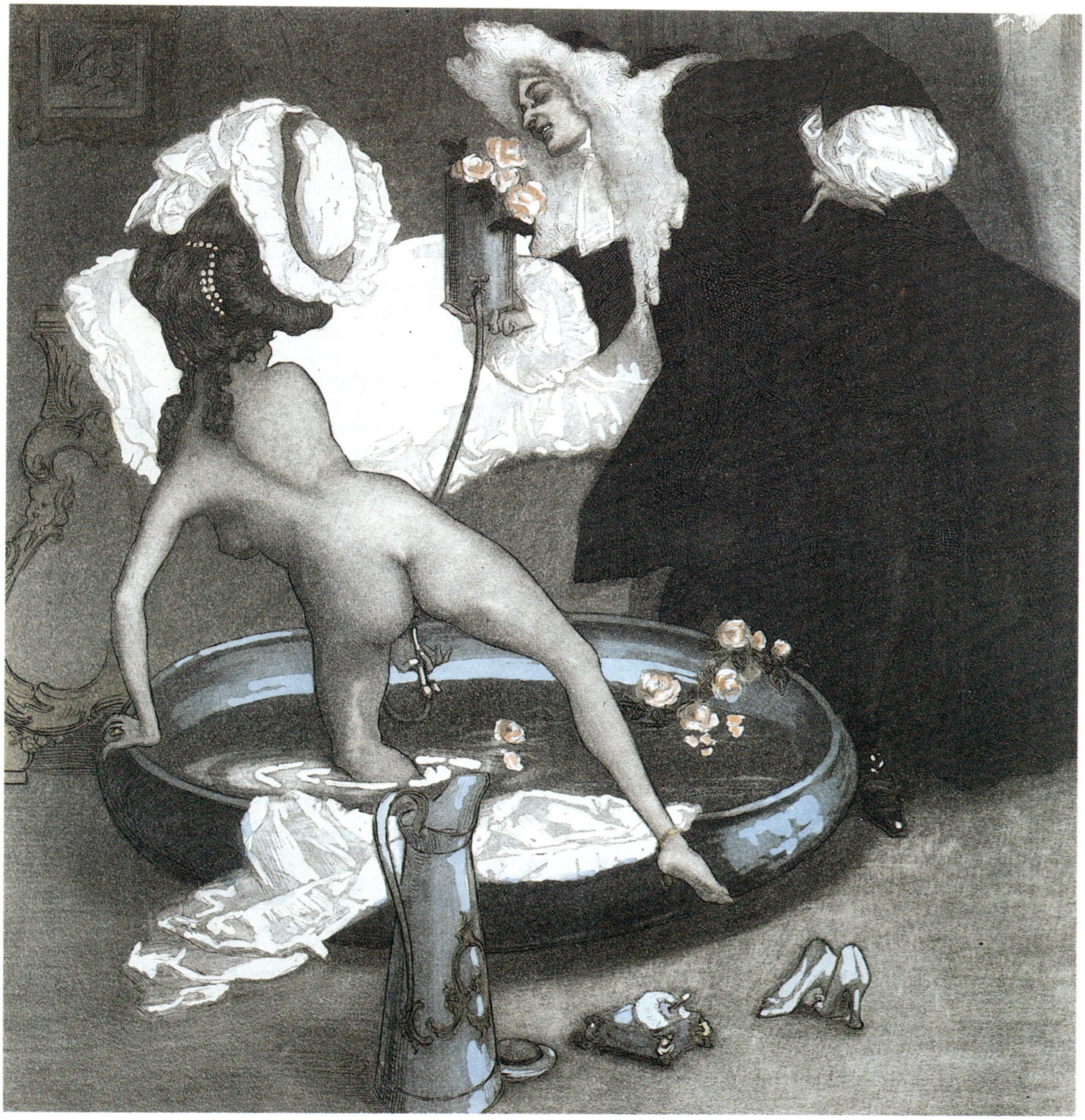

. . . .

linke Seite und oben: Inkunabeln der Pornographie: Ob es sich um japanische Farbholzschnitte oder um die farbige Darstellung einer intimen Waschung des Wiener Künstlers Bayros handelt – die künstlerische Qualität hat unter dem Sujet nicht gelitten

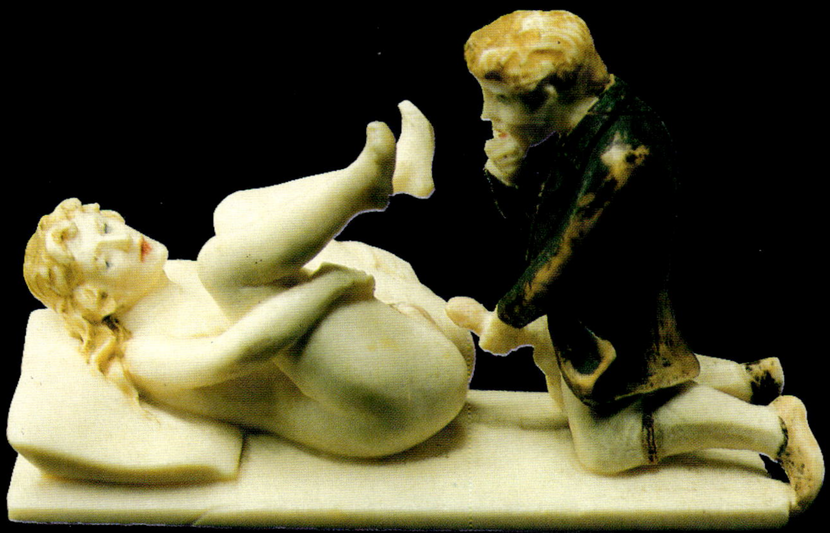

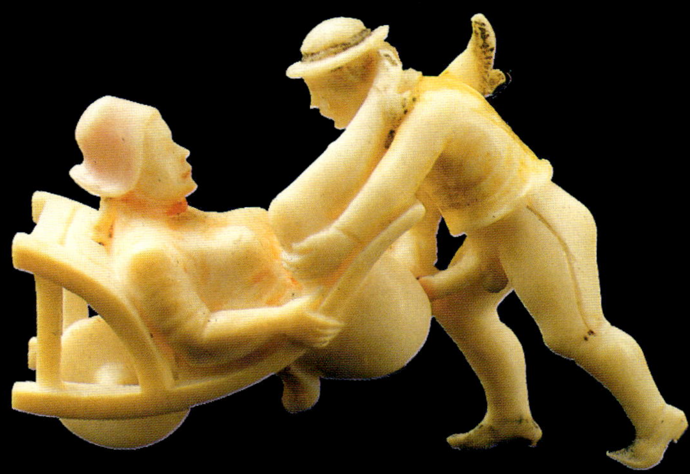

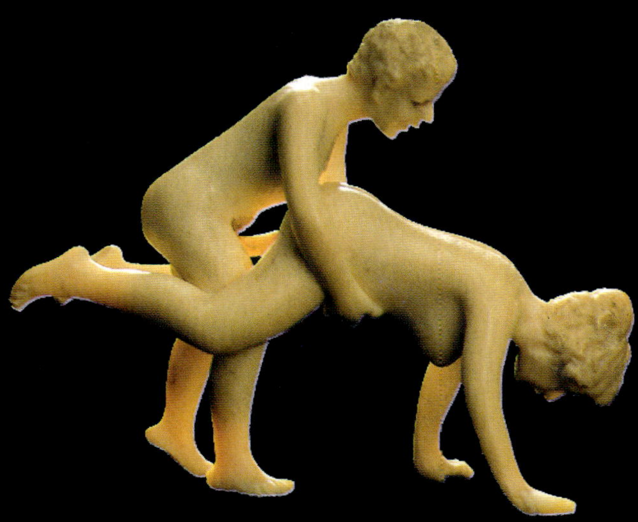

einen psychosexuellen Charakter, das heißt, sie wecken sexuelle Wünsche und steigern die Leistungsfähigkeit auf dem Wege geistiger Beeinflussung. Sie unterscheiden sich damit grundsätzlich von den Drogen, die eine direkte Wirkung auf die Genitalien ausüben und Blutandrang, Reizung von Harnblase und Harnröhre hervorrufen und eine sexuelle Erregung physiologischen Ursprungs auslösen.

Nur 13 echte Sex-Drogen sind bis heute bekannt. *Bufotenin:* Ein halluzinogenes Alkaloid, das aus der Haut einer südamerikanischen Giftkröte gewonnen wird. Es ruft sexuelle Erregung und verlängerte Erektion hervor. In der Geschichte des Hexenwesens wird es als Bestandteil verschiedener Hexensalben erwähnt. Südamerikanische Eingeborene gewinnen aus der getrockneten Haut der Kröte einen aphrodisierenden Schnupftabak, der Cohoba heißt. *Cantharidin:* Auch Spanische Fliege genannt, wird mit Trinkflüssigkeit vermischt eingenommen. Sobald die Substanz beim Urinieren entleert wird, tritt eine Reizung der Harnblase und der Harnröhre ein, die daraufhin die mit dieser Droge verbundenen mächtigen Erektionen hervorruft. Was heute Spanische Fliege (cantharis vesicatoria) heißt, ist übrigens keine Fliege, sondern ein Käfer. Der zu Pulver zermahlene Käfer gilt als eines der stärksten, aber auch gefährlichsten Aphrodisiaka. Cantharidin in Bonbons wurde von Katharina von Medici in Frankreich eingeführt. Heinrich IV. und Karl IX. haben diese Bonbons ebenso gelutscht wie Kardinal Richelieu im 17. Jahrhundert. Auch der Marquis de Sade probierte die Spanische Fliege auf einer zur Berühmtheit gelangten Gesellschaft aus, was neben einer grandiosen Orgie den Tod mehrerer Menschen zur Folge hatte. Spanische Fliege ist ein Messer mit zwei Schneiden. Zwar führt sie Männer und Frauen schnell zum sexuellen Exzeß, hat aber bei Überdosierung lebensbedrohende Nebenwirkungen: Gastroenteritis, Nephritis oder Kreislaufschock sind noch die harmlosesten Folgen. Sex-Versandhäuser hindert das allerdings nicht, Spanische Fliege »in der unauffälligen Tropfflasche« im Katalog anzubieten. Sie wird als »Scharfmacher-Explosivstoff« angepriesen, ohne auf die Gefährlichkeit des Stoffes hinzuweisen. Nach dem Toxikologen Gustav Schenk sind zwei oder drei Gramm Käfersubstanz bzw. 0,04 bis 0,08 Gramm reines Cantharidin die tödliche Dosis. Auch geringere Dosen können Siechtum und Nachwirkungen hervorrufen. *Datura:* Die aus dem Stechapfel gewon-

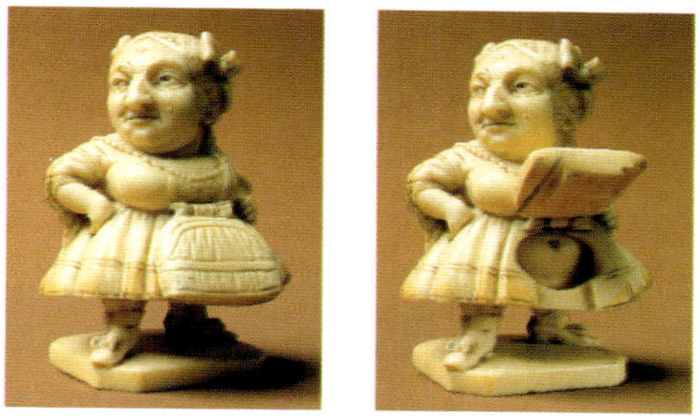

Vom 17. bis zum 20. Jahrhundert war Elfenbein als Material für obszöne Darstellungen außerordentlich beliebt – ob es sich um die Marketenderin mit Entblößungsmechanismus aus dem Dreißigjährigen Krieg handelt, um den bäuerlichen Koitus auf einer Schubkarre oder um detailgetreue Figürchen beim Geschlechtsverkehr, wie sie im 19. Jahrhundert von französischen Kunsthandwerkern geschnitzt wurden

Bis weit ins 20. Jahrhundert hinein haben sich auch chinesische Elfenbeinschnitzer mit dem Thema »Entblößung der Geschlechtsteile« beschäftigt, um die Geilheit des Betrachters zu wecken

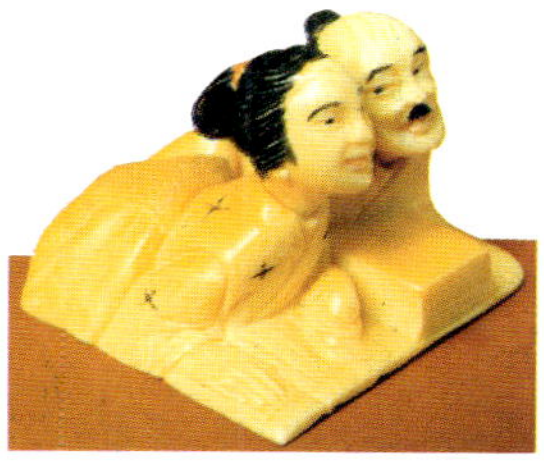

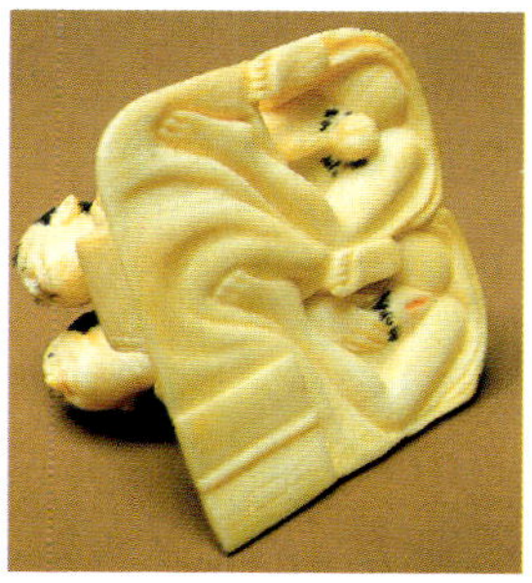

nene Droge ist als sexuelles Anregungsmittel weit verbreitet. Es soll nach einem Beobachter »einen Mann für eine ganze Nacht rasend geil und voll sprudelnder Lust machen«. Der Sexualforscher Masters schreibt, »bei Datura kann sich der Konsument kaum und manchmal gar nicht an das Erlebnis erinnern. Was ist schon eine erotische Eskapade wert, wenn sie noch so geil macht und man sich hinterher nicht erinnern kann?« *Harmin:* Kommt aus Südamerika und wird aus der Pflanze Banisteria caapi gewonnen. Chemisch ist es dem Meskalin verwandt, kann erotische Sinnestäuschungen hervorrufen und soll eine begünstigende Wirkung auf den Geschlechtsakt in bezug auf seine Dauer haben. *Kat:* Kommt aus dem Jemen und wird aus Blättern und Knospen der Catha edulis hergestellt. Verwendet man es gelegentlich, so steigert es das sexuelle Verlangen, bei gewohnheitsmäßigem Genuß führt es jedoch zum Erlöschen der Potenz. Eine andere unerfreuliche Nachwirkung des Katgenusses ist Schlaflosigkeit. *Kokain:* Der Kokain-Rausch, der seinem Wesen nach einer Euphorie gleicht, tendiert zum Sexuellen mit einer Steigerung des Gefühlslebens und einem Zusammenbruch aller Hemmungen. Ursächlich dafür ist die mit Kokaingenuß verbundene Hirnreizung, die unabhängig vom Geschlecht erotische Erregbarkeit und Schwellung der Geschlechtsorgane hervorruft. Soweit man weiß, treten solche erotischen Reflexe hauptsächlich bei der Frau auf. Bei labilen Menschen kann es zu allerlei sexuellen Perversionen führen. Auf die Dauer zerstört jedoch auch das Kokain die körperliche und die geistige Gesundheit. *Kubeben-Pfeffer:* Ihm werden aphrodisierende Eigenschaften zugeschrieben, die sowohl Erektionen hervorrufen als auch den Beischlaf verlängern. Auf Java, wo der etwa sechs Meter hohe Kletterstrauch mit seinen lederartigen, dunkelgrünen Blättern angebaut wird, nennt der Volksmund den Piper cubeba »Schwanzpfeffer«. Er wird auch in Räucherstäbchen und Asthmazigaretten verwendet. *Meskalin:* Ein Wirkstoff, der aus dem Peyote-Kaktus gewonnen wird. Meskalin führt zu einer verstärkten sexuellen Potenz beim Mann und bei der Frau, weil

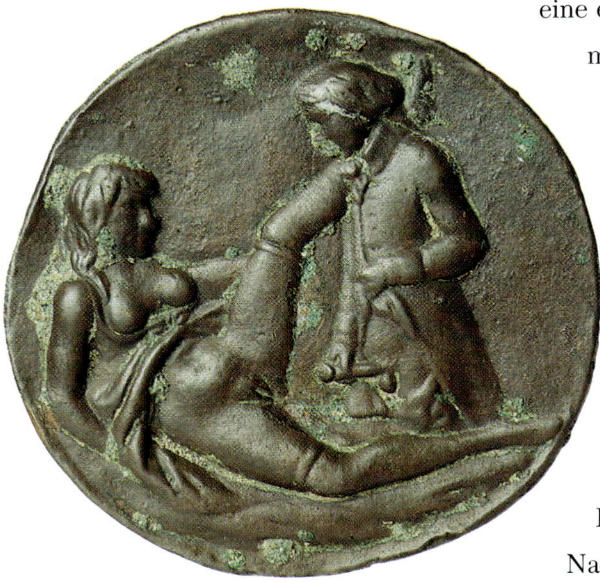

Bronzeplakette des 18. Jahrhunderts: orgiastische Szene nach Genuß von Sex-Drogen

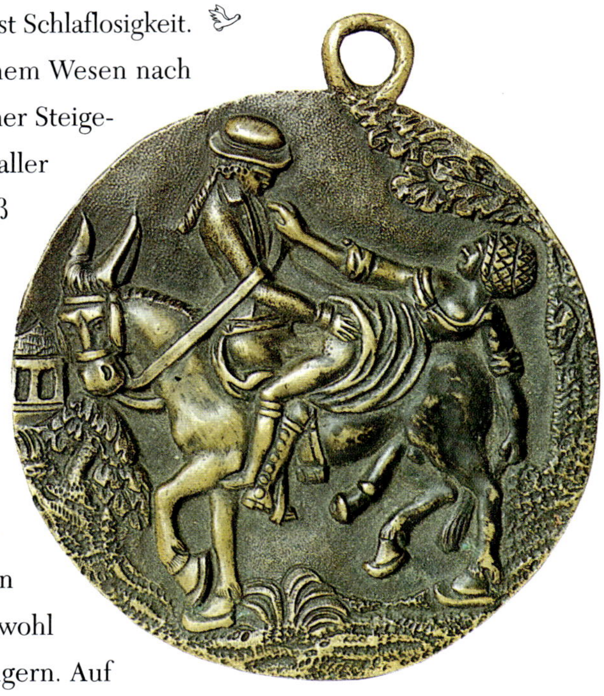

Beliebt waren zu allen Zeiten auch Bronzeplaketten, so die gotische Abbildung eines Koitus auf dem Rücken eines Maultieres, von dem sich ein ähnliches Stück in Goethes Privatsammlung befand

es Angstvorstellungen und Hemmungen abbaut. Meskalin-Konsumenten erklären, daß sie beim Geschlechtsverkehr glücklicher, unbefangener, freier und ungezwungener wären. Diese Wirkung sei bei Masturbation sogar noch ausgeprägter. Der zum Orgasmus führende Kraftaufwand ist wesentlich geringer als sonst. Nicht nur die Geschlechtsorgane, sondern alle erogenen Körperzonen werden sehr angenehm und lustvoll durchblutet und vermitteln das Gefühl einer seltsamen körperlichen Elastizität. *Nanacatel:* Ein schwarzer Pilz aus Mexiko, dessen Genuß Lüsternheit hervorruft und zu erotischen Träumen führt. *Ololiuqui:* Wird aus der tropischen Pflanze Turbina corymbosa gewonnen. Es verstärkt sexuelle Erregung und erhöht die Potenz. *Opium:* »Vom Opium«, sagt Iwan Bloch, ein Sexualwissenschaftler von Rang, »wissen wir, daß es die sexuelle Betätigung steigert. Wollüstige Phantasien und Visionen sind die charakteristischen Begleiterscheinungen. Unter dem Einfluß der sexuellen Erregung tritt rasch eine Erektion ein. Trotz der Erektion werden die Nerven des Penis bei Opiumwirkung unempfindlicher. Die gleiche Unempfindlichkeit zeigt sich an der Vagina, so daß der 'physiologische Augenblick' nur langsam oder gar nicht eintritt.« *Rote Bohne:* Diese mexikanische Droge besteht aus dem Samen verschiedener Sophorapflanzen aus der Familie der Schmetterlingsblütler. Die rote Bohne ist seit langem als Hauptbestandteil von Liebestränken bekannt. In kleinen Mengen genossen, ruft sie eine starke sexuelle Erregung hervor, die in erster Linie wohl auf Blutandrang in den Genitalien zurückzuführen ist. *Yohimbin:* Zuerst von den Eingeborenen Südamerikas und Westafrikas gebraucht, hat es in gewissem Umfang auch Eingang in die ärztliche Praxis gefunden. Yohimbin genießt den Ruf eines starken Aphrodisiakums, da es nicht nur Blutandrang in den Genitalien bewirkt, sondern über das Gehirn ganz generell die Ansprechbarkeit auf erotische Stimulantia erhöht. Wäre die Forschung auf dem Gebiet der Sex-Drogen nicht in aller Welt durch Prüderie behindert, gäbe es sicherlich längst das, was Masters und andere Sexualforscher schon lange fordern: Ein Fünf-Cent-Aphrodisiakum ohne Nebenwirkung. Die Welt würde deswegen nicht in ein großes Bordell verwandelt, wenn eine Droge – für jedermann erschwinglich – in den Handel gebracht würde, die zu einer Bereicherung unserer sexuellen Beziehungen, zur Beseitigung der Ängste und Erleichterung der Schwierigkeiten vieler Menschen beitrüge.

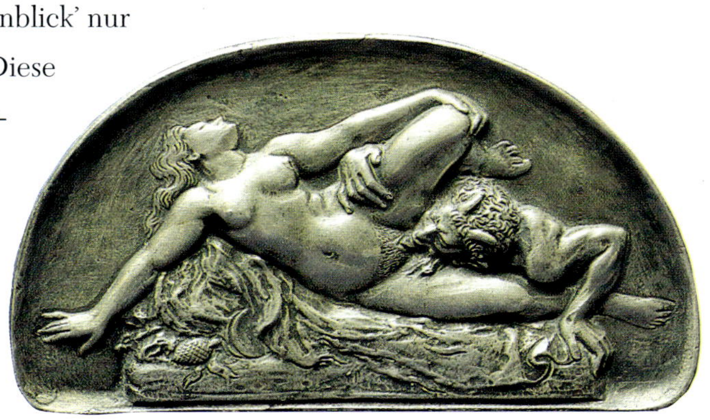

Der italienischen Künstlerfamilie Carracci verdanken wir auch dieses Bronzerelief mit einem Cunnilingus. Als männlicher Part dient wieder ein Satyr

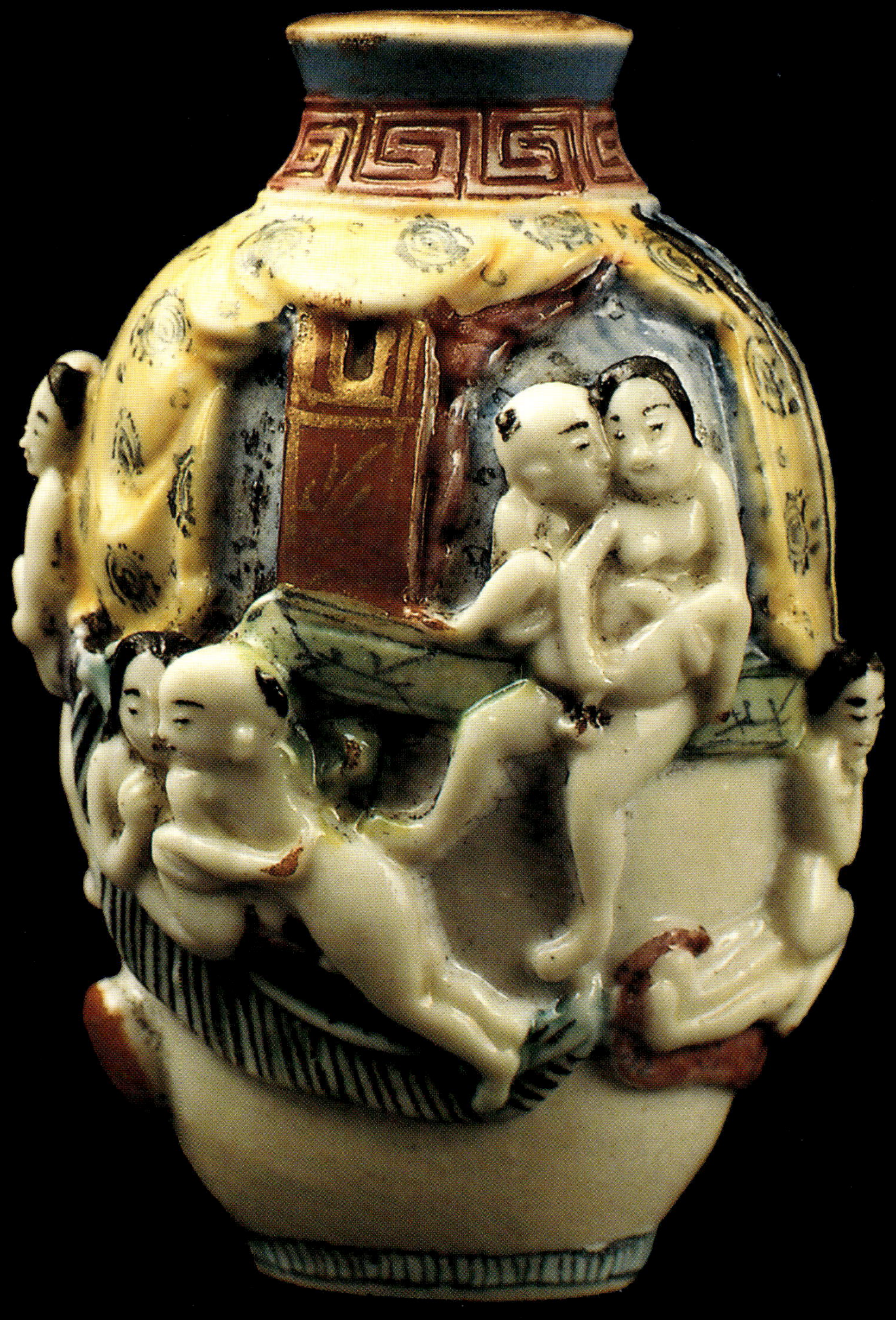

Profanes

. . . .

Drastische Darstellungen erotischer Motive auf einer chinesischen Vase, um 1800

Gebrauchsgegenstände wurden schon vor Jahrtausenden mit eingravierten, gemalten oder geschnitzten erotischen Darstellungen geschmückt. Lampen, Löffel, Gefäße, Stöcke, Messer wurden so zum kunsthandwerklichen Zeugnis. In den rustikalen Arbeiten spiegelt sich unbefangene Sexualität. Obwohl unser Jahrhundert angeblich alles andere als prüde ist, werden solche Gegenstände seit dem Ende der zwanziger Jahre kaum noch hergestellt. Das Altertum, das mit seiner Sinnenfreude vor den nackten Tatsachen in keiner Weise zurückschreckte, besaß phallisch oder sphintrisch verzierte Gegenstände, wie Lampen, Abonnementsmarken für Bordelle und Gefäße jeder Art, von denen manche täglich benutzt wurden. Ausgrabungen in Griechenland und allen griechischen Kolonien haben Vasen in bestem Erhaltungszustand ans Tageslicht gebracht. Sie sind fast ausnahmslos mit erotischen Szenen dekoriert und gehörten zu den Gebrauchsgegenständen in den Häusern wohlhabender Bürger. Sie dienten als Wasser- und Weinbehälter, Trinkgefäß, Aschenurne, Ölbehälter und zur Aufbewahrung von Körnern und Mehl. Die Themen der Dekoration stammen aus allen Gebieten der Mythologie und des täglichen Lebens. Die Unbefangenheit des Griechentums allen sexuellen und erotischen Dingen gegenüber brachte es mit sich, daß wir heute auf den Vasenbildern in allen großen Museen mit archäologischen Abteilungen Koitus-Darstellungen, homosexuelle Motive und viele andere erotische Szenen sehen. Für obszön verzierte Gegenstände, die intim verwendet wurden, wie Nachttöpfe, gibt es viele Beispiele. Tabaksdosen mit erotischen Bildern im Innenteil, Pfeifenköpfe, Würfel oder Schachfiguren mit krassen Sex-Darstellungen – kein Gebiet war den obszönen Darstellungen verschlossen. Erotisch bemaltes Gebrauchsgeschirr und Duftfläschchen wurden im 18. Jahrhundert vor allem aus China exportiert, während japanische Elfenbeinschnitzer wahre Kleinkunstwerke für den täglichen Gebrauch schufen. Auch von afrikanischen Stämmen sind uns Beispiele solchen Kunsthandwerks von hohem Rang bekannt.

Kopulierendes Paar, attische Schale, 5. Jahrhundert v. Chr.

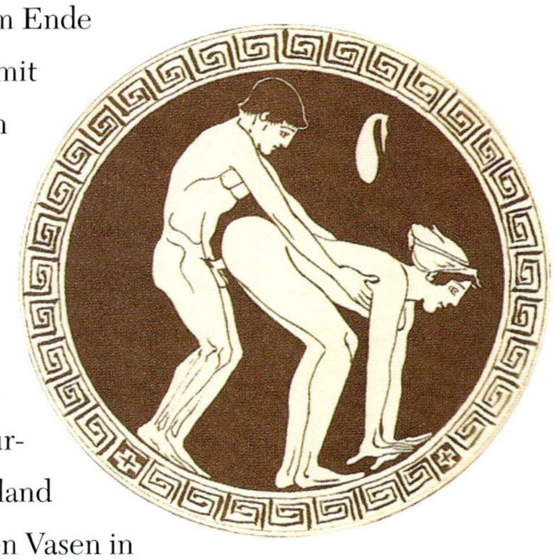

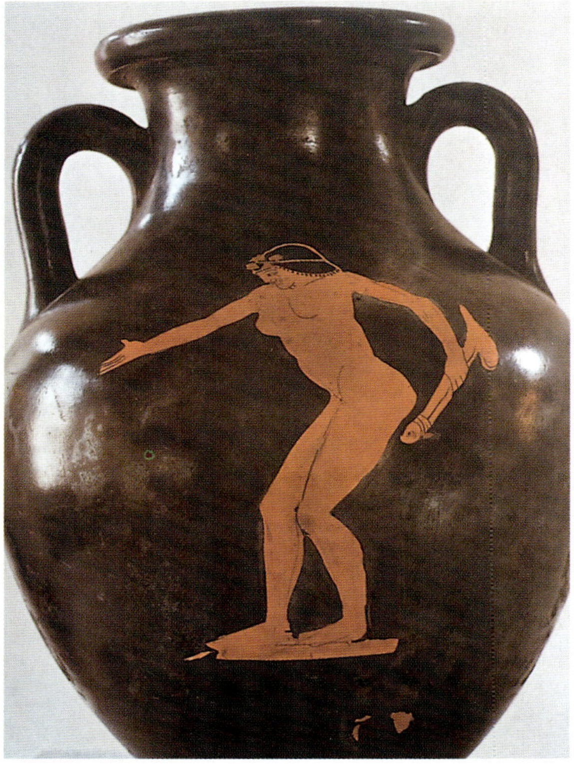

Vase aus der Zeit um 800 v. Chr.

rechte Seite: Antike Gebrauchsgegenstände für den Haushalt

oben links: Römisches Phallusmännchen als Öllampe aus Bronze, Kaiserzeit

Vier Beispiele römischer Öllampen aus gebranntem Ton, Kaiserzeit

Afrikanisches Goldgewicht aus Bronze, um 1800

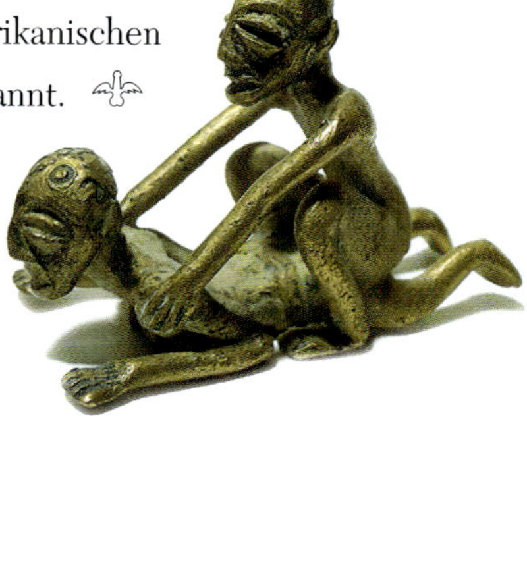

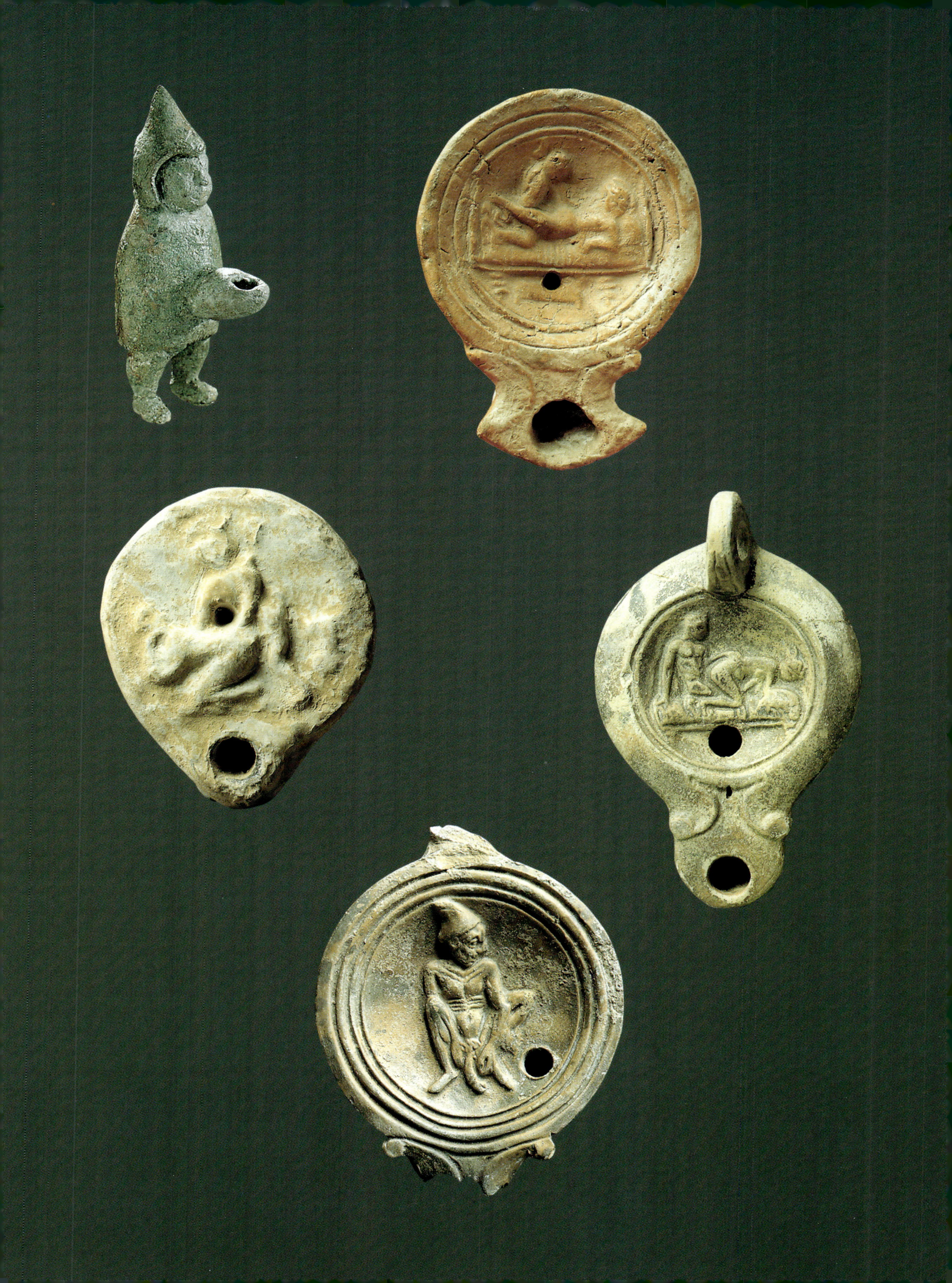

Die folgenden Abbildungen zeigen Gebrauchsgegenstände aus Europa zwischen dem 17. und 20. Jahrhundert

»Lesbierinnen«, Karlsbader Bildertasse, um 1850

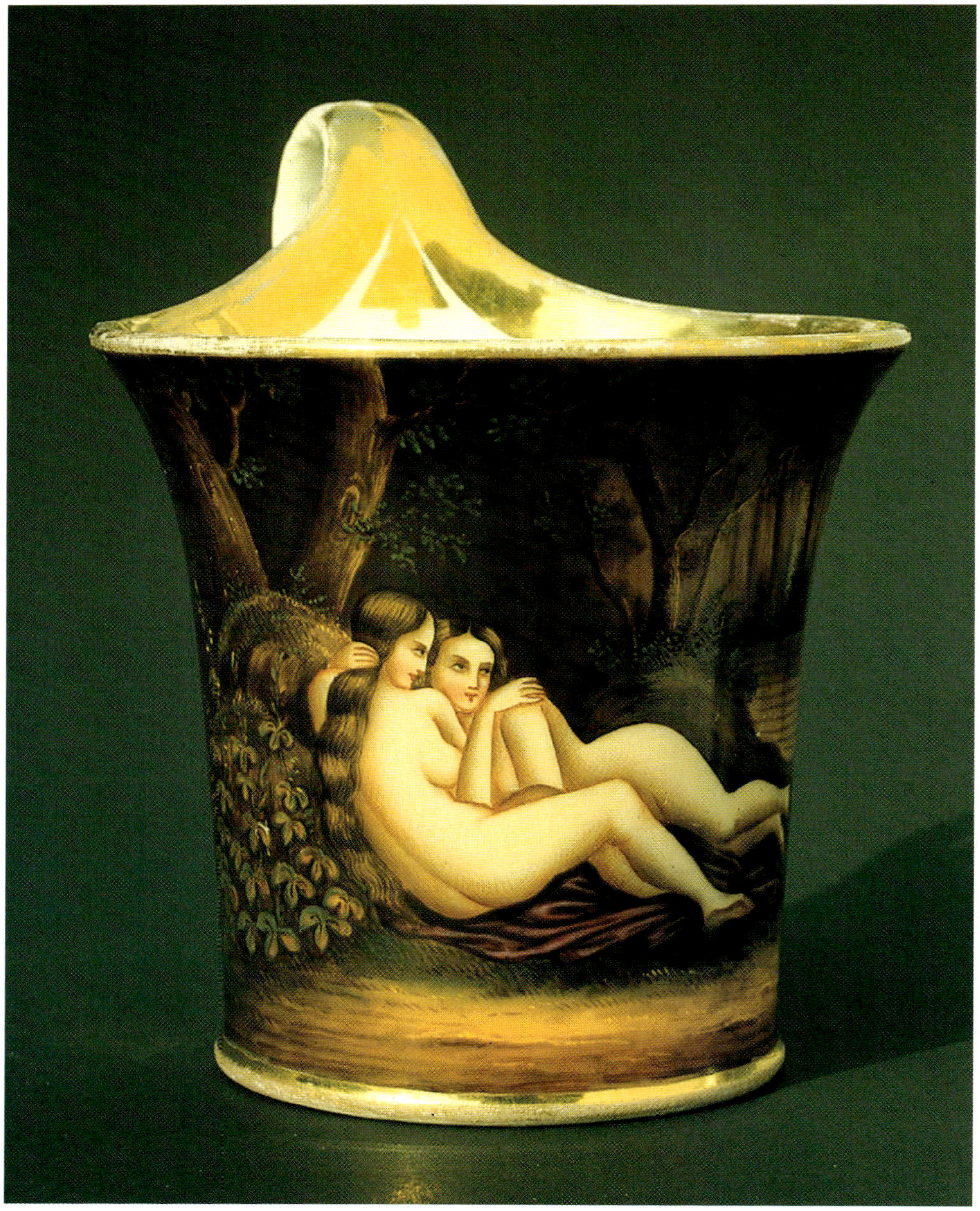

Spanische Weinflasche, 20. Jahrhundert, und böhmische Nippesfiguren aus Glas, um 1920

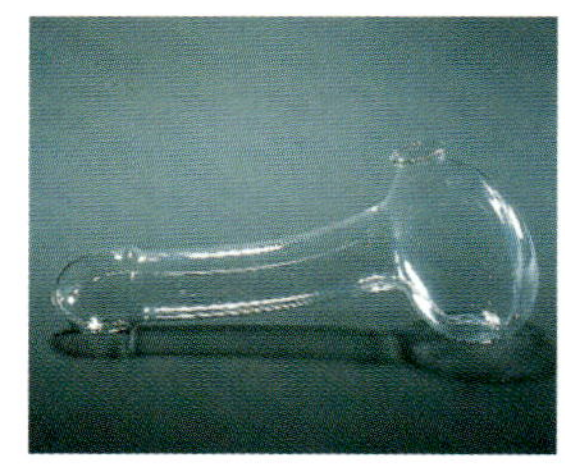

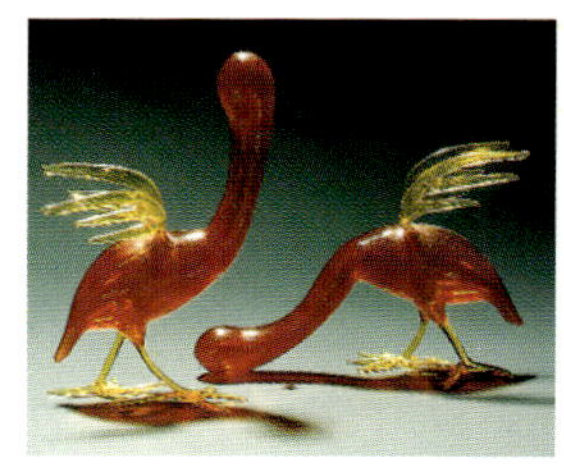

Zwei französische Korkenzieher aus Messing, 19. Jahrhundert

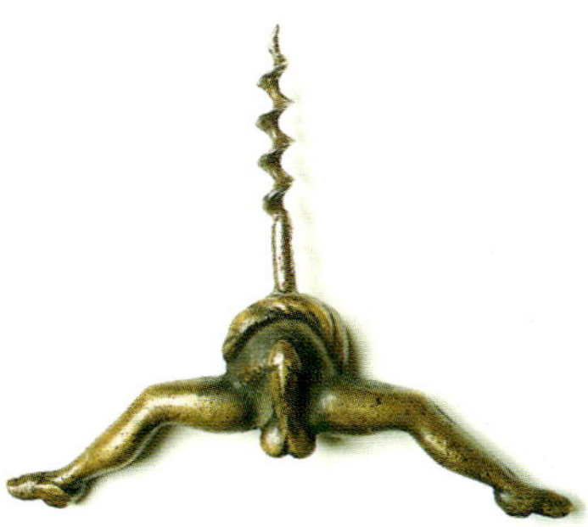

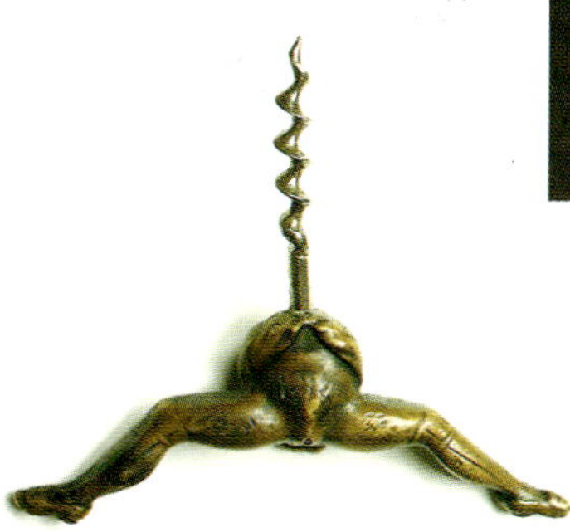

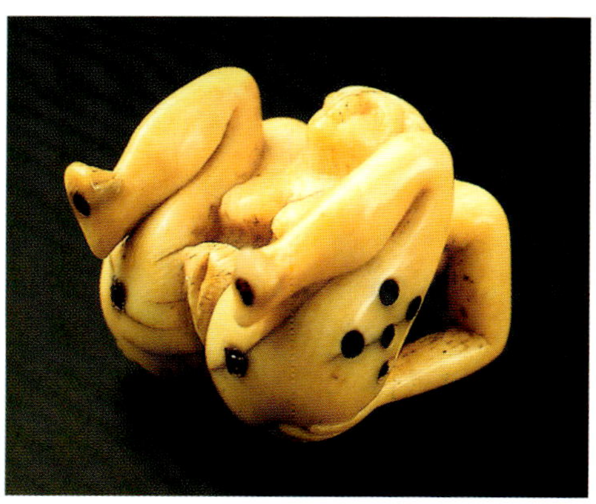

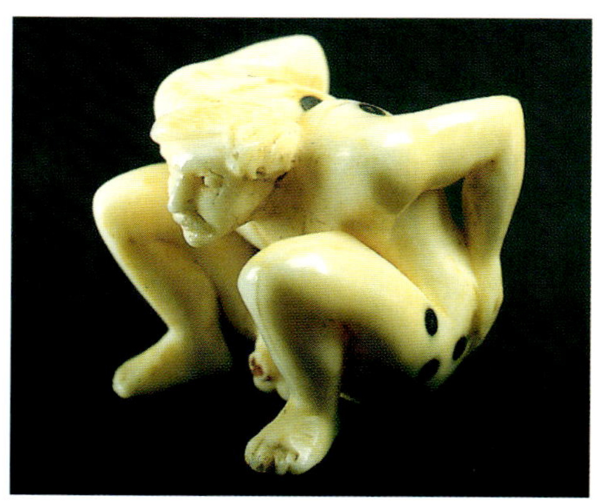

Weibs- und Mannswürfel der Landsknechte aus dem Dreißigjährigen Krieg, Elfenbein

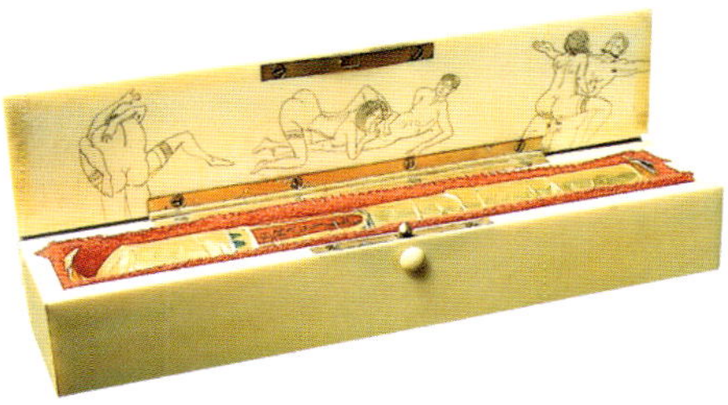

Raucher-Utensilien:
Zigarrenbehälter aus Elfenbein,
19. Jahrhundert

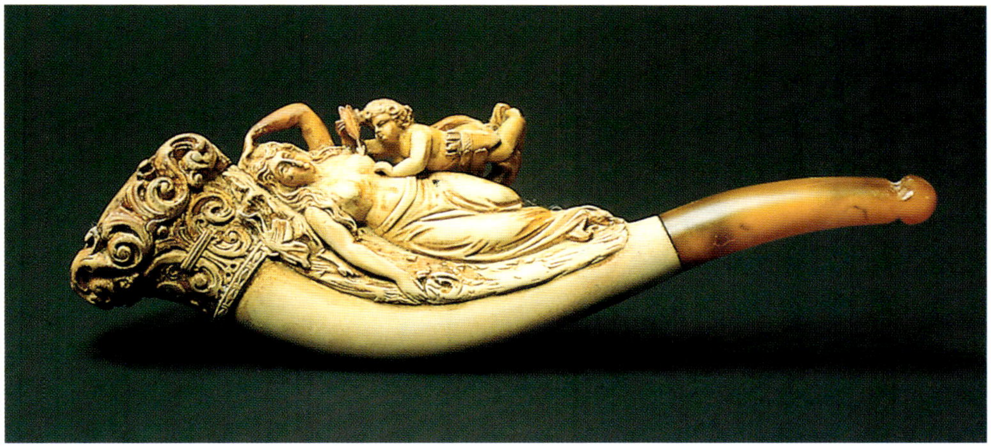

Meerschaumpfeife

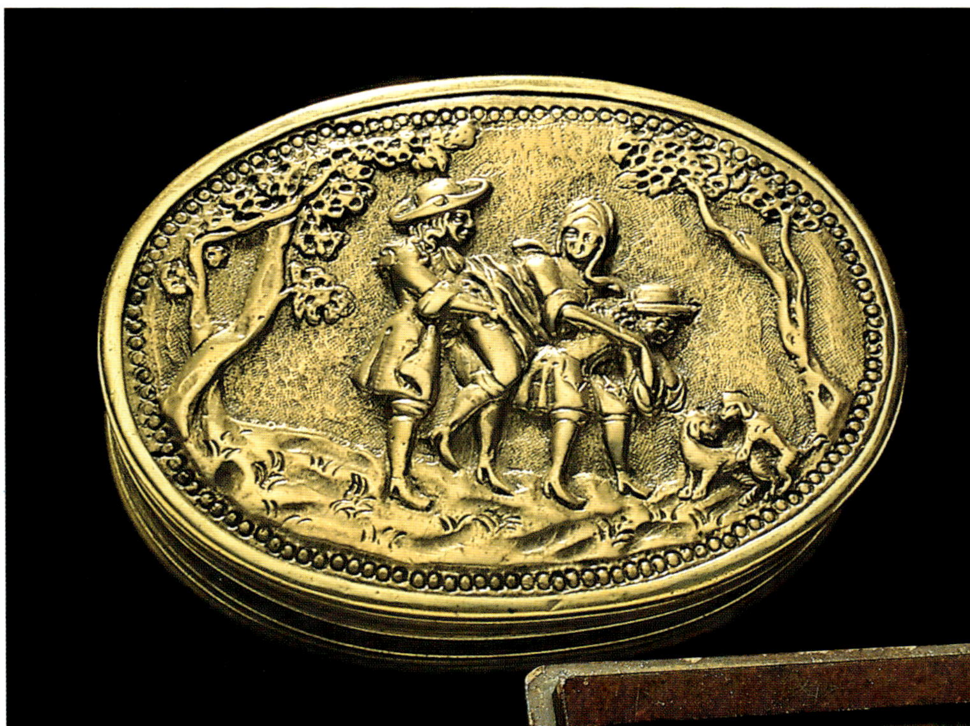

Deckel einer italienischen Tabaksdose aus Messing mit Treibarbeit, 17. Jahrhundert

Holz-Lack-Dose, Innendeckel, 19. Jahrhundert

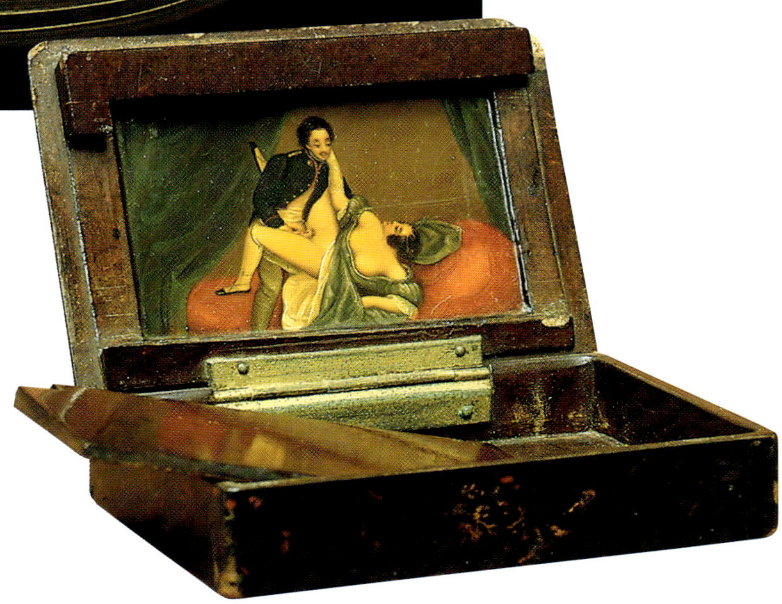

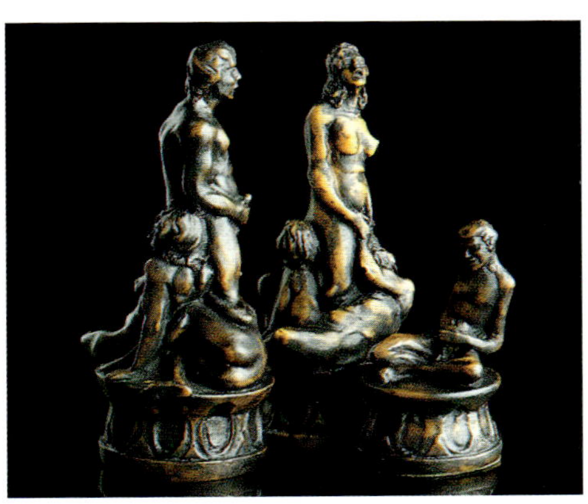

Schachfiguren aus Steinguß, 19. Jahrhundert

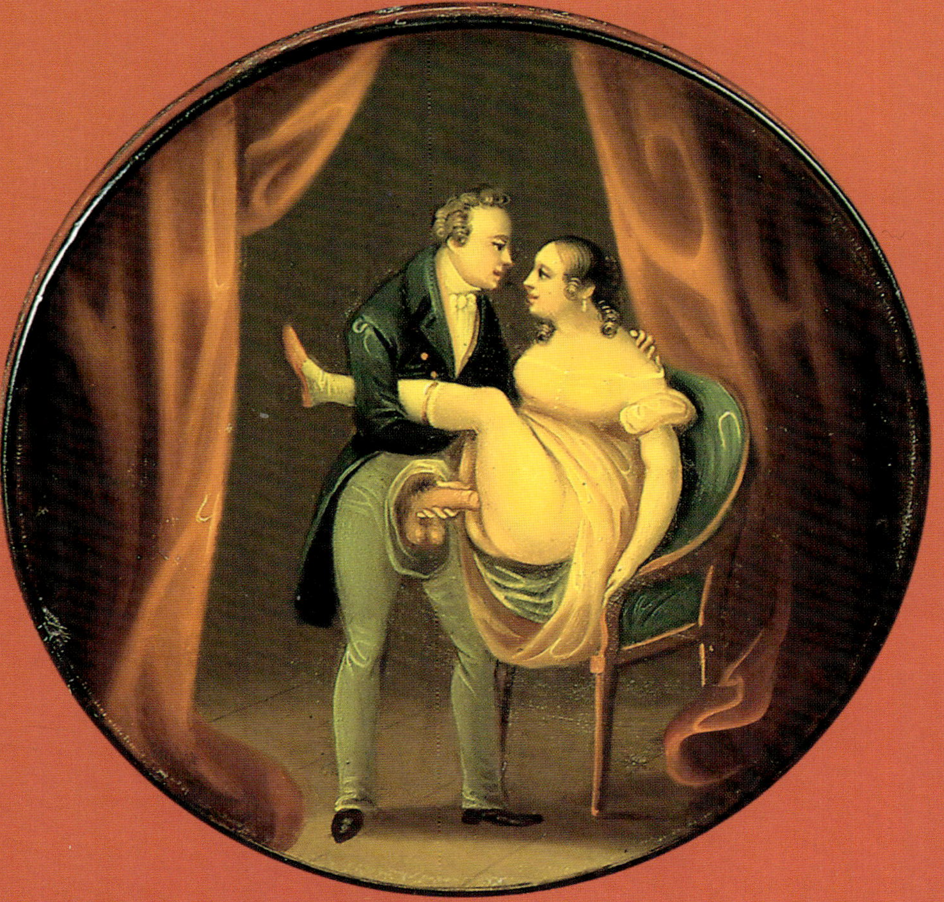

Verschiedene Tabaksdosen:
links: Außen- und Innendeckel,
zweiteilig, deutsch,
19. Jahrhundert

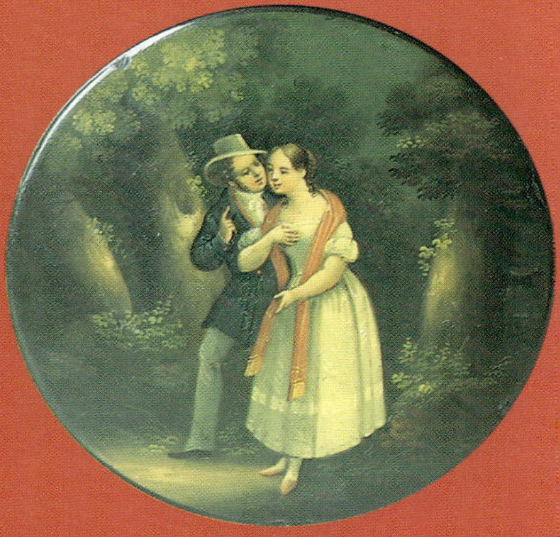

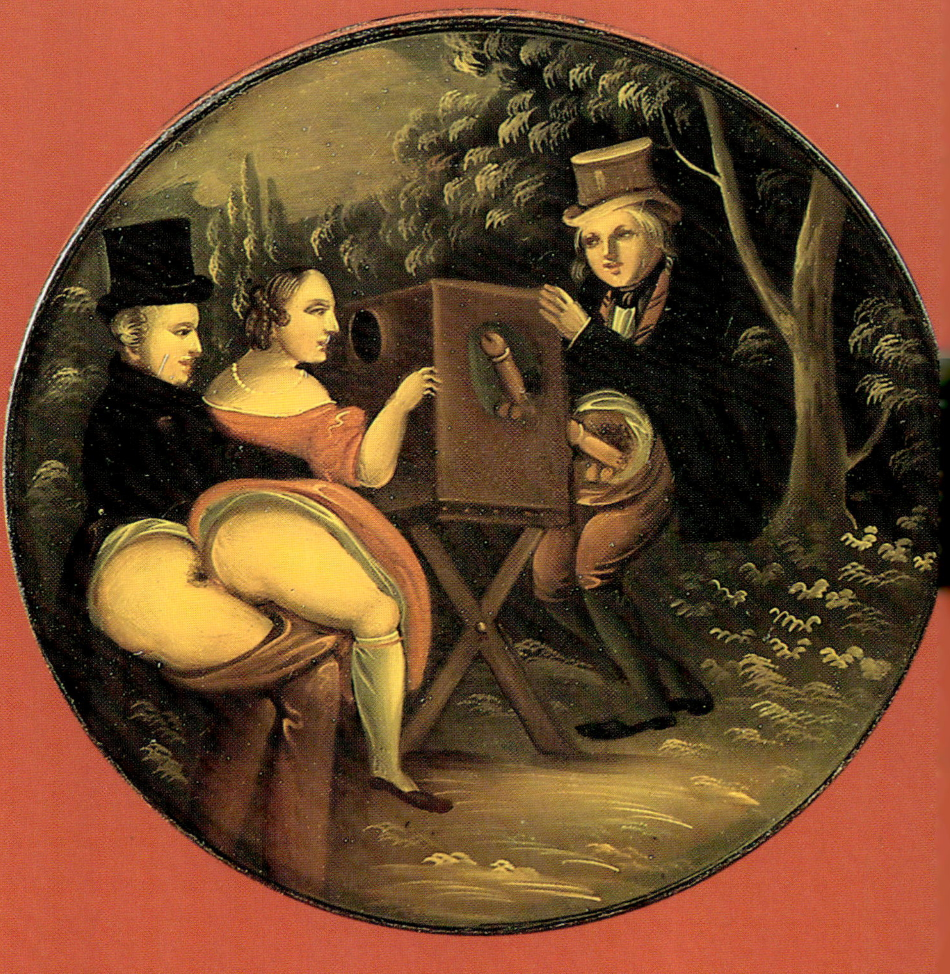

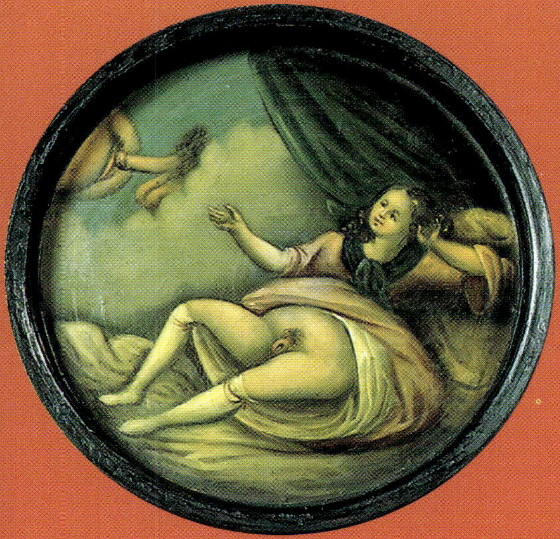

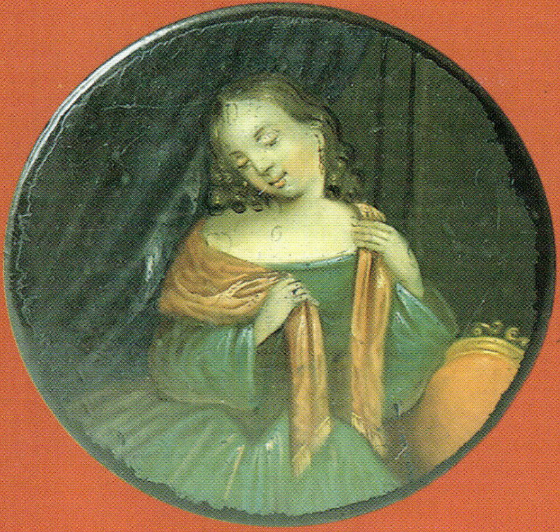

Außen-, Innendeckel und Boden, dreiteilig, deutsch, Ende 18. Jahrhundert

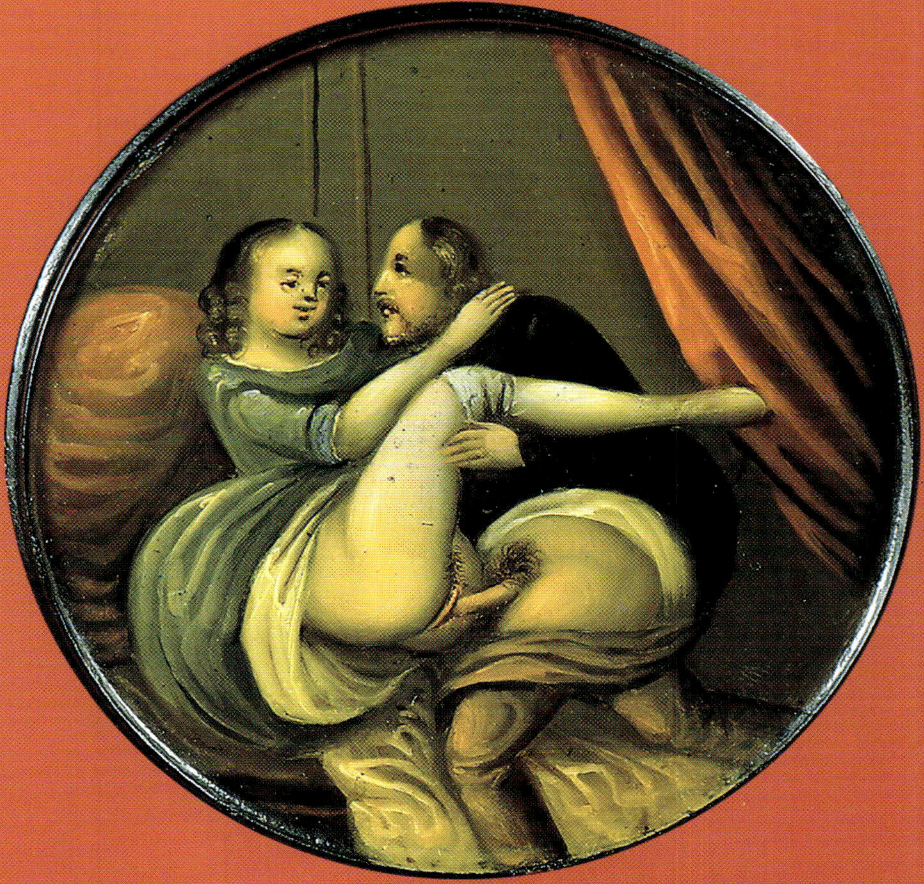

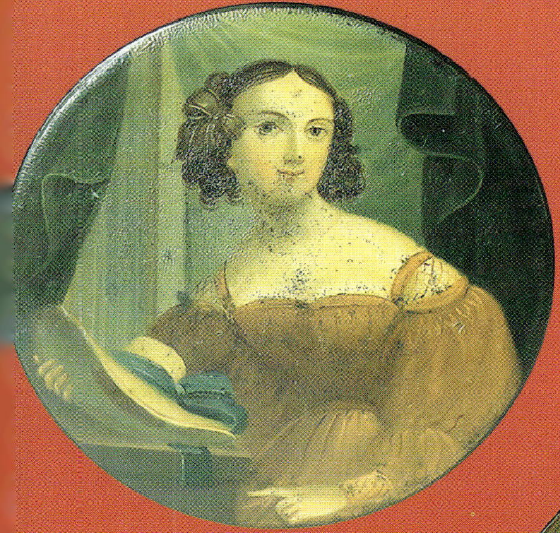

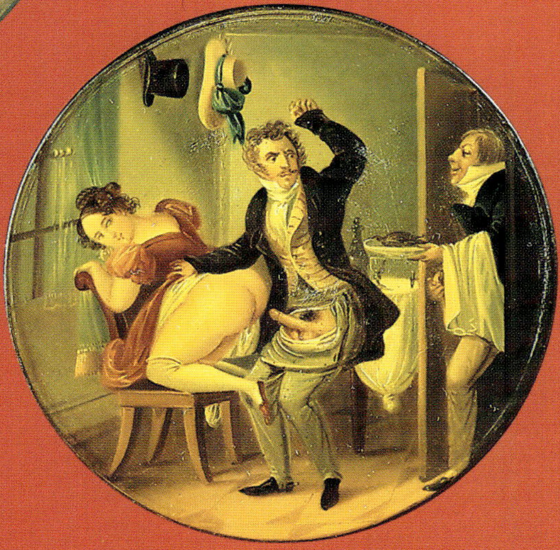

en-, Innendeckel und Boden, dreiteilig, deutsch, Ende 18. Jahrhundert

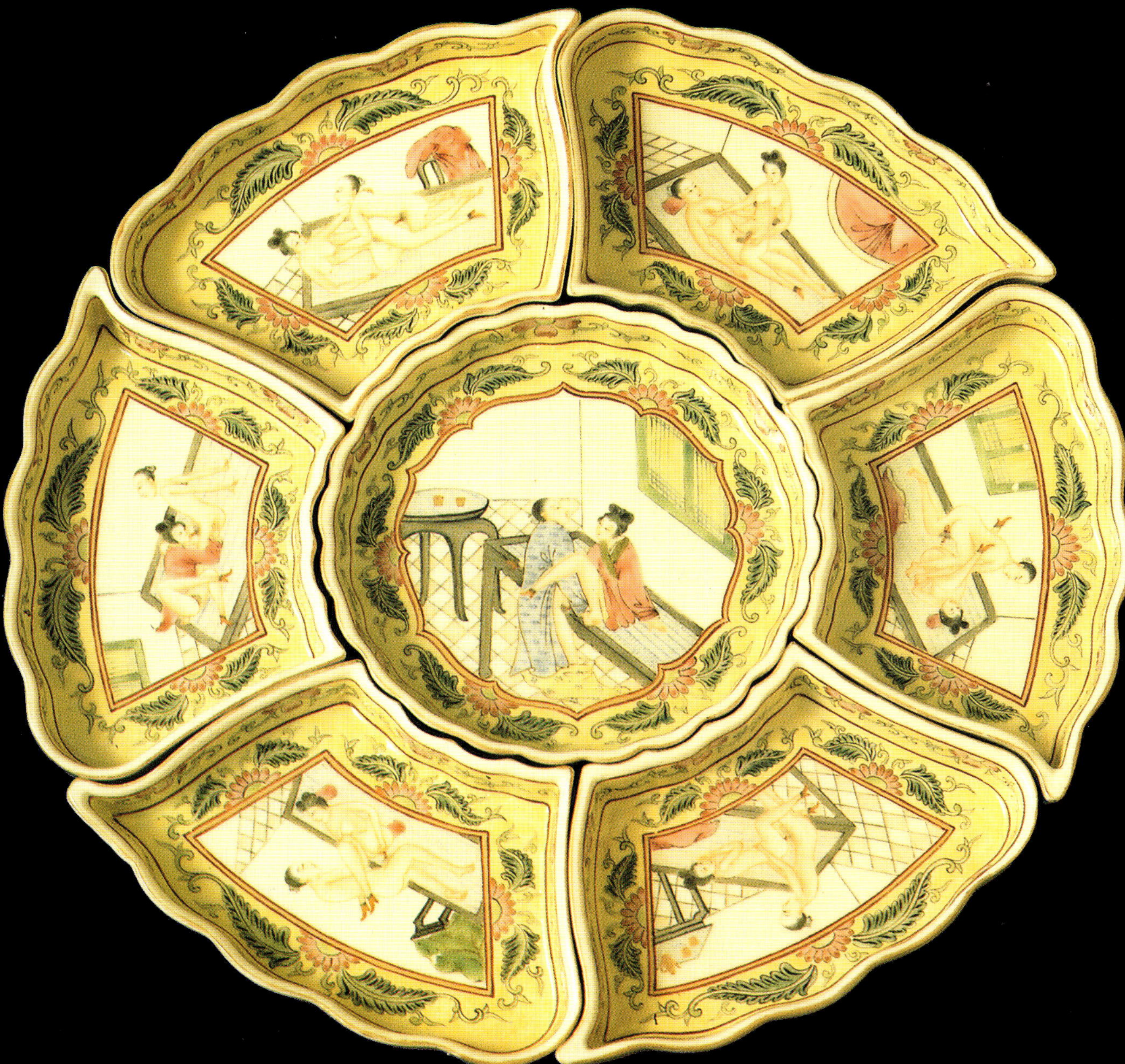

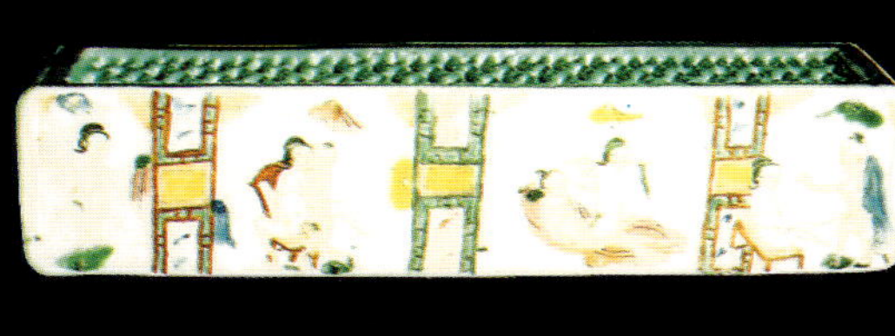

Gegenstände des täglichen Gebrauchs aus China:

linke Seite: Siebenteiliges Porzellan-Service

Fünf Teller

Snuff-Bottle, Riechfläschchen, figürliche Darstellung nur auf einer Seite

Snuff-Bottle, Riechfläschchen, Vorder- und Rückseite

Zwei Teeschalen

linke Seite unten: Grillengefängnis. In solchen Behältern werden bis heute ihres Gesanges wegen Grillen gehalten. Sie werden täglich gefüttert. Die Luftzufuhr kommt durch den perforierten Deckel

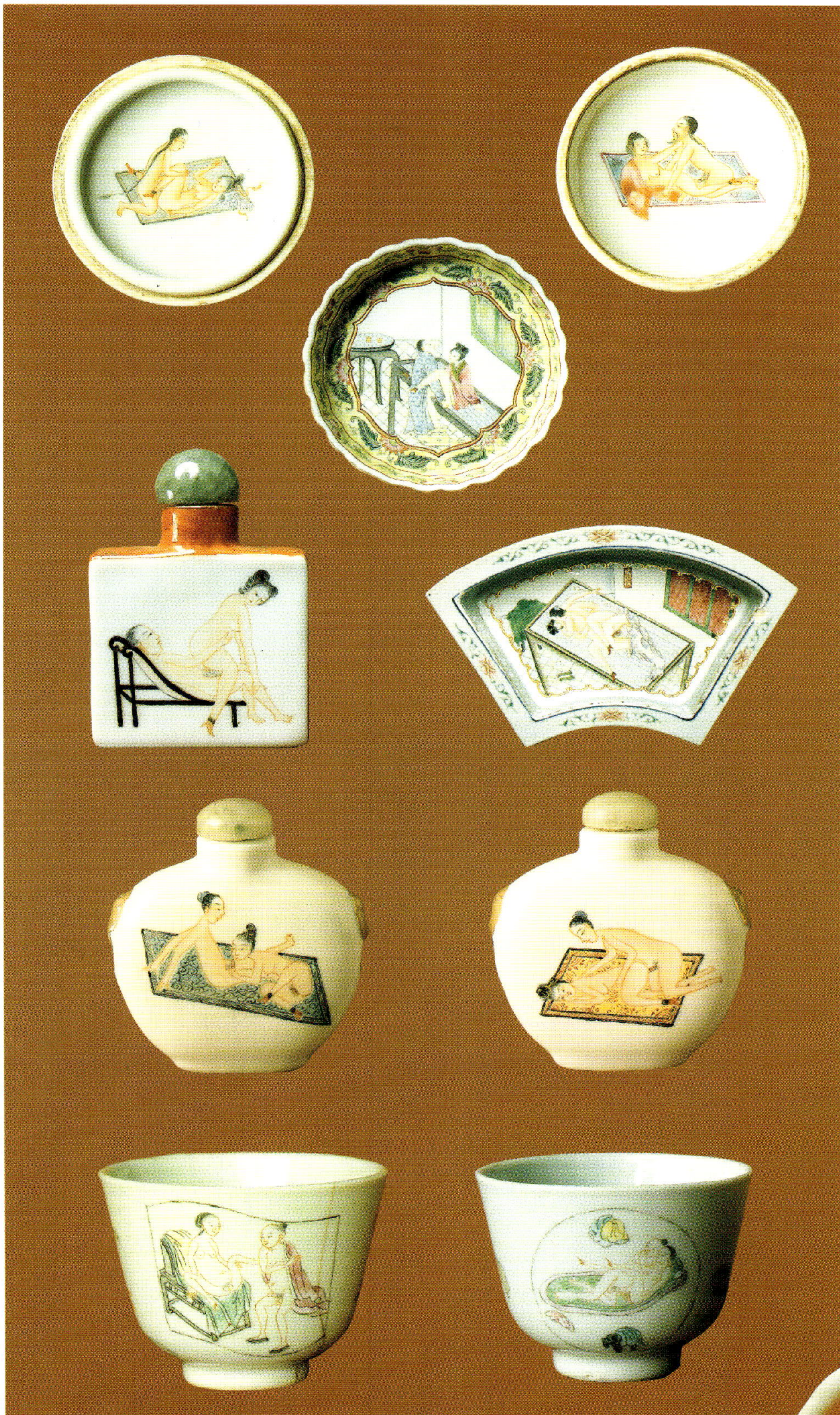

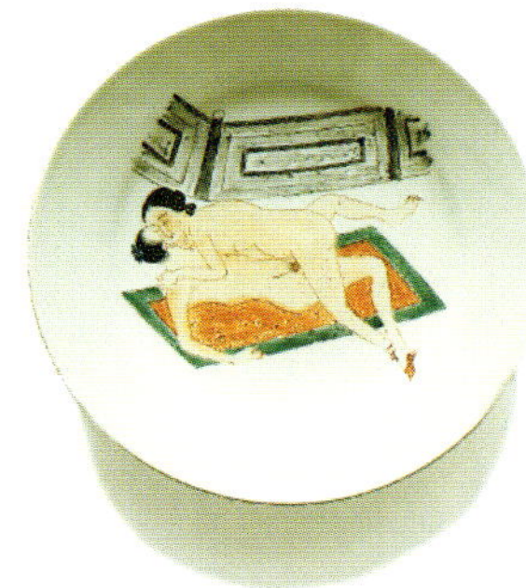

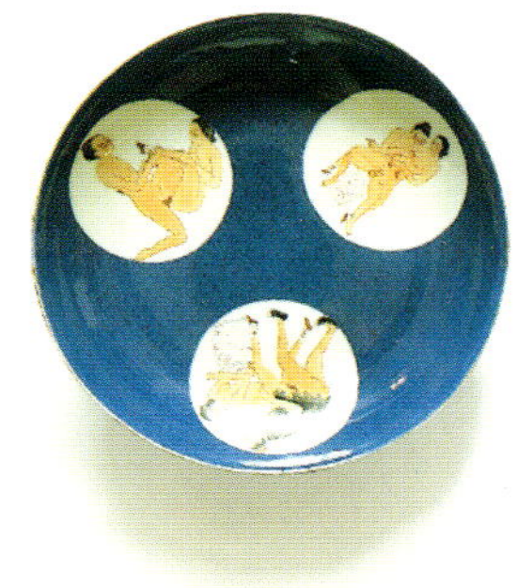

Servier-Schälchen

Stäbchenablage, Schale

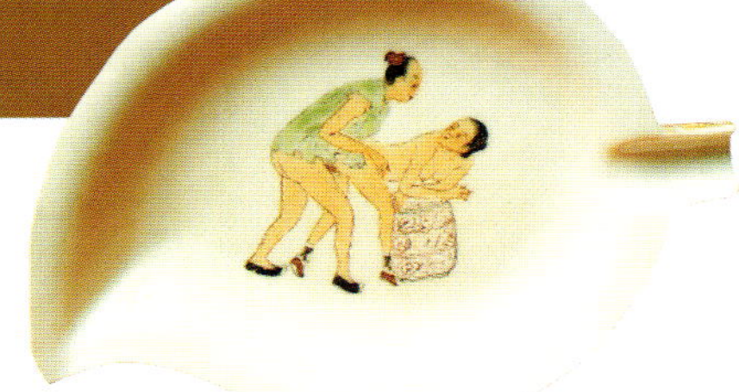

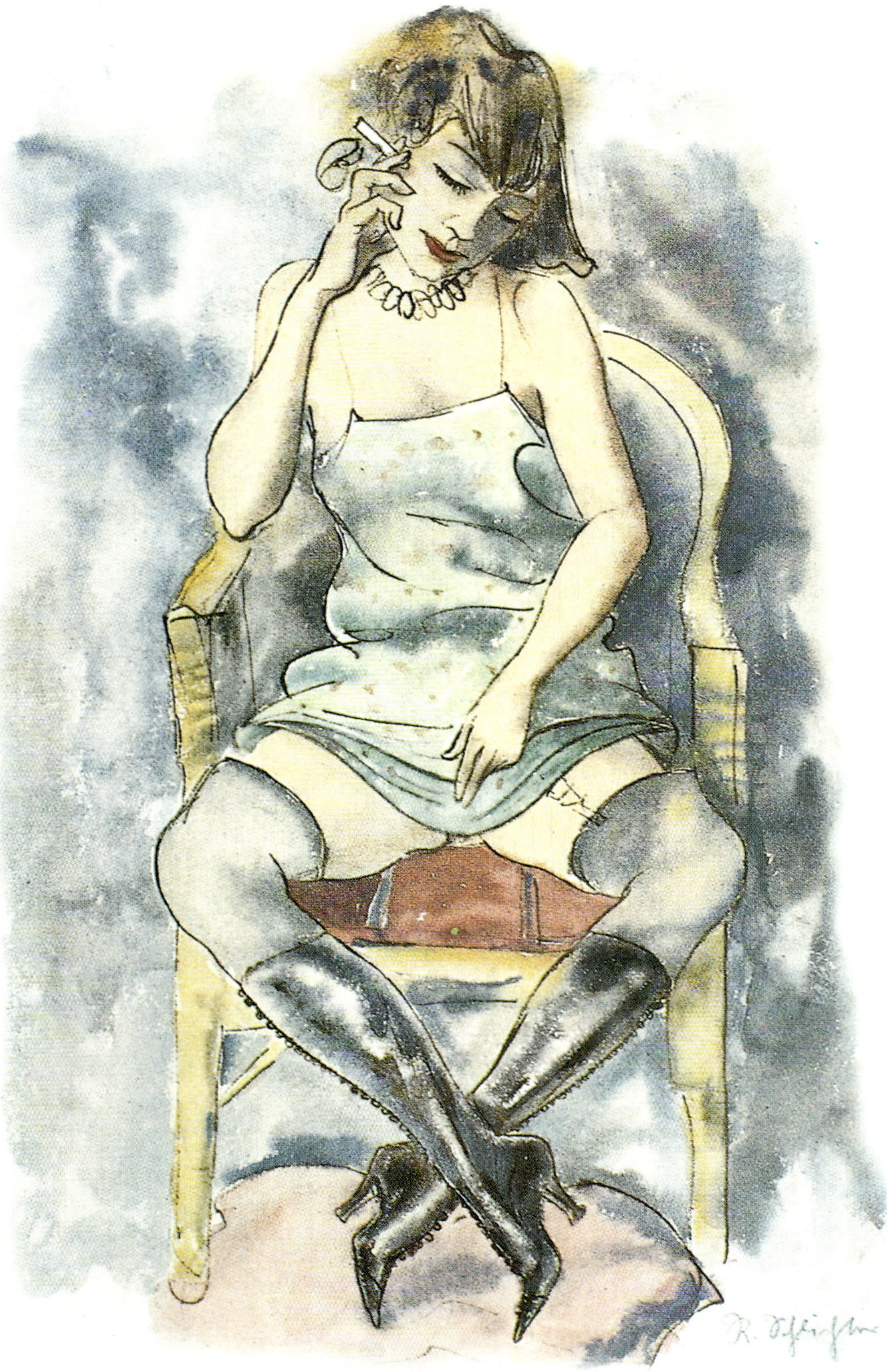

Ausschweifungen

Rudolf Schlichter, »Knopfstiefel«, Aquarell, 1926.
Beispiel für Schuhfetischismus

Was ist pervers? Was unterscheidet Perversion von Perversität? Perversion ist – so die »Enzyklopädie der Erotik« – eine erotische Verhaltensweise, die zu »einer anderen als der normal-geschlechtlichen Beziehung führt«. Eine ausgefallene Stellung beim Koitus kann also schon eine Perversion sein. Dagegen bezeichnet das Wort Perversität eine anomale Veranlagung des Charakters, die erregender Anlaß sein kann, das Schlechte um des Schlechten willen zu tun und Handlungen nur deshalb zu begehen, weil sie verboten sind. Alle Perversitäten beruhen darauf, daß der Betreffende im Koitus keine Befriedigung mehr findet und auf der Suche nach orgastischer Entspannung immer weiter vom genitalen Geschlechtsverkehr abkommt. Die heutige Sexualmedizin läßt den Begriff Perversion erst dort gelten, wo der Laie meint, die Sache habe überhaupt nichts mehr mit Sex zu tun. Zur Perversion gehören alle Formen des Sexuallebens, die den Koitus durch andere Sexualhandlungen ersetzen, wie Schmerzbegehren und Schmerzzufügung, Entblößung oder der bloße Anblick (Sadismus, Flagellantismus, Exhibitionismus und Voyeurismus). Als Abweichungen vom Sexualakt gelten auch zwanghaftes Stehlen nutzloser Gegenstände oder lustbefriedigende Brandstiftung (Kleptomanie und Pyromanie). Wird der lebendige Mensch als Sexualpartner durch einen Gegenstand ersetzt, spricht man vom Fetischismus. *Masochismus* Für den Masochisten ist sexuelle Befriedigung ohne persönliche Erniedrigung nicht denkbar. Die richtige Domina muß natürlich sadistisch veranlagt

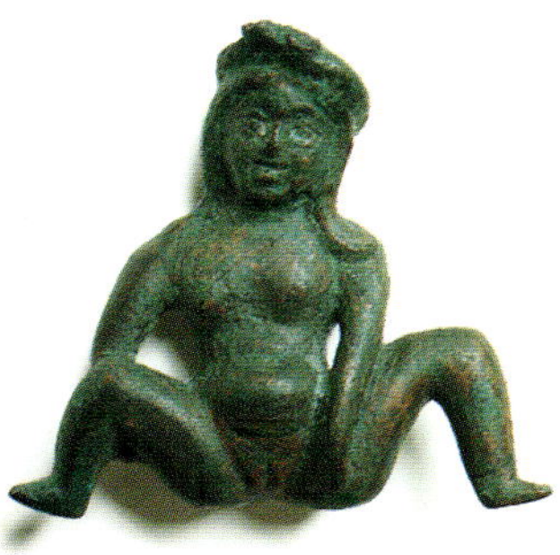

»Entblößung«, Kleinbronze, römische Kaiserzeit

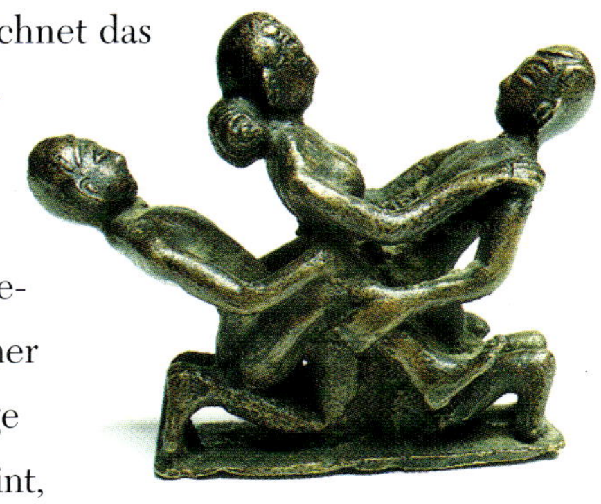

Indische Bronzeplastik, vermutlich 19. Jahrhundert

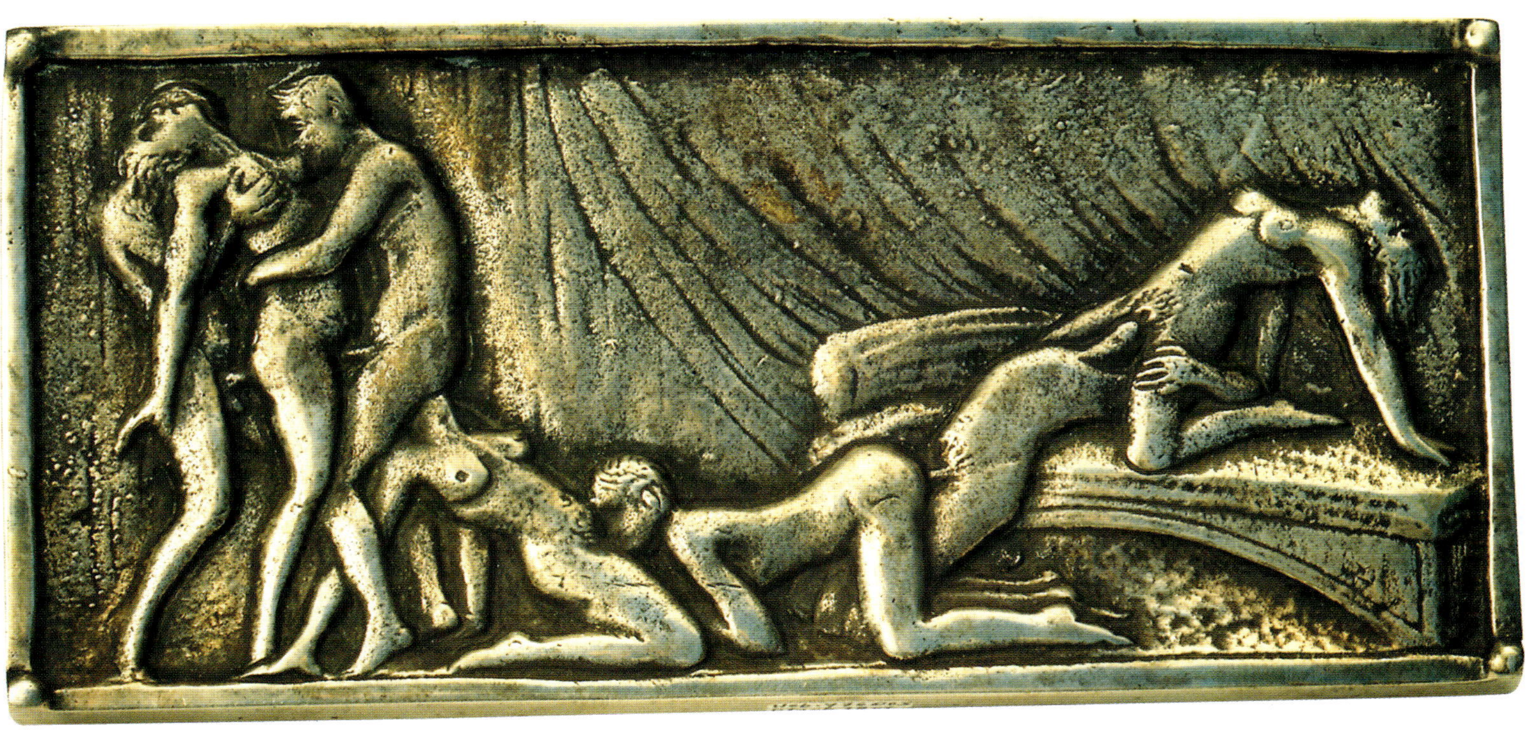

»Massenorgie«, Silberrelief der Renaissance

sein, um der Wunschvorstellung des Masochisten zu entsprechen. Ob er sich als Sklave seiner Domina gebärdet, aus ihrem Nachttopf trinkt oder den Boden ableckt, auf dem sie steht – immer will der Masochist der Gedemütigte sein, der Gequälte, der sich sogar wünscht, daß seine Herrin ihm körperliche Schmerzen zufügt. Um sich als Sklave zu fühlen, bittet der Masochist seine Herrin oft, sie müsse mit ihm einen unkündbaren Vertrag schließen, wonach er die niedrigsten Dienste für sie zu leisten hat. So berichtet der Schriftsteller Sacher-Masoch, von dessen Name der Begriff »Masochismus« abgeleitet ist, von einer dänischen Domina, die keinem Mann ihre Gunst schenkte, bevor er sich nicht eine Zeitlang vertraglich als ihr Sklave verpflichtet hatte. Sie pflegte ihre Liebhaber zu zwingen, ihre Füße zu lecken, und ließ sie so lange in Ketten legen, bis sie ihr gehorchten, wobei sie ihr die Sohlen lecken mußten. Einmal mußte der »Sklave« an die Pfosten ihres Himmelbettes gefesselt werden und dabei Zeuge sein, wie sie sich einem anderen hingab. Hier zeigt sich durch die juristische Form besonders deutlich, daß solche »Perversionen« keine biologischen, sondern gesellschaftlich konditionierte Abweichungen sind. Besonders gern sehen sich Masochisten als Kind, denn dann können sie von der »Erzieherin« gezüchtigt werden, für Schreibfehler geohrfeigt, zu Schlägen mit dem Rohrstock auf den nackten Hintern verurteilt und mit Nahrungsentzug und Eckenstehen bestraft werden. Häufig agieren Masochisten als Tiere. Sie lassen sich von der Herrin satteln und tragen sie, mit Zügeln im Mund, herum. Das Beispiel des Professors Unrat aus dem Film »Der blaue Engel« ist weltbekannt geworden:

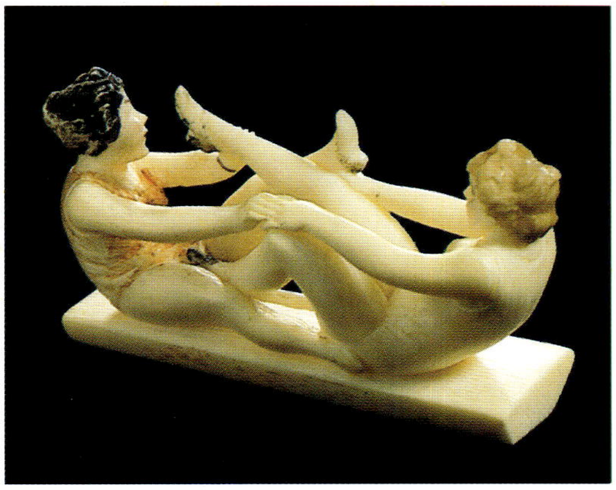

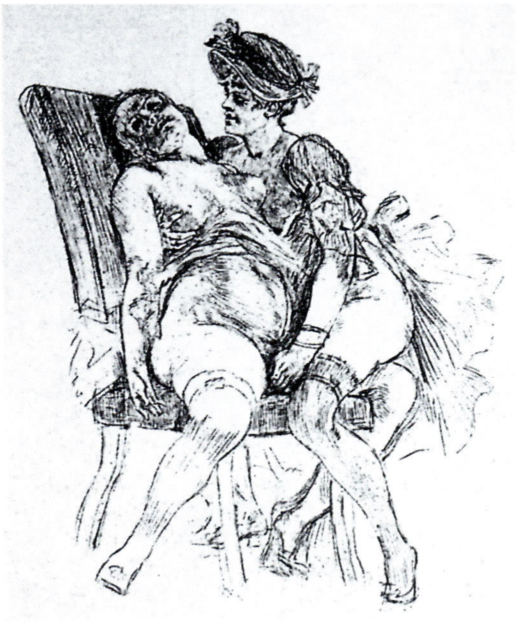

Die lesbische Liebe wird nur deswegen per definitionem den Perversionen zugerechnet, weil Frauen physisch nicht in der Lage sind, miteinander den Koitus zu vollziehen. Gerade dieses Thema hat aber Künstler und Literaten fasziniert. Beispielhaft dafür die französische Elfenbeinschnitzerei und die Illustration von Félicien Rops zu dem Buch »Die Lesbierinnen« von Joseph Prudhomme, dessen deutsche Übersetzung 1891 in Leipzig und Wien erschienen ist

Er ist Hahn und muß krähen. Die neurotische Grunddisposition dieser Verhaltensweisen hat zunächst nichts Sexuelles; sie steht gewissen Formen der Suggestibilität nahe und ist zuweilen eine Selbstüberwindung von Ressentiments. Sie kann sich auch auf erotischem Gebiet äußern, ohne daß ihr eine im engeren Sinne geschlechtliche Komponente anhaftet: wunschlose Sehnsucht und schwärmerische Verehrung aus der Ferne, der Wunsch, für die Geliebte zu leiden; alle Formen einer nichtgeschlechtlichen Liebeshörigkeit fallen in den Bereich des Masochistischen. Die Literatur und die Kulturgeschichte sind nicht arm an Beispielen: Die Minnesänger, Ritter Toggenburg, das Käthchen von Heilbronn sind die bekanntesten. Immerhin liegen in diesen erotischen Abwandlungen eines bestimmten typischen neurotischen Charakters doch schon Übergänge zu dem, was man als Masochismus im engeren Sinne, als sexuelle Triebanomalie, bezeichnet. Die allgemeine Triebeinstellung ist diejenige des Unterworfenseins, des wehrlosen Erleidens, des Gehorchenmüssens. Dementsprechend ist das Liebesobjekt die stärkere Persönlichkeit, der Inbegriff von Kraft und Gewalt, Herrschaft und Rücksichtslosigkeit. Nicht selten ist der Gedanke, von der Herrin an andere Frauen zur Befriedigung ausgeliehen zu werden, oder das eigentliche Liebesobjekt verblaßt auch gänzlich. So wirkt in Fällen von Selbstgeißlern schon der Akt der Selbstdemütigung wollüstig, ohne mit der Vorstellung eines übergeordneten anderen Wesens verbunden zu sein. Das einsame Schwelgen in solchen Szenen, in masochistischen Briefschreibereien (Sklavenbriefe) und die charakteristische Literatur der Masochisten legen davon Zeugnis ab. Der Masochismus kann sich mit anderen Perversionen verbinden, insbesondere mit dem Fetischismus und dem Flagellantismus.

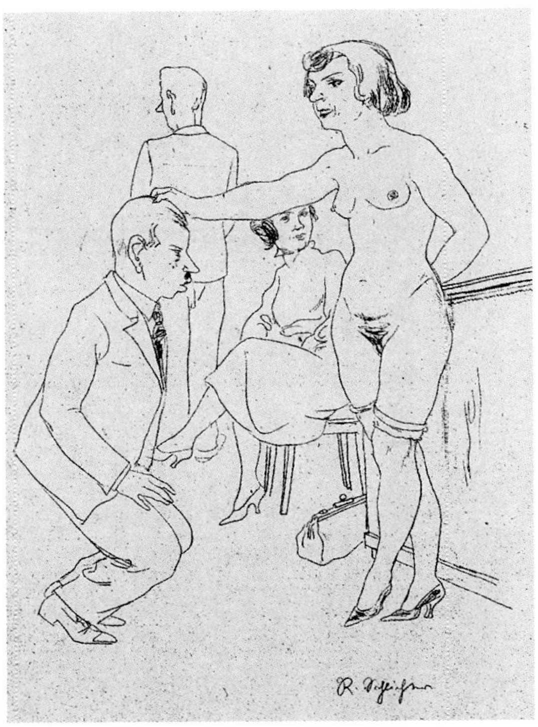

Rudolf Schlichter, »Hündchen«, Zeichnung, 1927

Fetischismus Zwischen Fetischismus und Masochismus besteht eine enge Beziehung. Leder- und Gummifetischisten, Unterwäsche-Freaks und Schuhfetischisten werden von der bürgerlichen Rechtsordnung jedoch eher toleriert als der Masochist. Dabei sind gerade die fetischistischen Akte für den Betroffenen psychisch schwerwiegend. Der Mann, der heute seine Frau in schwarzen Netzstrümpfen sehen will, benötigt morgen nur noch die Netzstrümpfe. Schließlich wird ihm der physische Kontakt mit lebenden Menschen des anderen Geschlechts geradezu widerlich. Gegenstände des Fetischismus sind in erster Linie weibliche Kleidungsstücke, wie getragene Slips, Strümpfe, Schuhe, Handschuhe, Taschentücher, Büstenhalter, Zöpfe und Haarteile. Alle diese Objekte werden in Mengen von dem Fetischisten gesammelt und unter Umständen durch Diebstahl erworben. Eine häufige Erscheinung sind die Schuh- und Stiefel- sowie Taschentücherfetischisten. In anderen abartigen Fällen richtet sich das Verlangen auf bestimmte Trachten; so ist beobachtet worden, daß Brauttoiletten, Nonnentracht, bestimmte Kostüme, wie die von Tiroler Sängerinnen, Leichengewänder und Perücken geschlechtlich erregend wirken. Schließlich finden Fetischisten ihre sexuelle Befriedigung, wenn sie gewisse Gerüche einatmen, wie die von Kleidungsstücken, die mit Urin oder Schweiß getränkt sind. Manche Fetischisten können den Beischlaf nur vollziehen, wenn sie den betreffenden Gegenstand vor sich sehen – sie hängen ihn daher vor ihrem Bett auf – oder ihn sich wenigstens vorstellen. Mit derlei Gegenständen treibt der Fetischist einen regelrechten Kult. Ihr Anblick wirkt auf ihn geschlechtlich erregend. Er betastet sie liebevoll, streichelt und küßt sie und verspürt dabei ein wollüstiges Behagen, das meist einen Orgasmus auslöst. Durch die Verschiebung des Sexualzieles vom lebenden auf das tote Objekt kann der Mensch zum Nekrophilen werden. Zwangsläufig findet er seine Betätigungsmöglichkeit nur in Leichenschauhäusern, in Sektionssälen oder auf Friedhöfen – und macht sich damit strafbar. Die Sexualmedizin stufte die Nekrophilie, bei der der lebendige Mensch durch

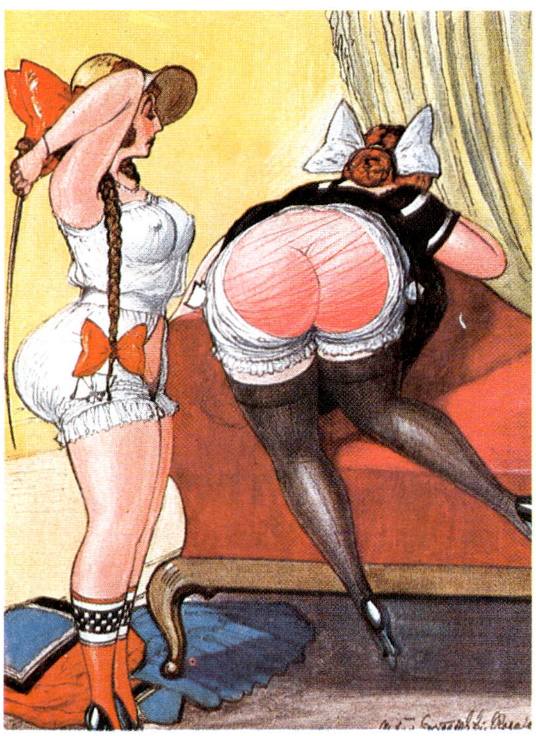

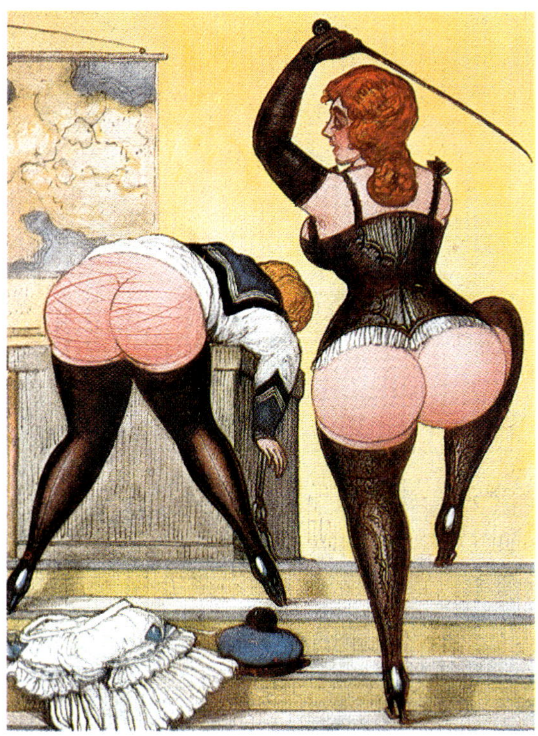

»Bestrafung des Stubenmädchens« und »Die strenge Erzieherin«, zwei Aquarelle von Max Szcygielski-Rogala

einen Toten erregt wird, lange Zeit als Geisteskrankheit ein. Ohne je zu definieren, was unter »normal« zu verstehen ist, unterschied sie nur dreierlei: Abweichungen vom normalen Sexualverhalten, Abweichungen von normaler Sexualpraxis und Abweichungen vom normalen Sexualobjekt. *Flagellantismus* So nennt man das Geißeln oder Peitschen oder Gegeißelt-Werden und Gepeitscht-Werden zum Zwecke der geschlechtlichen Erregung. Meist liegen die Motive beim aktiven Flagellanten von seiten des Mannes nur in der durch die Aktion bezweckten sexuellen Erregung. Es wird sich dabei wohl selten um ausgesprochen sadistische Momente handeln, um wirkliche Grausamkeit – wenn auch dieser Faktor nicht immer ausgeschlossen werden kann –, sondern mehr um eine »Art von erotischer Tändelei«. Tatsächlich spielen dabei mehrere Momente sinnlicher Erregung mit: vor allem der Anblick entblößter weiblicher Reize (Voyeurismus), und zwar – bei der gewöhnlichen Art der Flagellation – gerade solcher von gewichtigem Umfang. Ferner spielen auch Reize koloristischer Natur eine Rolle, insbesondere die Rötung der Hinterbacken. Einen weiteren Reiz bilden die starken Bewegungen und Zuckungen, die als eine Imitation gewisser Bewegungen beim Koitus aufgefaßt werden können. Diese »wollüstigen Zuckungen« werden auch immer wieder bei der Schilderung von Flagellationsszenen erwähnt. Flagellation wird auch gerne bei Frauen, die frigid sind, als Sexualstimulans benutzt. Eulenburg glaubt, daß die Kenntnis dieses sonderbaren Aphrodisiakums durch arabische Ärzte in Europa eingeführt worden sei, und er erwähnt, daß es ein arabischer Arzt gewesen sein soll, auf dessen Rat die Herzogin Leonora Gonzaga von Mantua sich von ihrer Mutter mit Ruten peitschen ließ, um in der ehelichen Umarmung wärmer zu werden. Bei der von seiten des Mannes erstrebten passiven Flagellation kommen andere Motive ins Spiel: Demütigung, Selbsterniedrigung, Askese, freiwillig übernommene Strafe und Buße. Tatsächlich ruft die passive Flagellation durch heftige Reibungen und Schläge, besonders in der Genitalgegend, speziell auf das Gesäß, einen durch die schmerzhaften Sensationen eigentümlich gesteigerten wollüstigen Reiz hervor. Die rein physische reflektorische Erregung des spinalen und sympathischen Ejakulationszentrums wird schließlich nur noch durch das Geißeln und Peitschen dieser Teile bewirkt. Eine häufige Ursache passiver Flagellationssucht ist in dem Mißbrauch des Schlagens zu pädagogischen Zwecken in der Kindheit zu suchen. *Pädophilie* Bei der moralischen Beurteilung des geschlechtlichen Umgangs mit Kindern scheint das bürgerliche Zeitalter zu Ende zu gehen. Was jahrhundertelang mit einem strengen Tabu belegt war, wird seit Nabokovs Geschichte von Humbert-Humbert und Lolita wieder offen diskutiert. Nach unserem bestehenden

Rudolf Schlichter, »Domina mea«, Aquarell, 1926

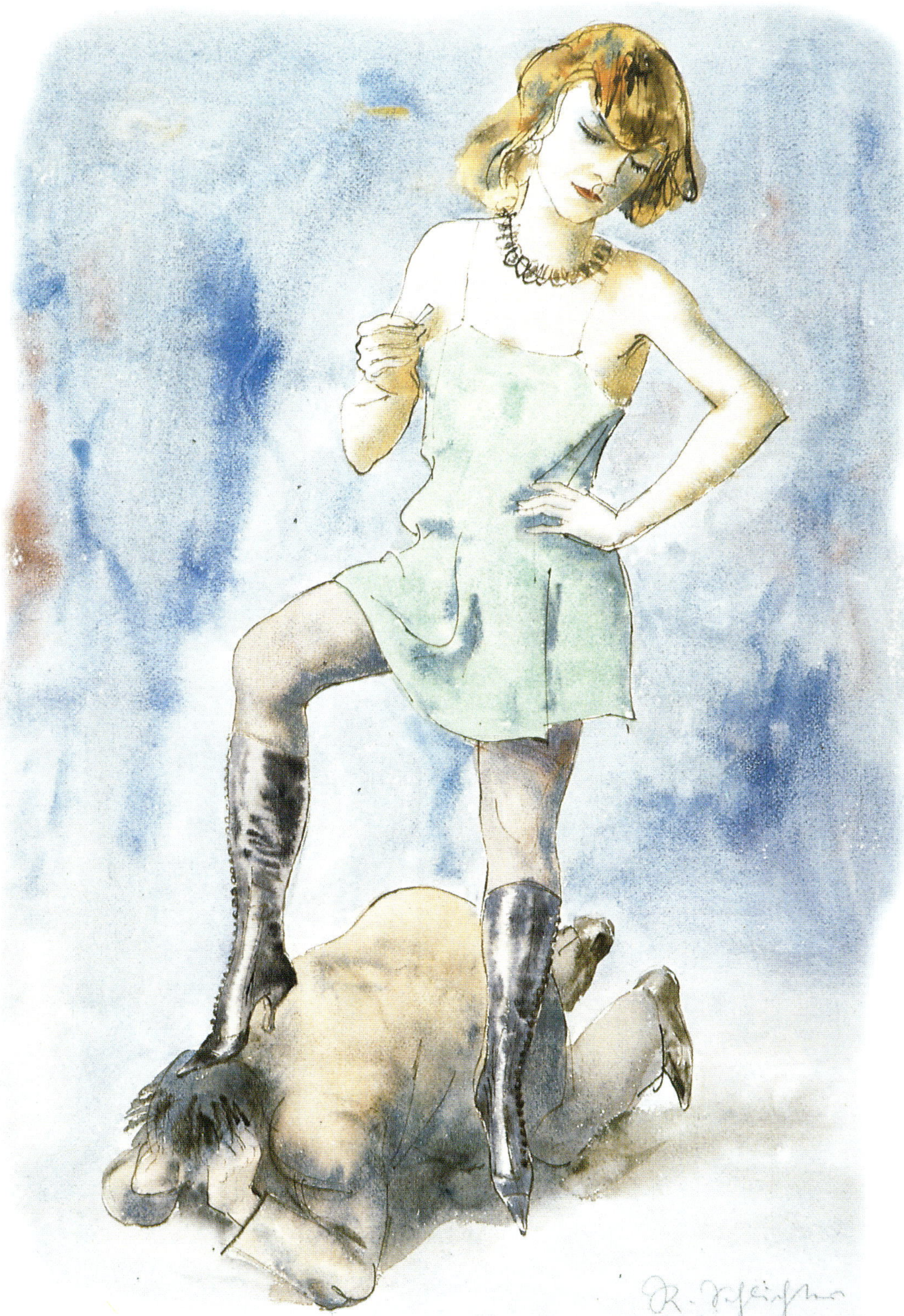

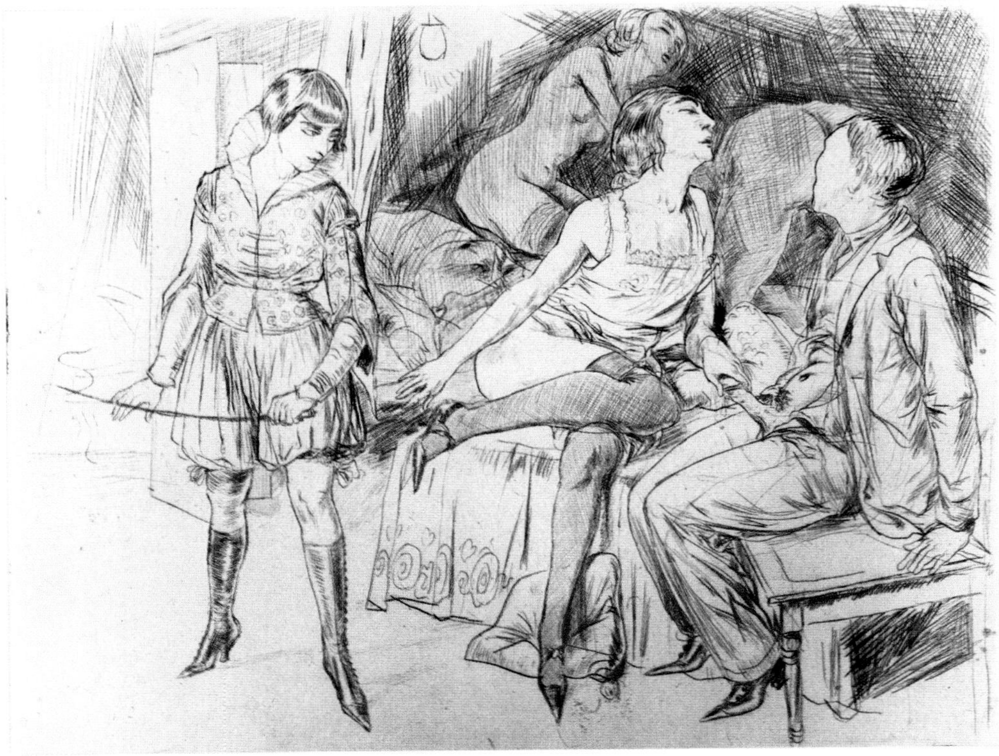

Szenen aus einem Berliner Bordell mit voyeuristischer und flagellantischer Bedienung. Anonyme Radierungen, Anfang der zwanziger Jahre

Strafgesetz wird verfolgt und verurteilt, wer Mädchen unter 16 Jahren zum Geschlechtsverkehr verführt. Heute hat aber jede zweite Sechzehnjährige bereits von sich aus einen Erwachsenen dazu verleitet. Die Autoren unseres Strafgesetzbuches gingen noch davon aus, daß die Wandlung vom Kind zur Frau im Alter zwischen 15 und 16 Jahren durch die einsetzende Menstruation beginnt. Heute setzt jedoch die Monatsblutung bereits zwischen dem 11. und 12. Lebensjahr ein. Davon ausgehend plädieren manche Juristen für eine Änderung des Gesetzes, damit die Natur zu ihrem Recht komme. In den Ländern, wo man für Jungfräulichkeit zur Zeit der Heirat eine Prämie aussetzt, wird dem Verlangen Erwachsener nach Geschlechtsverkehr mit Kindern von alters her durch die Kinderprostitution Genüge getan. Im Altertum führte man in Ägypten die Kinderprostitution als einen religiösen Brauch durch, so daß einige der schönsten und vornehmsten ägyptischen Mädchen zur Prostitution gezwungen wurden. Sie blieben Prostituierte bis zu ihrer ersten Menstruation; dann waren sie frei und durften heiraten. (Die sogenannte religiöse Prostitution hat man oft nicht anders aufgefaßt als einen frommen Betrug, dem die Absicht unterlag, privaten und öffentlichen Unzüchtigkeiten eine Aura von Heiligkeit zu verleihen.) In Rom florierte die Kinderprostitution in weitestem Umfang, ohne daß sie mit religiösen oder anderen Ansprüchen verbunden war. Sogar Babys in der Wiege wurden in die Bordelle geschafft, um hier die Wollüstlinge und Sadisten mit ihrem Wimmern sexuell aufzustacheln, wenn ihre zarten Körperchen geschändet wurden. Kaiser Domitian, der dem

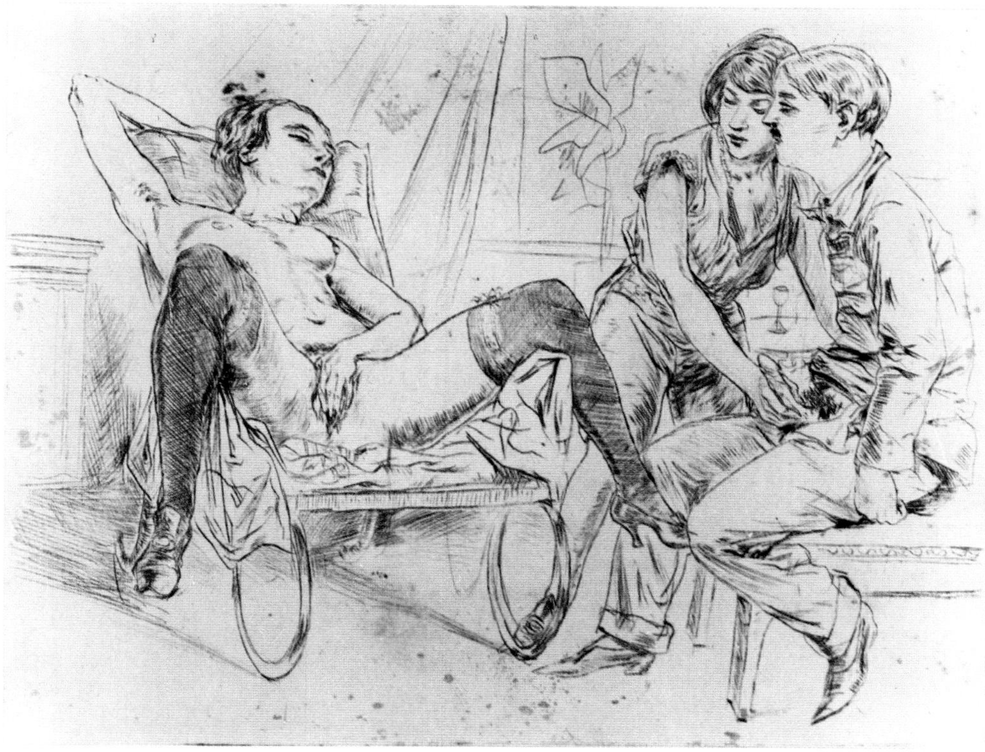

ein Ende machte, wurde für diesen Entschluß mit Recht hoch gepriesen. Abgesehen von den Wiegenkindern bildeten junge Mädchen und Knaben einen wichtigen Bestandteil des römischen Bordells. Die Dienste, die man von ihnen verlangte, erstreckten sich über den Koitus, die Sodomie und die Fellatio hinaus auf die ganze Skala von Perversionen. In China postierte der Gastgeber zur Unterhaltung seiner Freunde während des Essens Kinder beiderlei Geschlechts unter ihren Tischen. Laut Guyon bestand die Aufgabe dieser Kinder darin, »die Gäste diskret zu masturbieren«. Kleine Mädchen als Prostituierte und Konkubinen waren in China gang und gäbe. Das blieb so bis zur »Agrarreform«, obwohl der Brauch infolge der Kritik des Westens schon damals nicht mehr so offenkundig ausgeübt wurde. Kinderprostitution gab es auch anderswo im Fernen und Mittleren Osten. Sie existiert sogar noch heute, wenn auch in wesentlich geringerem Umfang. Daß sich Kinder aus freien Stücken der Prostitution ergeben, erfuhren Angehörige der amerikanischen Streitkräfte, als sie in und nach dem Zweiten Weltkrieg über den ganzen Erdball verstreut wurden. Auf den Philippinen verkehrten GIs weitgehend mit Mädchen, die noch in der Pubertät standen oder sie gerade eben erst erreicht hatten. Einige von ihnen waren Prostituierte, doch schienen die meisten es des Vergnügens wegen zu tun. Dasselbe war kurz nach dem Krieg in Deutschland der Fall. Außerhalb der Münchener Flakkaserne, in der ein US-Truppenteil, aus Farbigen bestehend, untergebracht war, standen Mädchen Schlange und warteten darauf, daß ihre Liebhaber und/oder Gönner dienstfrei hatten. Die Mehrzahl

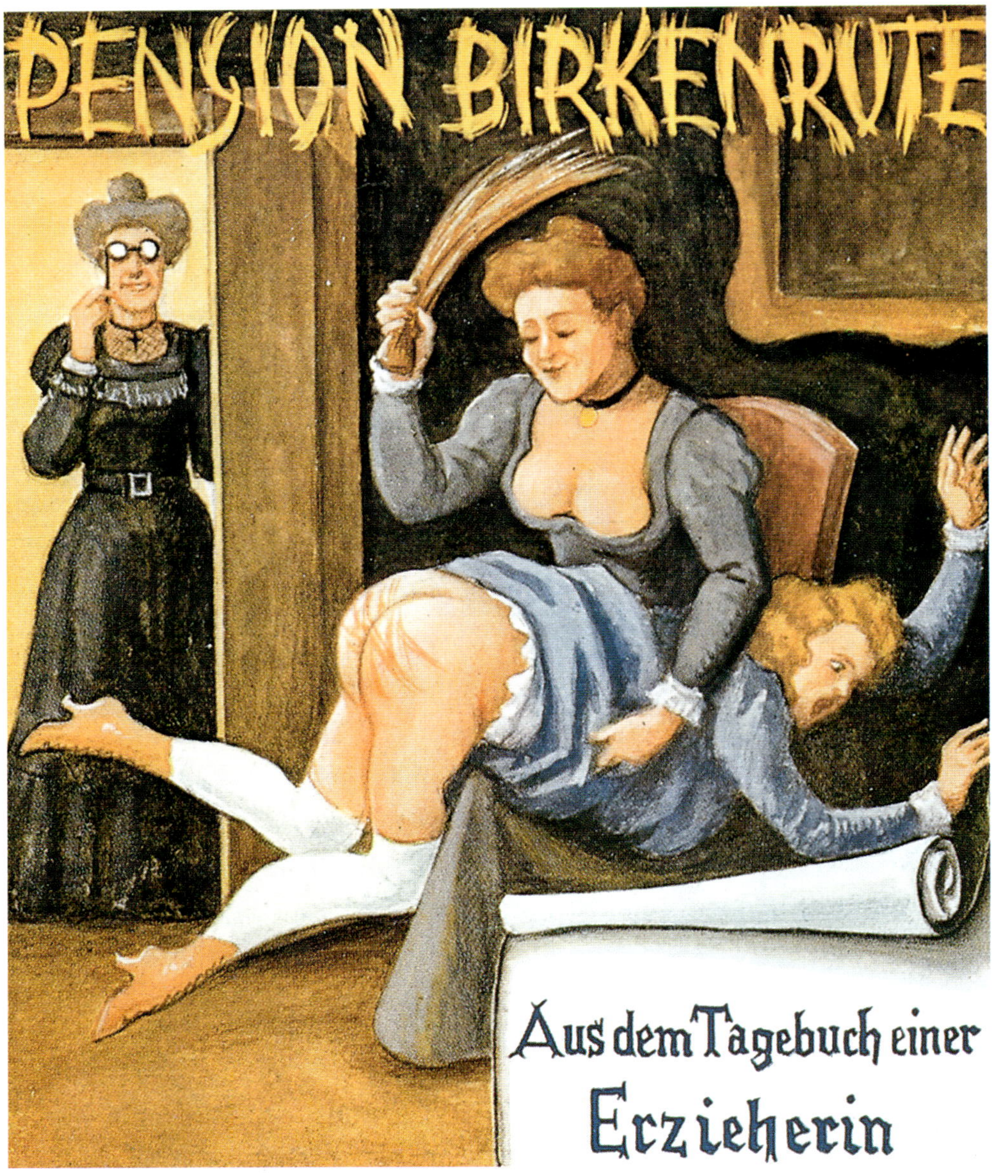

Zwei Buchumschläge zu flagellantischen Romanen

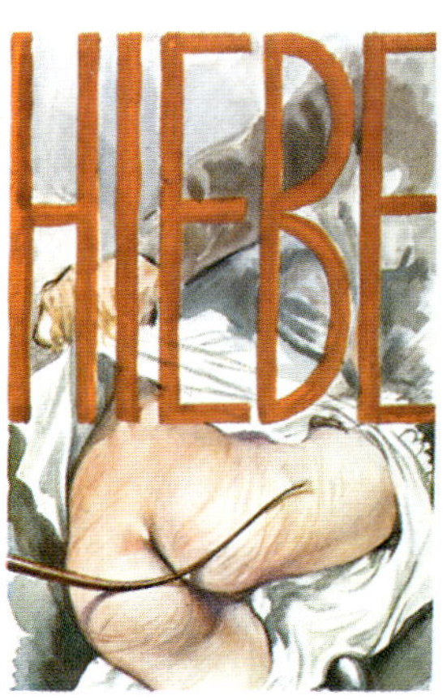

von ihnen machte den Eindruck, noch keine Sechzehn zu sein, manche nur zwölf Jahre alt oder sogar noch jünger. In Marburg schlenderte eine Clique »streunender« Mädchen zwischen acht und fünfzehn, von denen die älteren zum Teil schwanger waren, durch die Straßen und boten sich den Besatzungssoldaten an. Die Beispiele für Kinderprostitution in Deutschland, Italien, Frankreich, Österreich und anderen europäischen Ländern waren damals zahlreicher als heute. Es wäre jedoch unkorrekt, wollte man dabei übersehen, daß bei den Kindern häufig der Hunger oder andere wirtschaftliche Nöte die Triebfeder ihrer Hurerei bildeten. Wenn auch für manche von ihnen diese Gründe den Ausschlag gaben, nutzten doch viele andere einfach die sexuelle Freiheit aus, die üblicherweise Kindern nicht eingeräumt wird. Sara Harris, die bekannte Biographin von Father Divine, befaßt sich in einem Kapitel ihres Buches »They Sell Sex« mit der heutigen, stark verbreiteten Kinderprostitution in den

Vereinigten Staaten. Die »Lolitas« der amerikanischen Unzucht oder die »Babypros«, wie sie professionell heißen, verdienen laut Sara Harris mitunter zwanzig- bis dreißigtausend Dollar im Jahr »steuerfrei« – und sind zwischen zehn und fünfzehn Jahre alt. Man kennt sie auch als »Millionen-Dollar-Babys«, die sich aus den von Zuhältern beaufsichtigten »Rennställen« herausgearbeitet haben und dann die materiellen Vorteile selbst genießen. Immer noch stoßen wir bei Berichten über Sex mit Halbwüchsigen an die Grenzen, die traditionelle Erziehung in uns seit Generationen gezogen hat. Hier zeigt sich die Kraft eines Tabus plötzlich von geschlechtsspezifischer Eigenart: Frauen sehen in einer derartigen Situation fast nie einen erotischen Reiz und lehnen jeden Gedanken daran ab; während Männer ihrer Phantasie häufig freien Lauf lassen, auch wenn sie vor dem körperlichen Vollzug zurückschrecken. Symptomatisch für diese Situation ist die Begegnung mit einem »Babypro«, die Henry Miller nach dem Krieg in Paris hatte. In seinem Buch »Opus Pistorum« beschreibt er schonungslos, wie eine Dreizehnjährige – vor den Augen ihres Vaters – eine Initiative zeigt, die den Erzähler, zwischen Faszination und Entsetzen schwankend, überwältigt: »... sie liegt über meinen Beinen und drückt ihre nackte kleine Feige gegen meine Finger ... und ihre Augen verhöhnen mich für mein Zögern.« Die Aktivitäten des Mädchens lassen eine zuschauende erwachsene Hure ihre professionelle Gleichgültigkeit verlieren: »... was für ein Kind, was für ein Kind, sagt sie ... solche Sachen sollten gesetzlich verboten werden. Aber sie verfolgt gierig jede Bewegung.« An diese Szene, in der das Mädchen, das »ein Kind ganz ohne Unschuld« ist, Voyeurismus, Päderastie, Fellatio, Inzest, Homosexualität, Masochismus als etwas ganz Normales ansieht, erinnert sich der Erzähler wie an einen Alptraum.

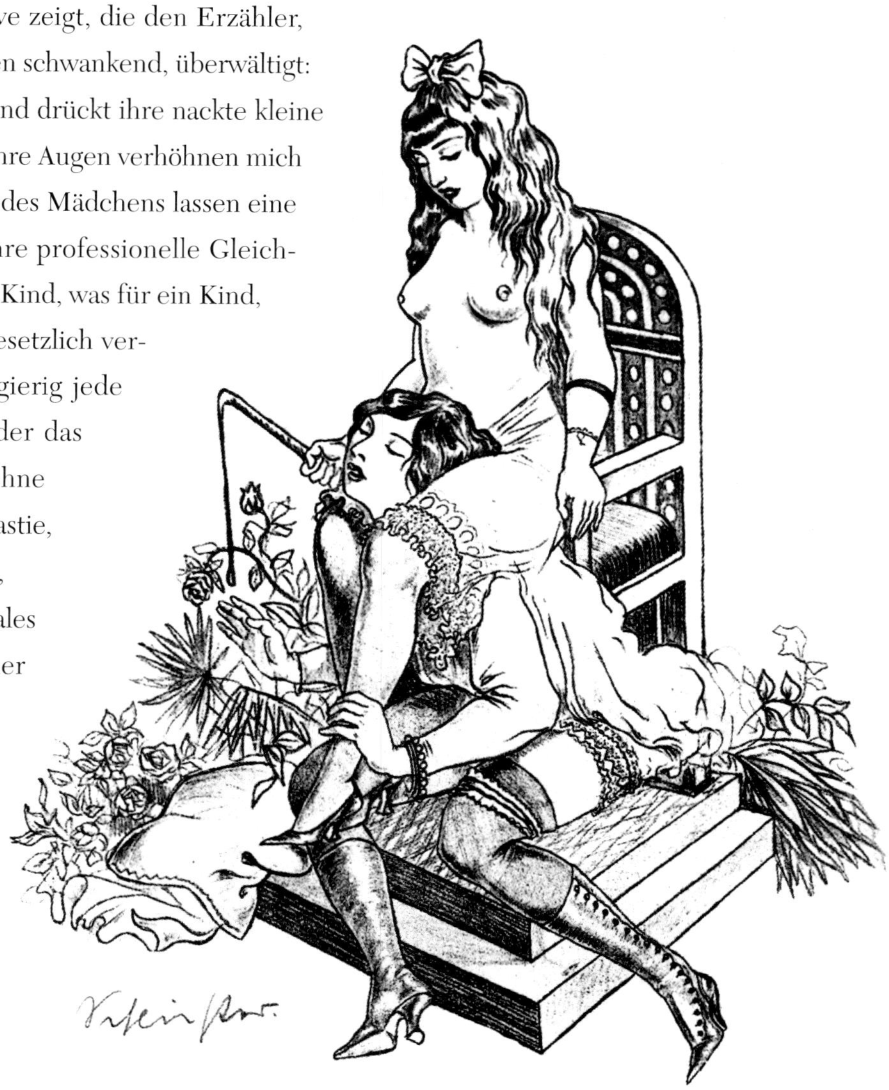

Rudolf Schlichter,
»Die beiden Komtessen«,
Lithographie, 1925

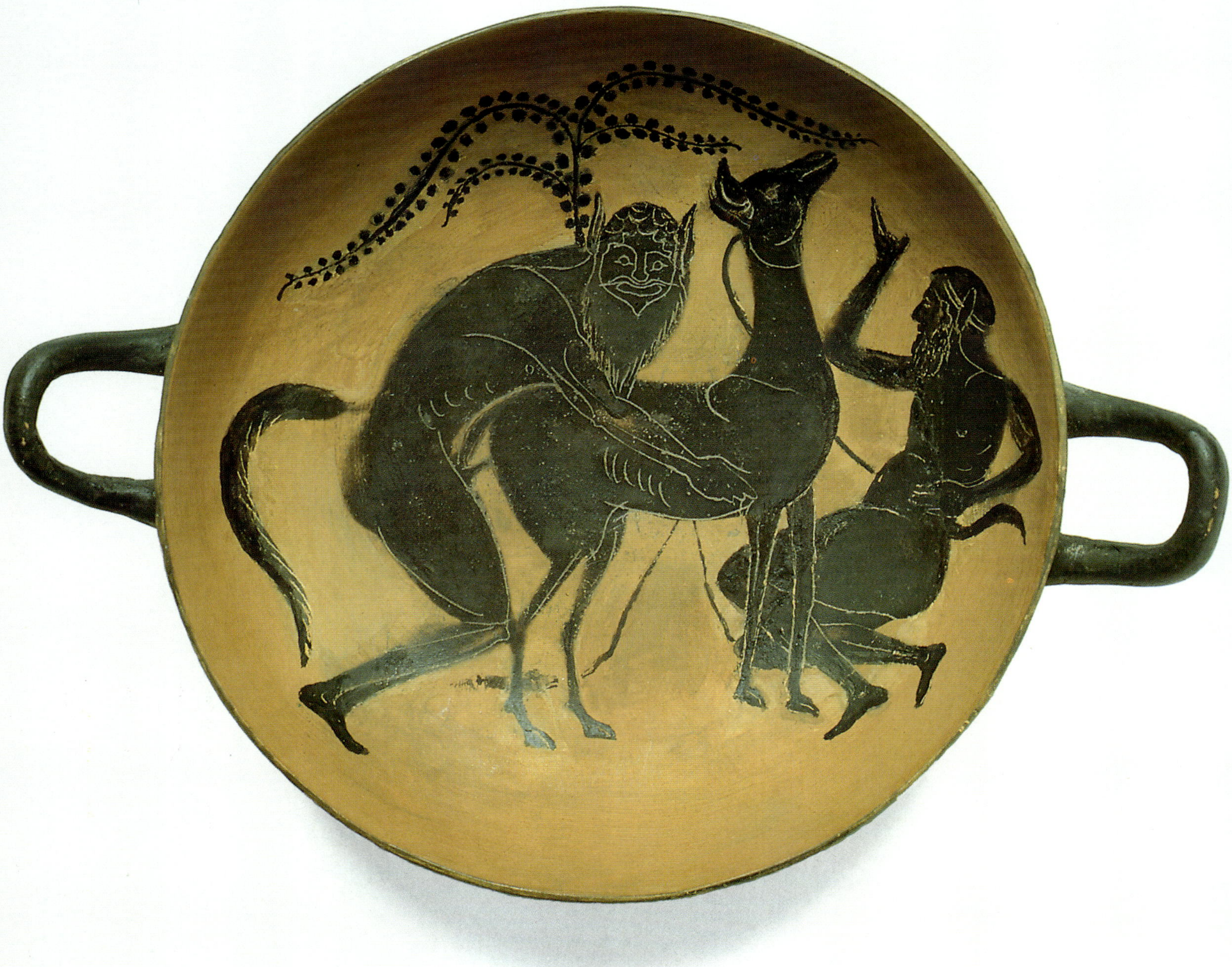

Tabu und Aberglaube

. . . .

»Zwei Silene mit Reh«,
attische Schale, um 600 v. Chr.

Tabu ist ein polynesisches Wort mit mehrfacher Bedeutung: »heilig« oder »gefährlich«, »verboten« oder »unrein«. Die Tabu-Vorschriften primitiver Völker erstrecken sich auf viele Lebensbereiche: Das Berühren gewisser Personen oder Gegenstände ist unter Androhung von Strafe verboten, und die Verletzung dieser Vorschriften wird vom Schicksal mit Krankheit, ja sogar mit dem Tod geahndet. Bemerkenswert ist die Gleichartigkeit, die zwischen den Tabu-Beschränkungen der Primitiven und den individuell konstruierten Beschränkungen besteht, die ein Zwangsneurotiker sich selbst auferlegt. Das Tabu ist Ausdruck und letzte Folge einer inneren Zwiespältigkeit, einer ambivalenten Einstellung zum ursprünglich ersehnten, nun verbotenen Objekt – ein Schutz gegen Versuchung. Um das Tabu von der Logik unabhängig zu machen, wurde es zur moralischen Maxime erklärt und – seit Beginn der christlichen Ära – mit dem vorher unbekannten Schamgefühl gekoppelt. Die christliche Vorstellung, daß Geschlechtsverkehr etwas »Schmutziges« sei und deshalb im Geheimen stattfinden müsse, hat zu der Auffassung geführt, daß unser Schamgefühl natürlich sei – quasi etwas mit einer angeborenen Form des Anstands zu tun habe. Heute weiß die Sexualforschung längst, daß die Wertmaßstäbe der Gesellschaftsordnung den Kindern in allen Kulturen erst beigebracht werden müssen. Professor Ernest Bornemann hat diese Erkenntnis mit vielen Beispielen belegt. »Bis vor kurzem hielten es die Frauen auf Madagaskar für schamlos, die Arme unbedeckt zu lassen. Bei den Chinesen galten die Füße der Frau als besonders aufreizend und mußten deshalb verborgen bleiben. Bei einigen Völkern gilt auch heute die Gesäßgegend der Frau als weitaus erregender und deshalb unanständiger als die Genitalien. Raubt man den Frauen solcher Stämme den Schurz, der ihren Hintern bedeckt, werfen sie sich auf den Rücken und enthüllen genau das, was wir Scham nennen. Scham ist kein Naturgefühl, sondern ein Herrschaftsmechanismus.« »Was«, sagt der Vater zu seinem Sohn, »du heulst? Schäm dich!« In unserer patriarchalen Gesellschaft regelt Scham also das Verhältnis zwischen Vater und Sohn, manchmal auch das zwischen Mutter und Tochter: »Schämst du dich nicht, in einem so engen Pulli ohne BH herumzulaufen? Was sollen die Leute von deiner Mutter denken?« Seit den frühesten Zeiten des Patriarchats greift die Familie mit Tabus in die Kindheit ein und erzeugt dadurch eine lebenslange Abhängigkeit von der Autorität. Die in der Säuglingszeit entzogene Brust oder Flasche kann lebenslange Brustfixierung oder sogar Trunksucht auslösen. In der Zeit der liebevollsten kindlichen Bindung zwischen Mutter und Sohn, zwischen Vater und Tochter erfolgt das Verbot der Masturbation, Resultat: lebenslange Kastrationsangst im wörtlichen und übertragenen Sinne. Mit der Phase der Pubertät wird das Verbot des Geschlechtsverkehrs ausgesprochen. Daraus

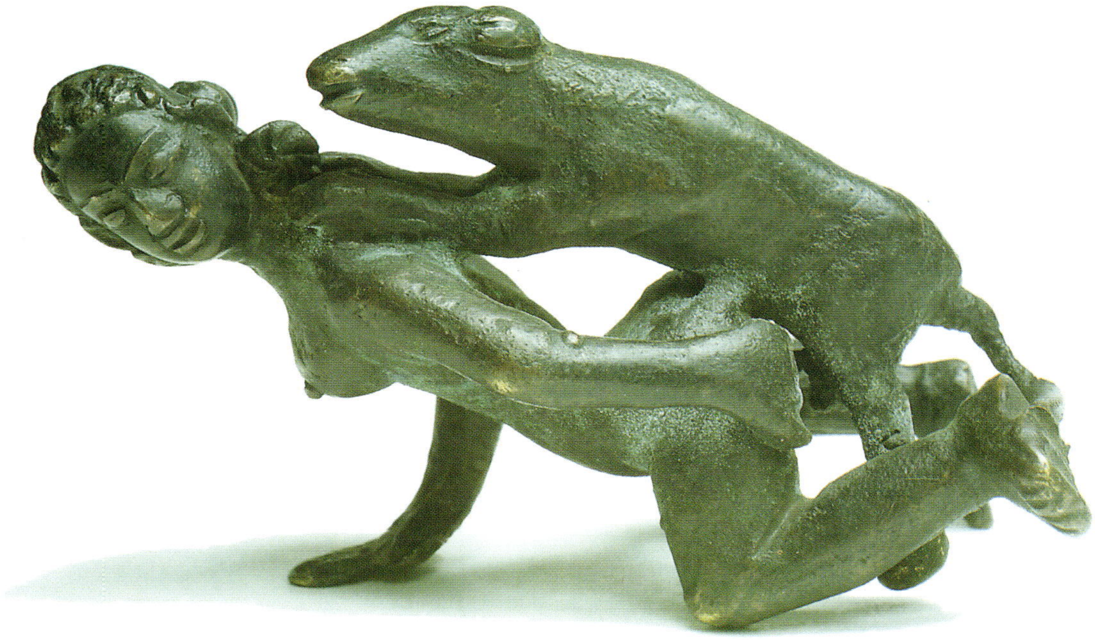

Koitus mit einem Schwein, bezeichnend für sodomitische Phantasien, Bronze aus Nepal

resultieren spätere Sexualangst und sexuelle Schuldgefühle. Diese von Sigmund Freud erkannten Zusammenhänge verstärken sich von Generation zu Generation und sind keineswegs durch »Sexualbefreiung« in den letzten Jahrzehnten gebremst worden. Die Verbote, mit denen der Erwachsene in die Kindheit eingreift, bewirken im heranreifenden Kind Aggressionsgelüste. Da solche Gelüste nicht ausgelebt werden, müssen sie verdrängt werden und erzeugen allmählich aus der Verdrängung jenes sadomasochistische Syndrom, das unsere westliche Kultur kennzeichnet. Nirgendwo wird die Diskrepanz zwischen Tabu und moderner Lebensauffassung deutlicher als bei den verschiedenen sexuellen Abweichungen von der sogenannten Norm. Am klarsten erkennbar ist dieser Mechanismus in der neurotischen Berührungsangst. Die ursprüngliche Lust, nach dem Geschlechtsteil zu greifen, wird durch das Tabu verboten und dieses Verbot nicht allein auf die sexuelle, sondern auf jede Berührung mit einem sexual-symbolischen Gegenstand ausgedehnt. Nur so sind die vielen, sonst unerklärlichen Tabu-Vorschriften zu verstehen: Wer einen Toten berührt, darf keine Nahrung zu sich nehmen, sondern muß gefüttert werden – dem kannibalisch-nekrophilen Triebwunsch wird ein Riegel vorgeschoben. Bei monogam lebenden Naturvölkern ist die Witwe tabu. Sie darf sich keinem Mann zeigen; wer sie erblickt, muß sterben. So wird dem Wunsch der Witwe Einhalt geboten, ihre Freiheit geschlechtlich zu mißbrauchen.

Auch wer eine menstruierende Frau berührt, muß sterben – die sicherste Maßregel zur Bändigung sadistischer Triebe, die beim Anblick des Blutes übermächtig werden könnten. *Aberglaube* Wir können heute annehmen, daß ein sehr großer Teil unserer abergläubischen Gebräuche aus altem Tabuglauben hervorgeht, besonders auf sexuellem Gebiet. So der Begriff der Keuschheitsnächte der Israeliten und der slawischen Völker. Mann und Frau hatten sich demzufolge in den ersten (meistens drei) Nächten der Ehe des geschlechtlichen Verkehrs zu enthalten, die junge Frau war gleichsam tabu. Diese Nächte gehörten nämlich einem geistigen Wesen, das bei den Indern als das Gandharva Viçvâvasu erscheint. Die Nächte selbst nannte man cathurthikarman. Sie dienten nicht einem Keuschheitsgedanken, den man später unterschob, sondern einer Befruchtungszeremonie durch einen Pflanzengeist. Der junge

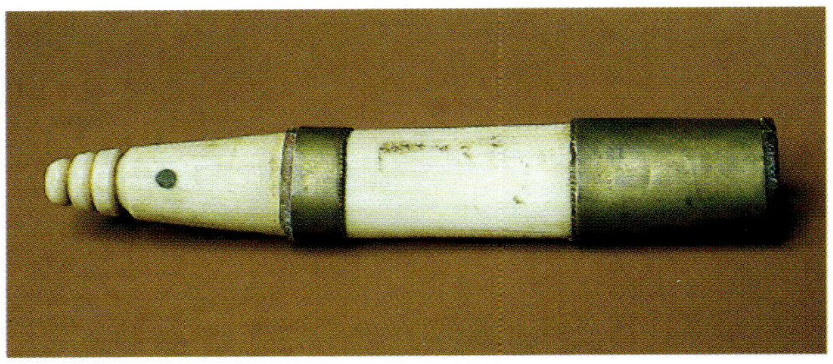

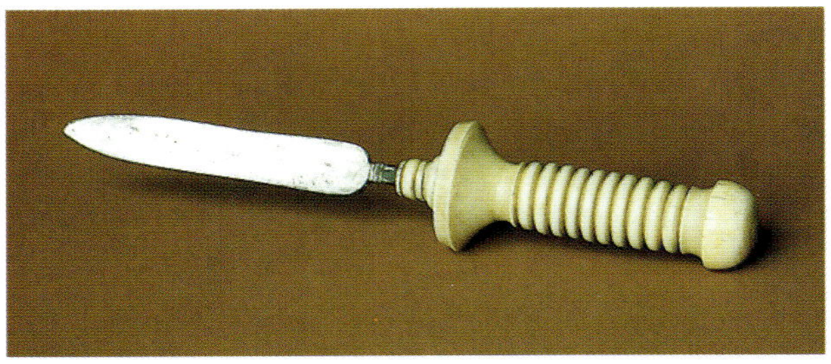

Gatte hat also diesem gleichsam seine Frau abzutreten. Das Durchbrechen des Tabus zog hier wie überall eine Bestrafung seitens des berechtigten Pflanzengeistes nach sich, die sich in der Giftigkeit des Deflorationsblutes äußert, weshalb man späterhin die Defloration mächtigen Personen, insbesondere Priestern und Zauberern, überließ, an deren Stelle auch Häuptlinge traten, die die Defloration zum Teil durch Gerätschaften vornahmen. Mit dem Deflorationsblut in engster abergläubischer Beziehung steht das Menstruationsblut. Die »Unreinerklärung« menstruierender Frauen ist ursprünglich auch nichts anderes als eine Tabu-Erklärung, denn schließlich dürfte das »Ekelgefühl« nicht als ursprünglich zu verstehen sein, sondern als eine Verdrängungserscheinung im Sinne Freuds. Besonders ist es die erste Menstruation, die im Aberglauben eine große Rolle spielt. Vielleicht dürfen wir annehmen, daß man sie als eine Art »Defloration« durch einen Ahnengeist ansah. Das Menstruationsblut gilt bekanntlich auf der ganzen Welt als giftig; seine Wirkung wäre also die Strafe für die Verletzung des Tabus, wenn es nicht dorthin gelangt, wohin es soll. So darf sich bei den Eingeborenen Australiens kein Mann einem Mädchen nähern, das zum ersten Mal menstruiert. Es muß sich eine Grube graben, über die es sich setzt. Nach der Blutung schüttet es die Grube zu, unterliegt jetzt den Reifezeremonien und kann dann dem

Manne übergeben werden, dem es bestimmt ist. Besonders Plinius d. Ä. weiß viel über das Tabu Menstruationsblut zu berichten: Es macht den Most sauer, die Feldfrüchte unfruchtbar, Pfropfreiser sterben ab, Keime verdorren, Baumfrüchte fallen ab, eiserne Geräte werden stumpf, Elfenbein verliert seinen Glanz, Eisen und Erz rosten. Hunde, die das Blut lecken, werden toll, Ameisen werfen die damit besudelte Beute wieder weg. Bestreicht man Türpfosten mit Menstruationsblut, werden die Wirkungen des Hexenzaubers ausgeschaltet. Das Blut heilt einen Malariakranken, wird es auf seinen Fuß gestrichen. Vermischt man es in Form von Asche mit Rosenöl, so hilft es gegen Kopfschmerz. Entblößt sich eine menstruierende Person bei Hagel, Wirbelwind und Blitz, so wird deren schädliche Wirkung abgewehrt; geht sie über die Felder, fallen Raupen, Würmer, Käfer und andere Schädlinge von den Pflanzen ab

Afrikanische Kultgeräte zum Deflorieren und zur Beschneidung von Vorhaut und Klitoris

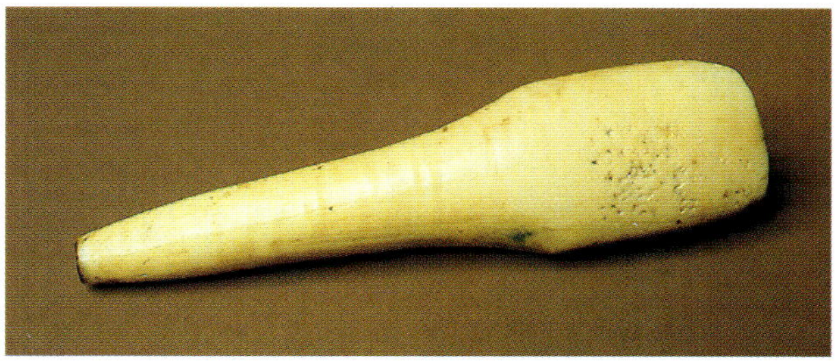

(Plinius). Vielleicht gehört hierher der merkwürdige Glaube der Orinokoindianer, daß menstruierende Frauen den Wald nicht betreten dürfen, da sie sonst »verliebten Angriffen« von Schlangen ausgesetzt sind, wobei man bedenken muß, daß man dort in Schlangen Manifestationen von Geistern sieht. Ebenso tritt die Rache der Ahnengeister ein, wenn der Ehemann das Tabu verletzt. *Sodomie* Die sexuelle Beziehung zwischen Mensch und Tier, die Sodomie, hat eine lange, düstere Geschichte. Die Vorstufe zur reinen Sodomie findet man gleicherweise unter zivilisierten wie primitiven Völkern – sowohl Männer als auch Frauen schlüpfen beim Geschlechtsverkehr in die Rolle eines Tieres, indem sie Tierhäute, Felle oder Pelze anlegen. Sicherlich ist damit ein gewisser Atavismus, eine symbolische Darstellung der Existenz übernatürlicher Wesen, wie zum Beispiel der Werwölfe, und natürlich auch ein fetischistisches Element verbunden. Die Entstehung rein sodomitischer Beziehungen wird als sexuelle Praktik den Chinesen zugeschrieben. Der Mensch benutzte eine Gans zum Koitus und drehte ihr, kurz bevor er zum Orgasmus gelangte, den Hals um. Die Todeszuckungen des Vogels wurden dabei neben anderen Gefühlssensationen als Steigerung des Lustgefühls erlebt. Einer der Anhänger dieses abstoßenden Verfahrens war Tipu Sahib, der Sultan und »Tiger« von Mysore. Er war viele Jahre lang eine wahre

Geißel für die Engländer in Indien und hatte an Lasterhaftigkeit nicht seinesgleichen. Nicht nur, daß er den Gänsen bei der »chinesischen Liebe« eigenhändig die Köpfe abriß, er verkehrte öffentlich mit Schweinen und Ziegen und steigerte seine grausamen, kranken Phantasien dadurch, daß er englische Kinder gefangennehmen ließ, sie verstümmelte, tötete und schließlich schändete. Ein weiterer berüchtigter Sodomit war Dimitri, der Sohn Iwans des Schrecklichen, der sich mit »unsagbaren Vergnügungen« an den Todeszuckungen von Schafen, Hühnern und Hunden weidete. Auch von Don Carlos, dem Sohn Philipps II. von Spanien, ist zuverlässig überliefert, daß er sich nachts in die Pferdeställe einschließen ließ und mit den Stuten Geschlechtsverkehr hatte. Auch bei ihm folgte der Kopulation die Verstümmelung der Tiere, für die er sich stets einen besonders geschliffenen Dolch mitnahm. Die mit Sodomie häufig verbundene Tierquälerei ist durch entsprechende Paragraphen unseres Strafgesetzbuches erfaßt. Für den ausschließlichen geschlechtlichen Umgang mit Tieren sieht das neue deutsche Strafrecht, das am 1. 1.1971 in Kraft trat, jedoch keine Strafe mehr vor. Der alte Absatz b) des § 175 – widernatürliche Unzucht – ist ersatzlos gestrichen. *Inzest* Zeit- und Ortlosigkeit des Inzestes, der sogenannten Blutschande, in Dichtung und Sage veranschaulicht, daß es sich um ein allgemein-menschliches Phänomen handelt. Im Laufe der Menschheitsgeschichte gab es sowohl für die Geschwisterehe, die bei den Pharaonen Pflicht war, bis hin zum geschlechtlichen Mutter/Sohn- (Ödipus) oder Vater/Tochter- (Lot und seine Töchter) Verhältnis ambivalente Beurteilungen. Der Inzest ist heute nicht nur tabuisiert, sondern auch vom Gesetz unter Strafe gestellt. Es ist aber noch nicht allzulange her, daß im französischen Rokoko inzestuöse Verbindungen unter suggestiven literarischen Einwirkungen weit verbreitet und beinahe legalisiert

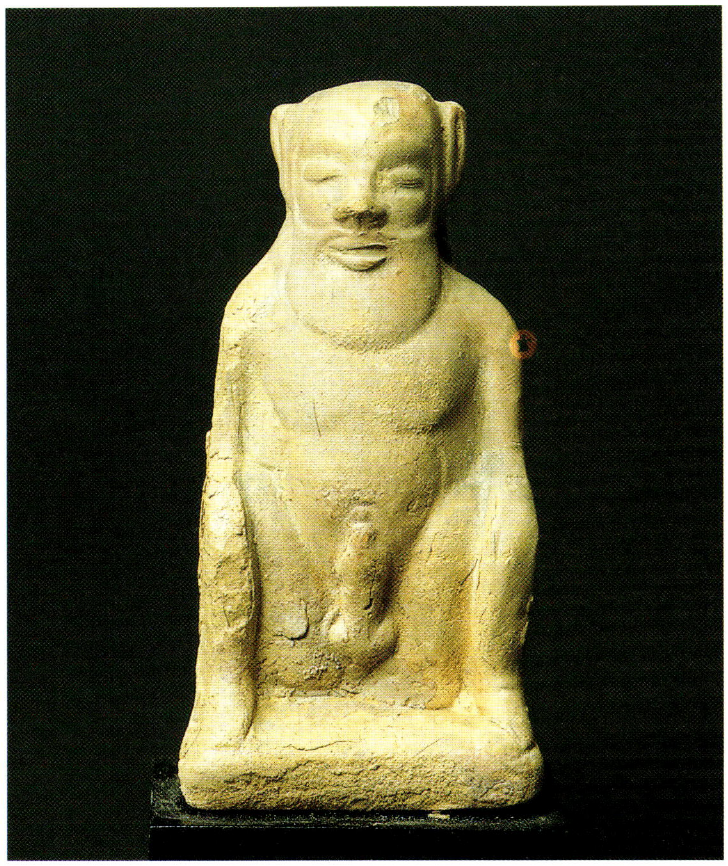

»Hockender Silen mit Tierohren«, um 400 v. Chr. Diese Mischwesen aus Mensch und Tier übernahmen in vielen Liebesdarstellungen der Antike die Rolle des Mannes

waren – obgleich auch zu dieser Zeit die Kirche solche Praxis als Todsünde einstufte. Märchen und Sagen verschiedener Völker beruhen auf inzestuösen Vorgängen. Die doppelte Blutschande finden wir in Hartmann von Aues »Gregorius«, der der Sohn eines Geschwisterpaares ist und seine Mutter heiratet. In der neueren Zeit ist blutschänderische Geschwisterliebe in Richard Wagners »Walküre« idealisiert und verherrlicht. Henrik Ibsen streift das Problem in »Gespenster« und Gerhart Hauptmann in seinen naturalistischen Frühwerken »Vor Sonnenaufgang« und »Friedensfest«. Im Sinne des Tragischen ist es häufig in der deutschen Belletristik geschildert; Curt Moreck »Jokaste, die Mutter«, Bierbaum »Prinz Kuckuck«, Fritz von Unruh »Ein Geschlecht«, Frank Thieß »Die Verdammten«. Eine Ausnahme bildet Thomas Manns »Wälsungenblut«, wo die Geschwisterliebe mit Frivolität als ein Akt ohne tiefere seelische Konflikte demonstriert wird. Wissenschaftlich gesicherte Tatsache ist, daß in der vorpubertären Phase zwischen Geschwistern keine gefühlsmäßigen Hemmungen bei intimen Berührungen oder sexuellen Spielen bestehen. Immer wieder wird behauptet, daß mit der Freigabe der Pornographie auch die Tabuisierung von Sexualpraktiken gegenstandslos werden wird. In Wirklichkeit ist das Gegenteil eingetreten. »Schweinische Bücher«, die jetzt ohne Mühe und ohne Angst gekauft werden können, landen im gut verschlossenen Giftschrank, damit »die Kinder sie nicht in die Hand kriegen«. Der Bestseller der deutschen Porno-Videos, »Miß Big Tits« – bisher über 30 000mal auf Kassette verkauft –, wird im Wäscheschrank versteckt und nur bei alkoholischen Partys in der Kellerbar engen Freunden oder im Schlafzimmer zum Aufgeilen vorgeführt. Zum erhofften Partnertausch verhilft die Porno-Kassette selten, zur Massenorgie so gut wie nie. Von Befreiung oder Aggressionsabbau kann keine Rede sein.

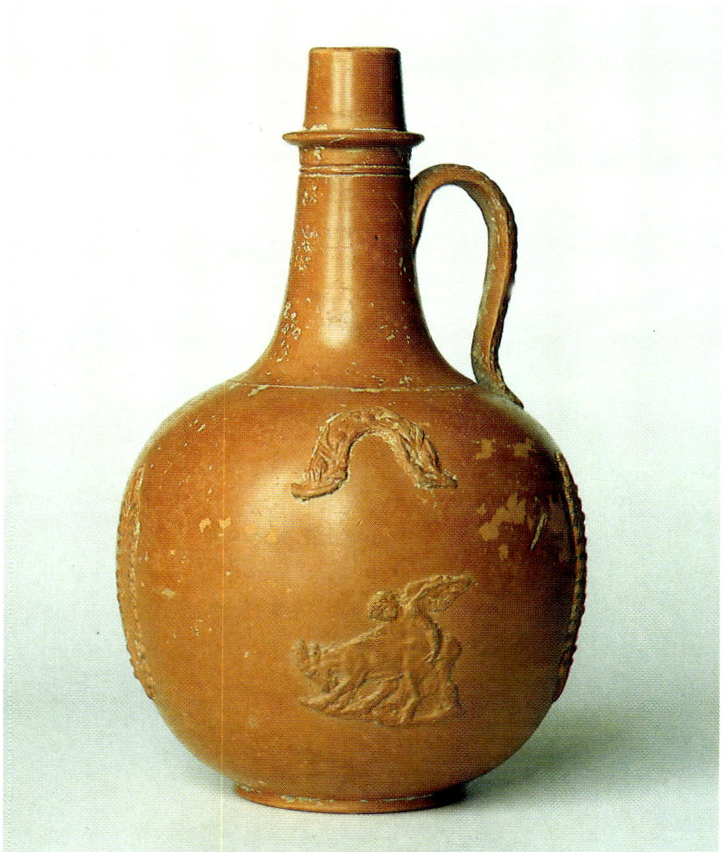

Henkelkanne mit erotischen Reliefs. In der Mitte »Erote mit Ziegenbock« beim sodomitischen Akt, Fundort Arezzo, um 200 v. Chr.

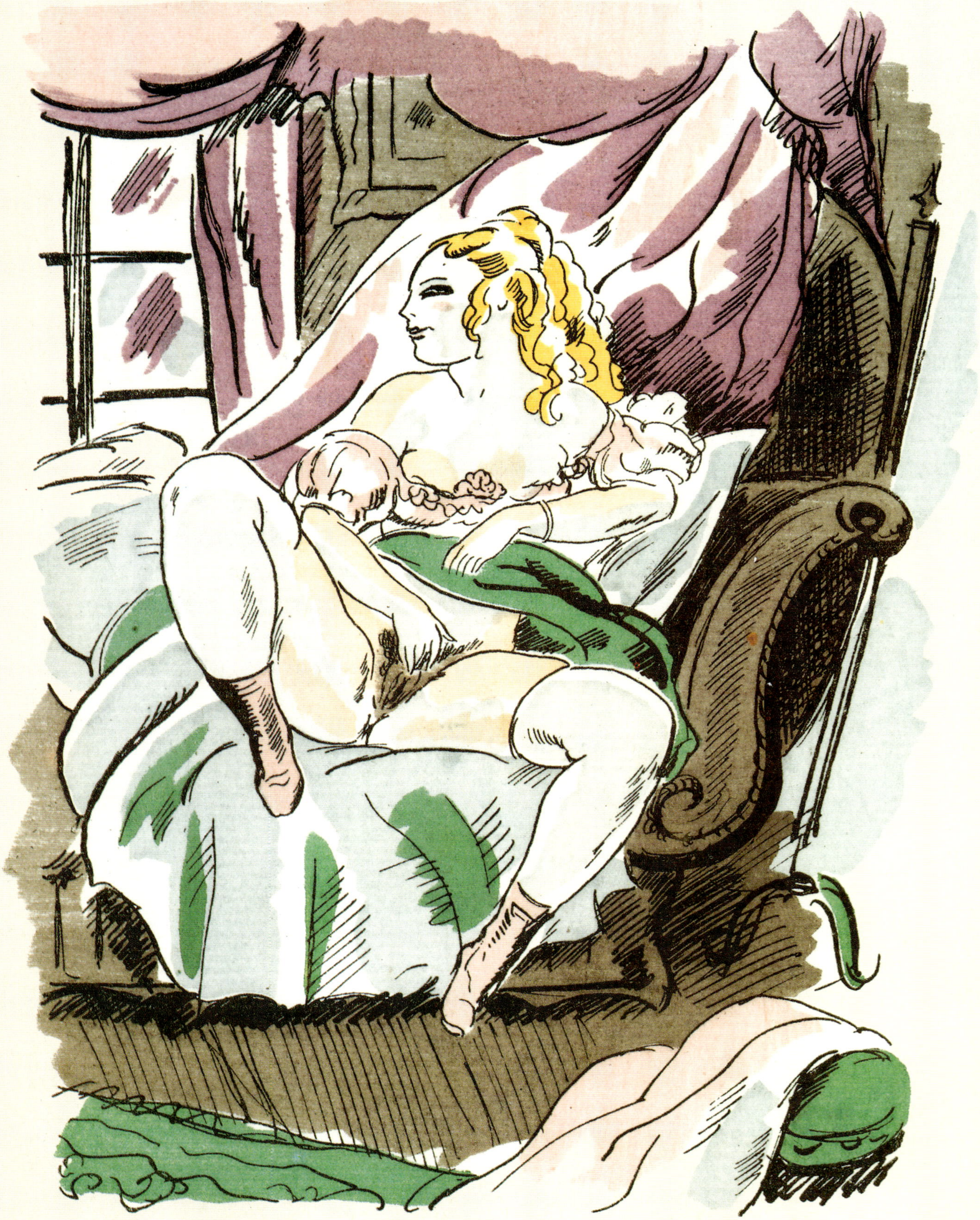

Illustrationen zur erotischen Literatur:

Frankreich

. . . .

Anonyme französische Illustration zu »Memoiren einer Sängerin«

Frankreich ist das klassische Land der erotischen Literatur. Es ist besonders im 18. Jahrhundert so fruchtbar gewesen, daß es auch die anderen europäischen Länder mit dieser Gattung von Lesestoff versorgen konnte. Insbesondere Deutschland hat fast seinen ganzen Bedarf an stimulierenden Eroticis bei seinem westlichen Nachbarn gedeckt. Die eigentliche pornographische Literatur, die sich mit der grobsinnlichen Liebe befaßt, ist übrigens auch in Frankreich nicht alt. Ihre Blütezeit ist das 18. Jahrhundert. Die Produkte früherer Zeit, selbst wenn sie an Kraßheit des Ausdruckes und Eindeutigkeit der Situationen das Menschenmögliche leisteten, sind trotzdem so gut wie frei von der auf Effekt zielenden Lüsternheit, wie sie das galante Zeitalter kennzeichnet. Lüsternheit und augenzwinkernde Zote macht sich erst breit in den beiden Schwanksammlungen »Le Parnasse des poètes satiriques« und »Le Cabinet satirique«. Beide enthalten gutpointierte, treffsichere Anekdoten, in denen die sexuellen Beziehungen der beiden Geschlechter die Hauptrolle spielen. Doch überwiegt bei aller Freiheit des Stoffes die Freude am Witz, die Lust an der Pikanterie, so daß man den beiden Schwanksammlungen ihre literarische Bedeutung nicht absprechen kann. Den Schritt von der Frivolität zur Obszönität vollzog erst ein Mann des 17. Jahrhunderts, dessen Werk der Prototyp aller pornographischen Romane geworden ist und das bis in die heutige Zeit immer wieder aufgelegt wurde, ein Beweis für seine zündende Kraft. Dieses Werk, die »Gespräche der Aloysia Sigea« des Nicolas Chorier, erschien um 1660 in Grenoble. Sein Verfasser, ein ziemlich charakterloser Geselle, fingierte bei der Herausgabe, daß eben die genannte Aloysia Sigea, eine seinerzeit wegen ihrer Tugend hochgeschätzte spanische Hofdame, das Werk geschrieben und daß der Professor an der Leydener Universität, Johannes Meursius, es aus dem Spanischen übersetzt habe. In Wahrheit aber wurde es von Chorier selbst, der mit seinen Kenntnissen brillieren wollte, lateinisch geschrieben. Dieses Werk kann man als das umfangreichste Kompendium des ganzen Liebeslebens bezeichnen, in dem nahezu jede der marktgängigen Perversitäten anschaulich vorgeführt wird. Ein ähnliches Liebesbrevier aus der gleichen Zeit (1665), wenn auch nicht von derselben Bedeutung, ist die »Ecole des filles« des Helot oder Milliot, wie er sich nennt. In zwei Dialogen wird die gesamte Liebeskunst abgehandelt. Robinet, ein junger Kaufmann, liebt Fanchon, die aber zu naiv ist, um seinen Neigungen das richtige Verständnis entgegenzubringen. Er findet eine Bundesgenossin in Susanna, die Fanchon so lange bearbeitet, bis sie dem Liebhaber Gehör schenkt. Im zweiten Dialog wird über die Entjungferung Fanchons berichtet, und es werden Erfahrungen über die Liebesfreuden ausgetauscht. Diese beiden Werke kann man als

Titelblatt einer 1782 erschienenen französischen Ausgabe der »Gespräche der Aloysia Sigea«

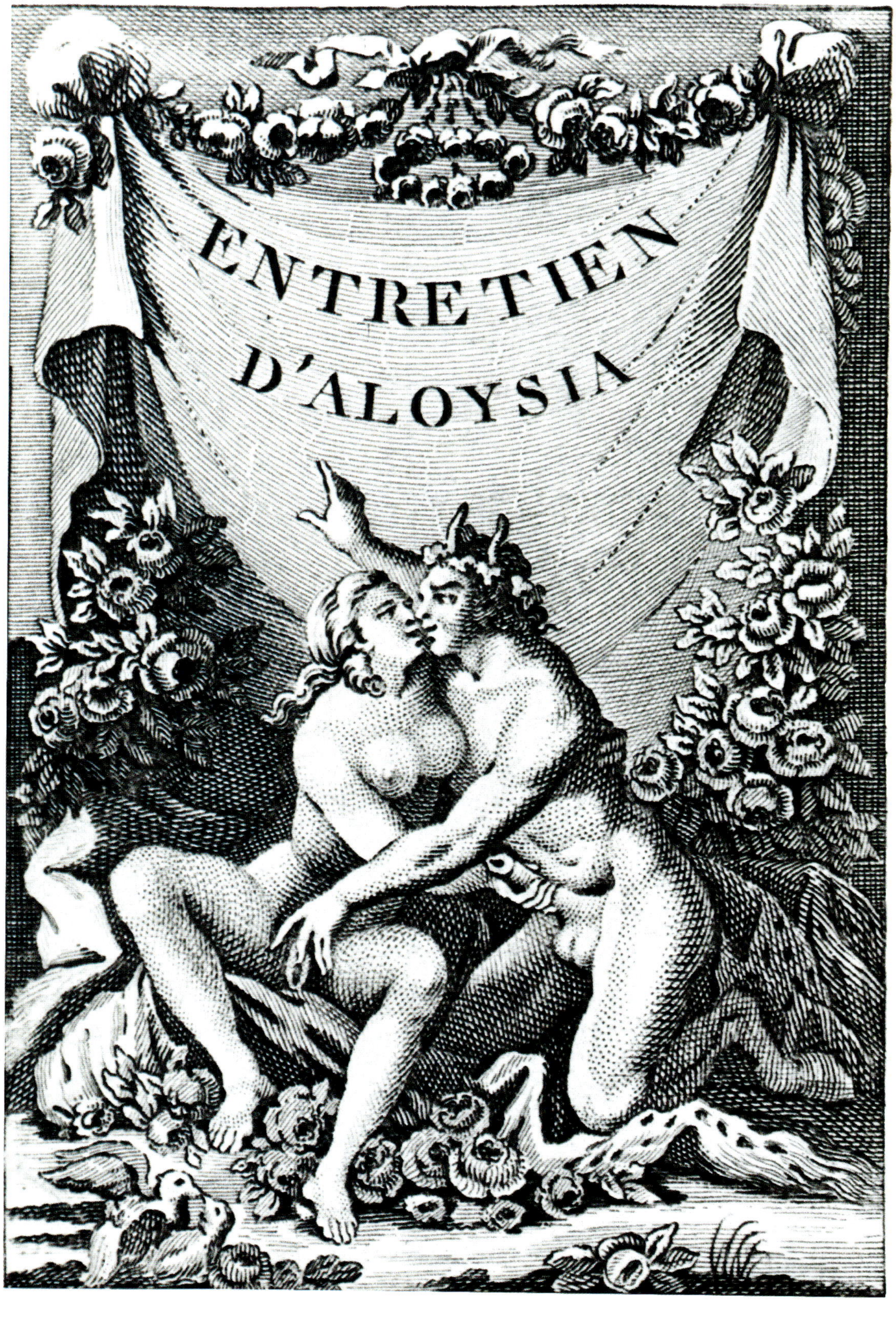
ENTRETIEN
D'ALOYSIA

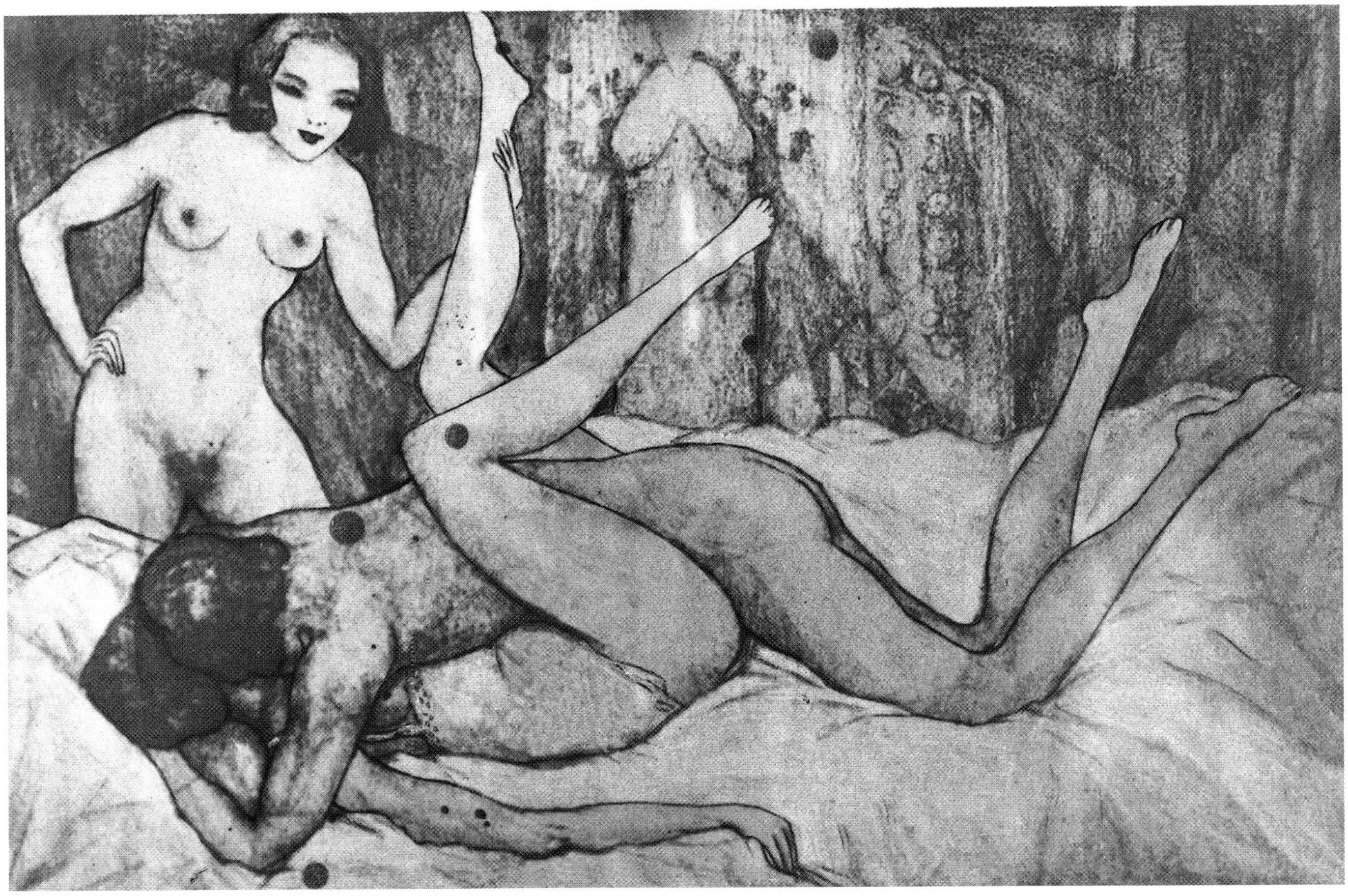

. . . .

Vorsatzpapier einer Casanova-Ausgabe, um 1925

Vorläufer der pornographischen Romane des 18. Jahrhunderts bezeichnen. Die Zahl ähnlicher Elaborate im galanten Zeitalter ist Legion. Unter den erotischen Memoiren ragen die »Erinnerungen von Jacob Casanova« hervor, einem Abenteurer großen Formats, dessen Schilderungen nicht lediglich sein eigenes Liebesleben wiedergeben, sondern darüber hinaus großen kulturhistorischen Wert beanspruchen können. Das gleiche gilt für die Memoiren des Grafen Tilly, der sie erst 1807 in Deutschland schrieb. Sie übertreffen die Memoiren des Italieners an intimem Reiz und psychologischer Feinheit. Sein Werk läßt uns die genialische Liederlichkeit des Ancien régime im grellsten Scheinwerferlicht einer nüchternen Darstellungskunst erscheinen. An der Spitze der erotischen Klatschgeschichten stehen die aufschlußreichen »Mémoires secrets« des Pidansat de Mairobert und Mouffle d'Angerville in 35 Bänden, deren durchgehendes Motiv das Galante ist. Besonders interessant sind die darin enthaltenen Notizen über erotische Schriften und Pamphlete. Im großen und ganzen bieten sie ein unübertreffliches Spiegelbild des zeitgenössischen gesellschaftlichen Lebens. Voltaire gab den Anstoß, daß Pamphletisten aus ihrer

Reserve heraustraten und an Maßlosigkeit ihrer Angriffe das Äußerste wagten. Am meisten richtete sich der Haß gegen die Königin Marie-Antoinette, die infolge ihrer ausländischen Herkunft, ihres Adelsstolzes, ihrer Verschwendung und ihres intimen Verkehrs mit stadtbekannten Wüstlingen das Volk von Anfang an gegen sich aufbrachte. Obgleich man ihr selbst eigentliche Lasterhaftigkeit nicht nachzuweisen vermochte, genügte doch schon ihre Intimität mit dem Grafen d'Artois, dem späteren Karl X., einem Wüstling Sadescher Prägung, um den Pamphletisten Gelegenheit zu geben, sie des Ehebruches und zahlreicher sexueller Laster zu verdächtigen. »Les Amours de Charlot et de Toinette« (1789) ist die bekannteste und bissigste Satire gegen sie. Die angebliche Impotenz des Königs wird hier verspottet und die Königin als ein Ausbund von Geilheit hingestellt. Alle diese Schriften wurden von England oder Holland aus verbreitet, wo die Gefahr der Bastille weniger drohte. Wie sehr die Angegriffenen diese Pamphlete fürchteten, zeigt die Tatsache, daß mehr als einmal Unterhändler im Auftrag des Königs den Pasquillanten die ganze Auflage abkauften und vernichteten. Die politisch motivierten Erotika verschwinden jedoch gegenüber der pornographischen Massenproduktion, die nichts weiter im Auge hatte als sexuelle Stimulation. Nur die bekanntesten Namen und die bedeutendsten Schriften seien kurz gestreift. Kaum eine der literarischen Größen der Zeit hat es verschmäht, ihre Feder in den Dienst der käuflichen Venus zu stellen. Crébillon der Jüngere (1707–1777) gab mit seinem schlüpfrigen Roman »Das Sofa« den Ton für eine ganze Reihe ähnlicher Produkte an. Hier erlebt ein Sofa unter schönen Frauen mancherlei, was sich gut in pikante Worte kleiden läßt. Noch unverblümter sind seine »Tableaux des moeurs du temps« (»Sittenbilder unserer Zeit«), die ein Sittengemälde der vornehmen Gesellschaft geben wollen und es bei dessen Ausmalung nicht an knalligen, grellen Farben fehlen lassen. Denis Diderot (1713–1784) schildert das tribadische Treiben in den Nonnenklöstern in seiner berühmten »Nonne« und läßt in seinen »Bijoux indiscrets« das weibliche Kleinod über den Wert oder Unwert der Tugend philosophieren. Jean-Baptiste Louvet de Couvray (1760–1797) entrollt in seinem »Faublas« ein farbenprächtiges Gemälde der leichtsinnigen vornehmen Welt dieses Jahrhunderts, unter sorgfältiger Vermeidung störender Schatten, während sein Gegenpart, Choderlos de Laclos (1741–1803), in seinen »Liaisons dangereuses« die ganze Verderbtheit der Zeit in einigen typischen Vertretern der lasterhaften Welt vor unseren Augen vorüberziehen läßt. Restif de la Bretonne (1734–1806), ein Vielschreiber, dem die Literaturgeschichte kaum ein Pendant zur Seite zu stellen hat, gefällt sich in exhibitionistischer Entkleidung seiner Empfindungen und beschreibt seine Liebesabenteuer, seine Eroberungen, kurz seinen ganzen erotischen Werdegang. In der Beibringung von Tatsachenmaterial hat er sittengeschichtlich Bedeutung erlangt. Das berüchtigte Buch des Marquis de Sade, »Justine et Juliette«, ist das Meisterwerk einer verbrecherischen Phantasie. Menschen kommen für Sade nur in Betracht, soweit sie seiner höllischen Wollust dienen, und diese wird zur höchsten Potenz aufgestachelt bei den gräßlichen Martern, die anderen bereitet werden. Grausamkeit ist für ihn die erste Tugend und noch erstrebenswerter, wenn sie sich in Verbindung mit sexueller Aktivität manifestiert. Gegenüber Sade verblassen andere Pornographen wie Mirabeau (1749–1791) und Nerciat. Denn ersterer schrieb entweder aus Not oder während seiner Gefangenschaft zur Abreagierung libidinöser Triebe. »Erotika biblion« soll beweisen, daß bei den alten Völkern, insbesondere bei den Juden, dieselbe geschlechtliche Erregbarkeit gang und gäbe war wie zu seiner Zeit. Sein laszivstes Werk, »Ma conversion« (1783), ist ganz auf dem Motiv des seine Potenz verkaufenden Mannes aufgebaut. Ein den französischen Hofkreisen angehörender Kavalier vergibt seine Gunst der Reihe nach an alte, an mehr oder minder häßliche, aber stets reiche Damen gegen Bezahlung, um auf diese Weise seine kostspielige Lebensweise weiterführen zu können. Die Drucklegung erfolgte auch, wie Mirabeau selbst zugesteht, lediglich des Geldes wegen, da er zur Zeit der Abfassung tief in Schulden steckte. Trotzdem haben wir in dem Werk ein getreues Spiegelbild zeitgenössischer Sitten. Nerciat ist als Schriftsteller des 18. Jahrhunderts durch seinen Geist und seinen Stil ausgezeichnet. Seine Dialogführung ist glänzend und verrät ein bedeutendes dramatisches Geschick. Auch in seine erotischen Szenen weiß er Abwechslung zu bringen. Sein Hauptwerk ist »Felicia ou mes fredaines«, Paris 1775 (2 Bände). Die Person der Felicia ist, wie es scheint, keine Phantasiegestalt, sondern existierte wohl in Wirklichkeit. Sie war eine Freundin des Verfassers und begegnet uns in »Monrose« und den »Aphroites« wieder. Die Heldin erblickt auf einer Korsarenbarke das Licht der Welt. Ein Italiener adoptiert sie und läßt ihr eine ausgezeichnete Erziehung angedeihen. Frühzeitig erwachen ihre erotischen Neigungen, und mit 14 Jahren verdreht ihr ein kleiner Tanzmeister den Kopf. Mit 19 Jahren verliebt sie sich in den Chevalier d'Aiglemont. Dann kommt ein Prälat an die Reihe. Ihre Abenteuerlust zieht sie nach Paris. Unterwegs wird sie von Räubern überfallen, aber von einem jungen ritterlichen Helden, Monrose, befreit. Ihre Liebesabenteuer mit ihm füllen die erste Hälfte des zweiten Bandes. Beide verschmähen es jedoch nicht, trotz ihrer großen Liebe zueinander, in fremden Jagdrevieren zu wildern. Felicia gerät an einen reichen Engländer, Lord Sidney, der einer sonderbaren Neigung frönt. Er lädt junge Paare und hübsche Mädchen auf sein Schloß und belauscht sie ungesehen, denn das Schloß hat doppelte Wände. Episode reiht sich an Episode, und eine Unzahl von Personen tritt auf. Ihren Kulminationspunkt erreichte die erotische Literatur der galanten Zeit

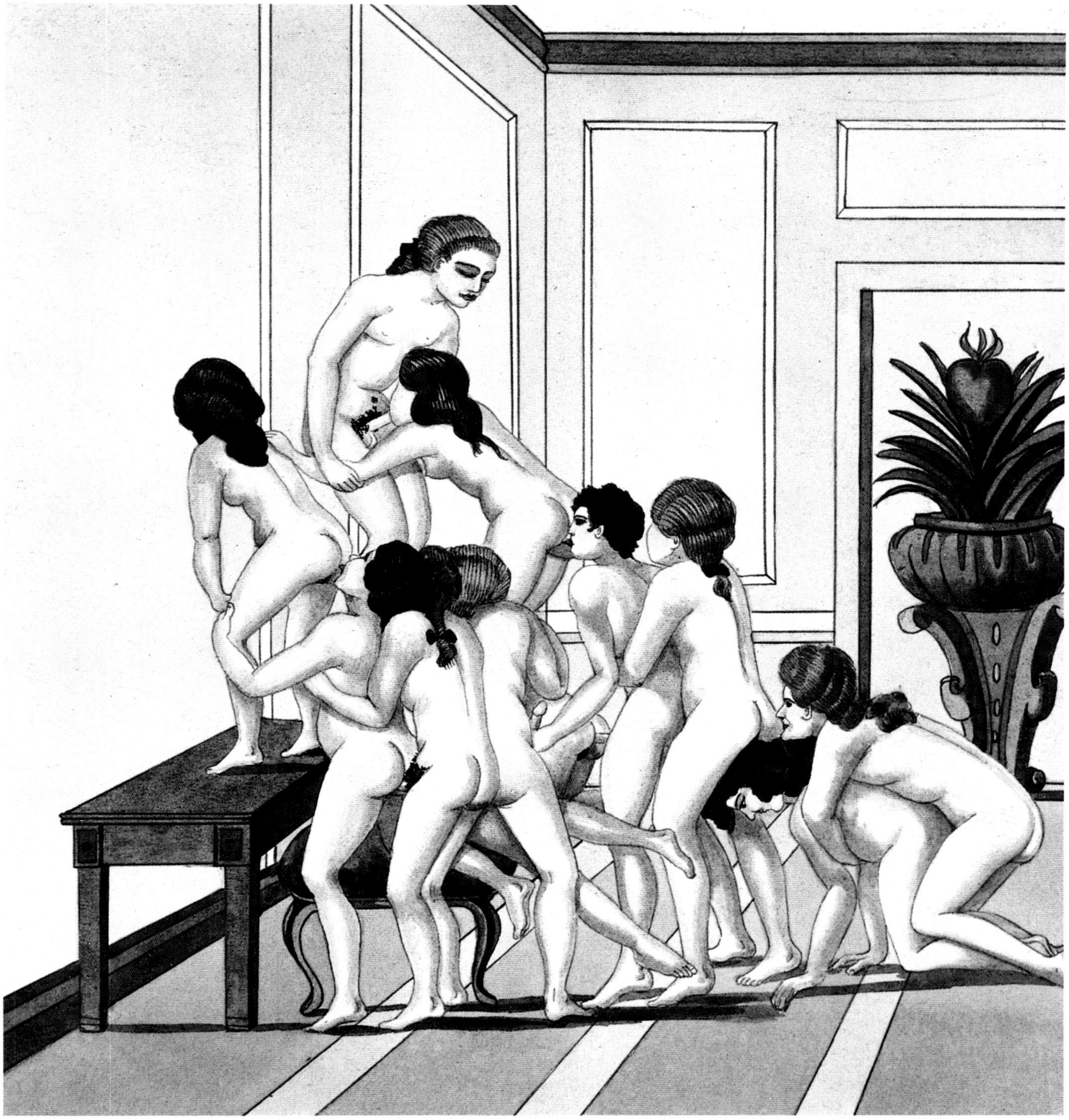

Anonyme Illustration einer modernen Sade-Ausgabe

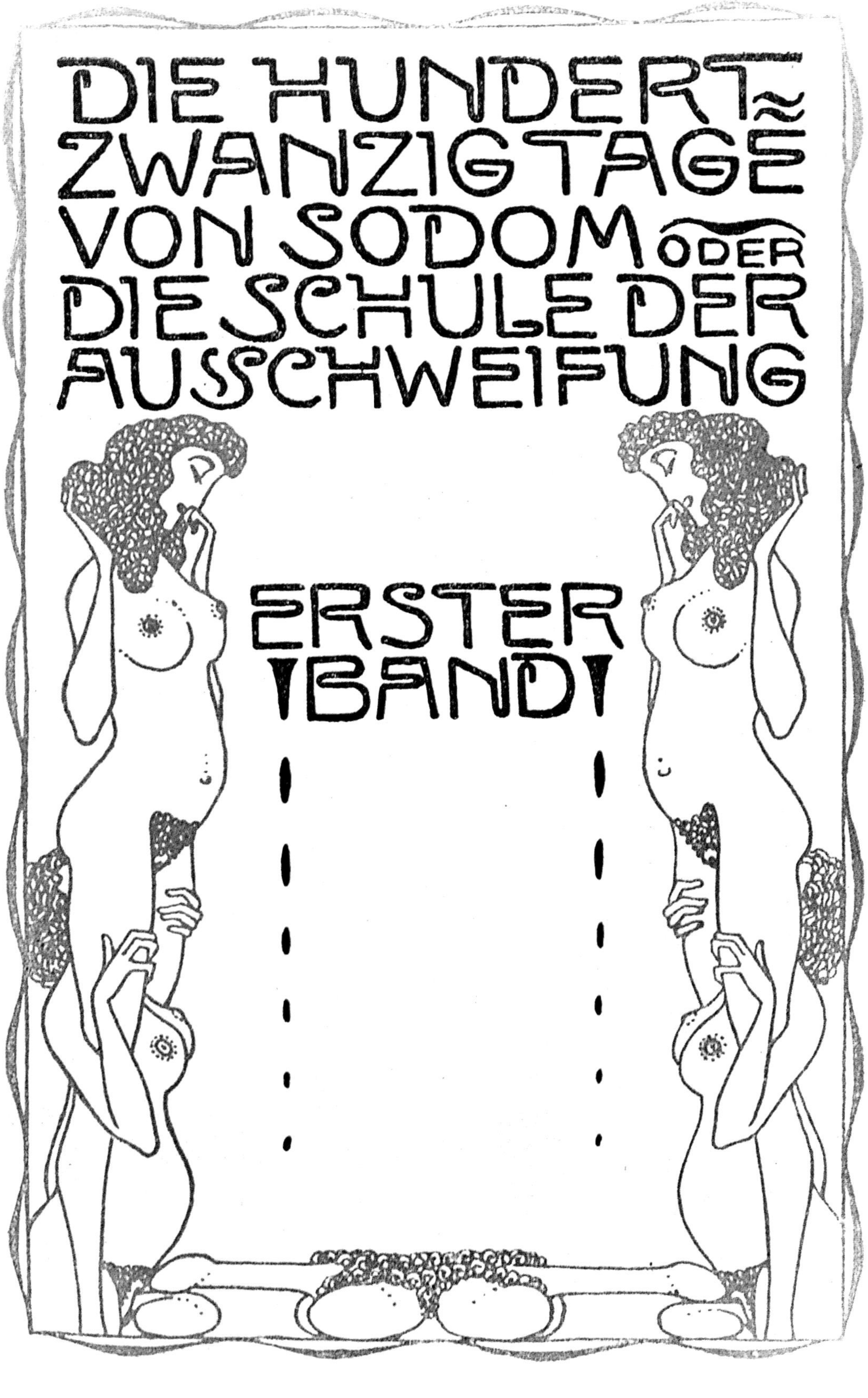
DIE HUNDERT=
ZWANZIG TAGE
VON SODOM ODER
DIE SCHULE DER
AUSSCHWEIFUNG
ERSTER
BAND

linke Seite: Titelblatt einer deutschen Ausgabe des Marquis de Sade von Karl Maria Diez, Leipzig 1909

mit dem Marquis de Sade (1740–1814). In seinen Werken ist alles vereinigt, was sich wüsteste Phantasie ersinnen kann, eine Umkehrung aller Werte. Das Gute wird in den Schlamm getreten, dem Verwerflichen ein Loblied angestimmt und der Abschaum der Menschheit als führende und erlauchte Geister sowie als erstrebenswertes Ideal hingestellt. De Sade paßte in die Zeit der französischen Revolution, in der die Köpfe reihenweise abgeschlagen wurden; er war ihr typischer Repräsentant. Flaubert urteilt treffend über ihn: »Sade ist das letzte Wort des Katholizismus. Aus Sade spricht der Geist der Inquisition, der Geist der Folterstrafe, der Geist der mittelalterlichen Kirche, der Abscheu vor der Natur.« 1791 erschien seine »Justine«, die in ihrer ersten Auflage nur obszön ist, ohne die blutrünstigen Ereignisse der späteren Auflagen aufzuweisen. 1797 kam die gemeinschaftliche Ausgabe der »Justine et Juliette« mit 104 Illustrationen heraus. Das Rokoko kann man mit Fug und Recht als das klassische Zeitalter der erotischen Literatur bezeichnen. Dieser ungeheuren Produktivität, die jedem Geschmack gerecht wurde, mußte aber naturgemäß eine dementsprechende Nachfrage gegenüberstehen. Wenn die Zahl der Titel schon um 1760 trotz mancher polizeilicher Schikanen eine für unsere Begriffe exorbitante Höhe erreicht hatte, so wuchs sie, je näher die Revolution herannahte, und selbst nach dieser politischen Explosion ins Ungeheure. Mercier berichtet darüber aus dem Jahre 1796: »Man stellt nur noch obszöne Bücher aus, deren Titel und Kupferstiche der Scham Hohn sprechen. Überall verkauft man diese Ungeheuerlichkeiten, auf Tischkörben, an den Seiten der Brücken, an den Türen der Theater, auf den Boulevards. Das Gift ist nicht teuer. 10 Sous das Stück. Die ausgelassensten Erzeugnisse der Wollust überbieten einander und greifen ohne Zügel und ohne Scheu den öffentlichen Anstand an.« Das Ancien régime erstrebte die Steigerung der sinnlichen Genüsse ins Endlose, die Variierung der sinnlichen Lust bis ins kleinste Detail. Literatur und Kunst dienen lediglich als Dienerinnen beim Tanz um Priaps Wahrzeichen. Mag nun das Sujet aus der Mythologie oder aus dem täglichen Leben gegriffen sein, gleichviel, die Vorliebe für das stark Pikante, für das Unterstreichen der

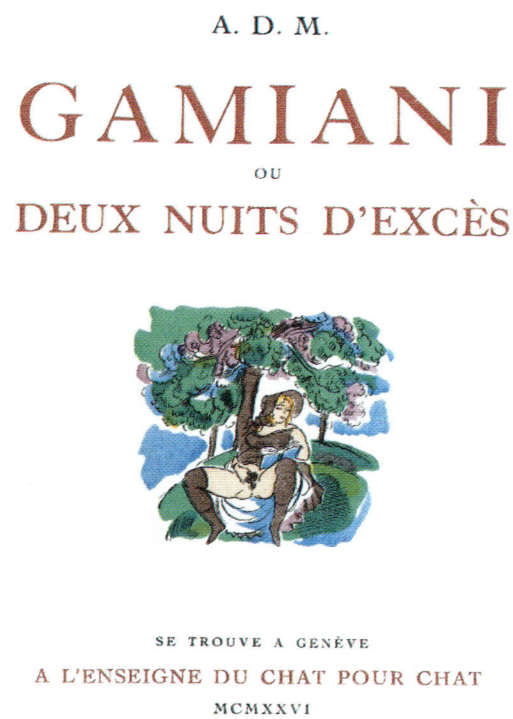

A. D. M.

GAMIANI

OU

DEUX NUITS D'EXCÈS

SE TROUVE A GENÈVE

A L'ENSEIGNE DU CHAT POUR CHAT

MCMXXVI

Titelblatt einer französischen Luxusausgabe, 1926

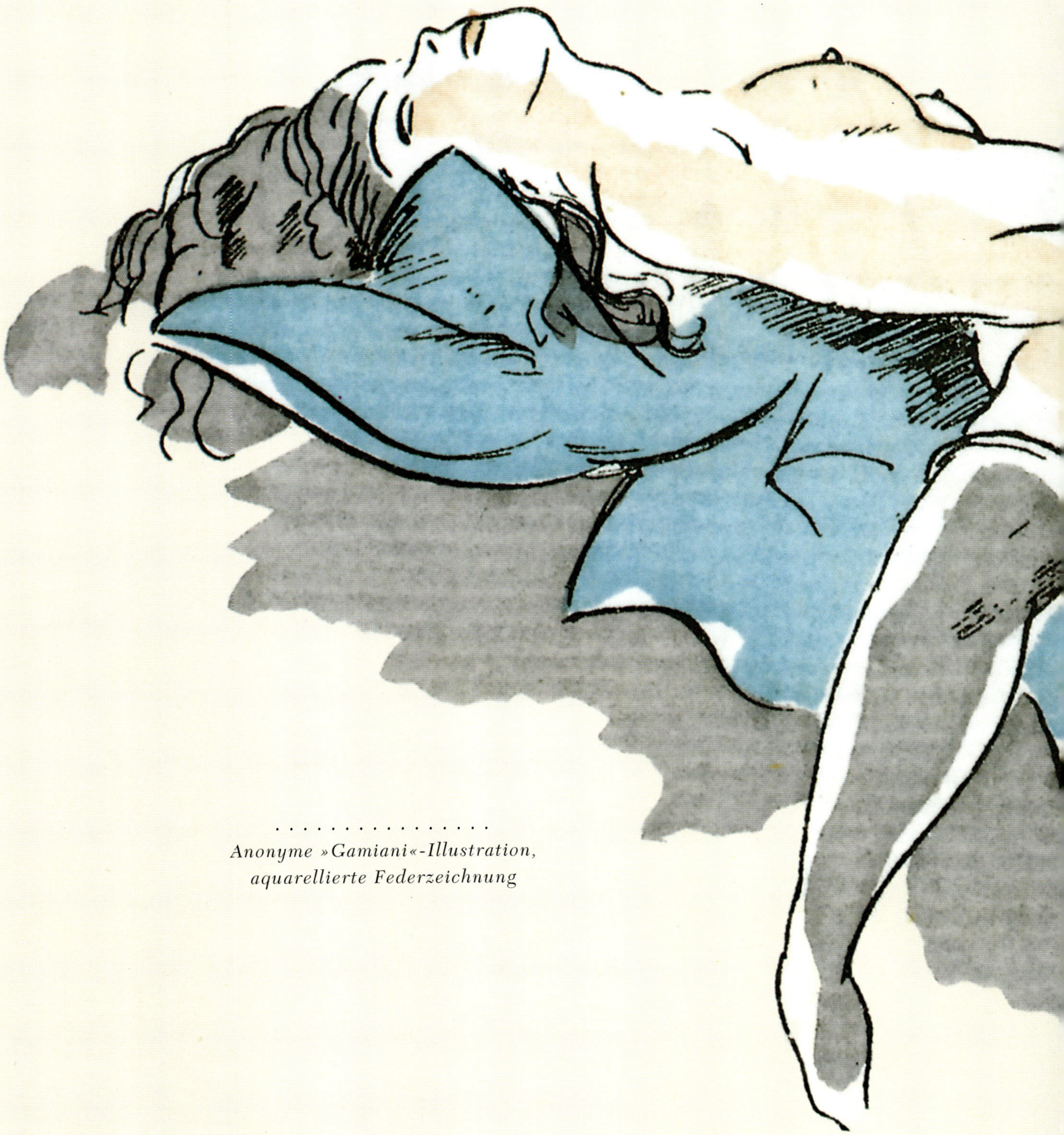

Anonyme »Gamiani«-Illustration,
aquarellierte Federzeichnung

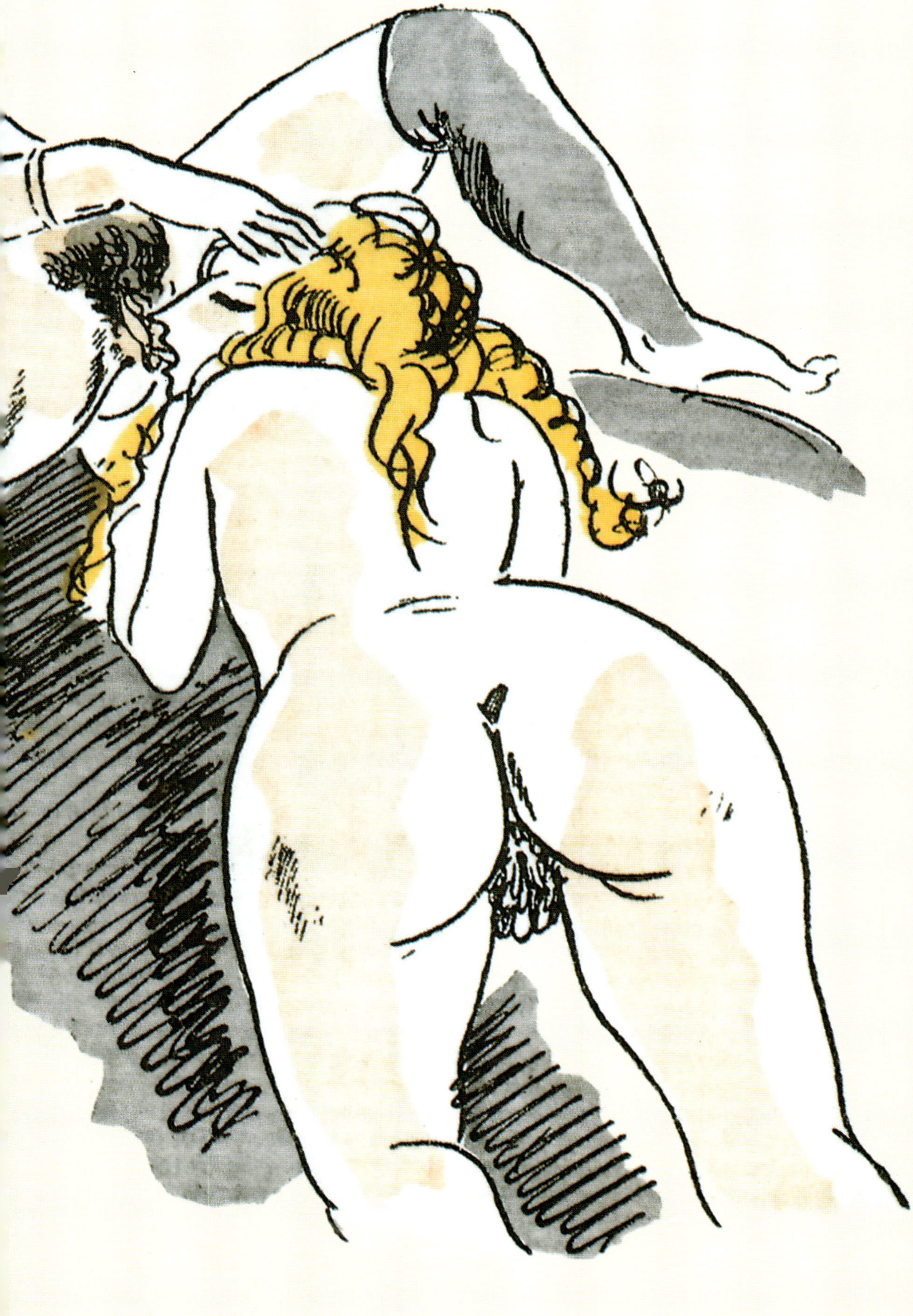

*rechte Seite:
Zwei weitere Beispiele von »Gamiani«-Illustrationen, oben eine anonyme Lithographie, unten eine aquarellierte Federzeichnung*

sexuellen Note findet sich unverkennbar allen Kunsterzeugnissen aufgeprägt. Nicht die Nacktheit als solche schätzt man, denn ohne jede Nebenabsicht dargestellt, wirkt sie keusch. Was aber fangen die genußlüsternen Damen und Kavaliere dieser Zeit mit diesem fremdartigen Begriff »Keuschheit« an? Genuß ist die Lösung, also hat sich auch der bildende Künstler bei der Buchillustration diesem Verlangen zu unterwerfen.

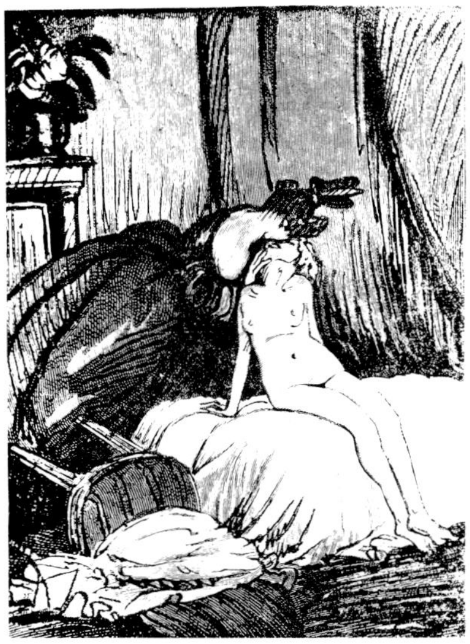

Holzstich von Daragues zu einer Luxusausgabe von »Gamiani«

Die bedeutendste erotische Erzählung des 19. Jahrhunderts, »Gamiani ou deux nuits d'excès par A.D.M.«, stammt von Alfred de Musset (1810–1857). Über die Entstehungsgeschichte sind zwei Versionen im Umlauf. Nach der einen, die man auch für Vivant Denons »Eine einzige Nacht« in Anspruch nimmt, soll in Gesellschaft mehrerer Bohemiens die Rede auf die Minderwertigkeit der erotischen Literatur gekommen sein. Man könne kein derartiges Werk schreiben, ohne mit Obszönitäten um sich zu werfen. Musset bestritt dies und erbot sich zum Beweis des Gegenteils. Nach drei Tagen las er die Gamiani vor, die doch alles sagt und kein unflätiges Wort gebraucht. Nach der anderen Version ist das Schriftchen ein Pamphlet gegen Mussets Geliebte George Sand. Die beiden unternahmen bekanntlich 1834 eine Reise nach Venedig, wo Musset von einem Gehirnfieber befallen wurde. Während seiner Krankheit soll ihn die Sand mit einem Italiener betrogen haben, weshalb er sie verließ. Die Verlassene streute nun das Gerücht aus, er sei impotent. Aus Rache dafür stellte Musset die Sand unter der Type Gamiani als Tribade dar. Diese Version findet sich auch in den »Memoiren einer Sängerin«. Das Werk wurde nur für einen engeren Freundeskreis gedruckt, wozu der Verfasser noch vier laszive Zeichnungen lieferte. Durch Indiskretion kam das Manuskript in die Hände eines Brüsseler Verlegers, der es in Großquart erscheinen ließ. Der Text ist auf 28 Seiten lithographiert. Beigegeben sind ein Frontispiz und elf kolorierte Lithographien, sieben von Deveria, die übrigen von Grevedon. Es existieren heute zahlreiche Übersetzungen mit neueren Illustrationen. In einer Tagebuchnotiz vom 17. Februar 1882 entrüsten sich die Brüder Goncourt mit Recht über die schmutzige Scheinheiligkeit gewisser Kritiker. Einer dieser Herren hatte erklärt, daß er gegen seinen Willen einen Blick in die Werke des Marquis de Sade habe tun müssen. Dieser Tage nun, fährt die

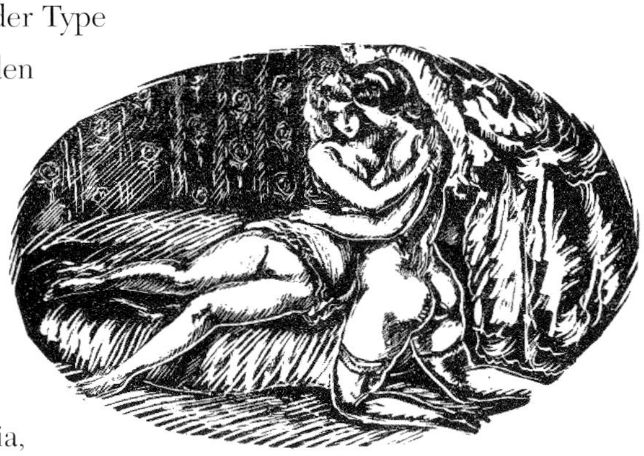

Anonymer Holzschnitt zu einer »Gamiani«-Illustration

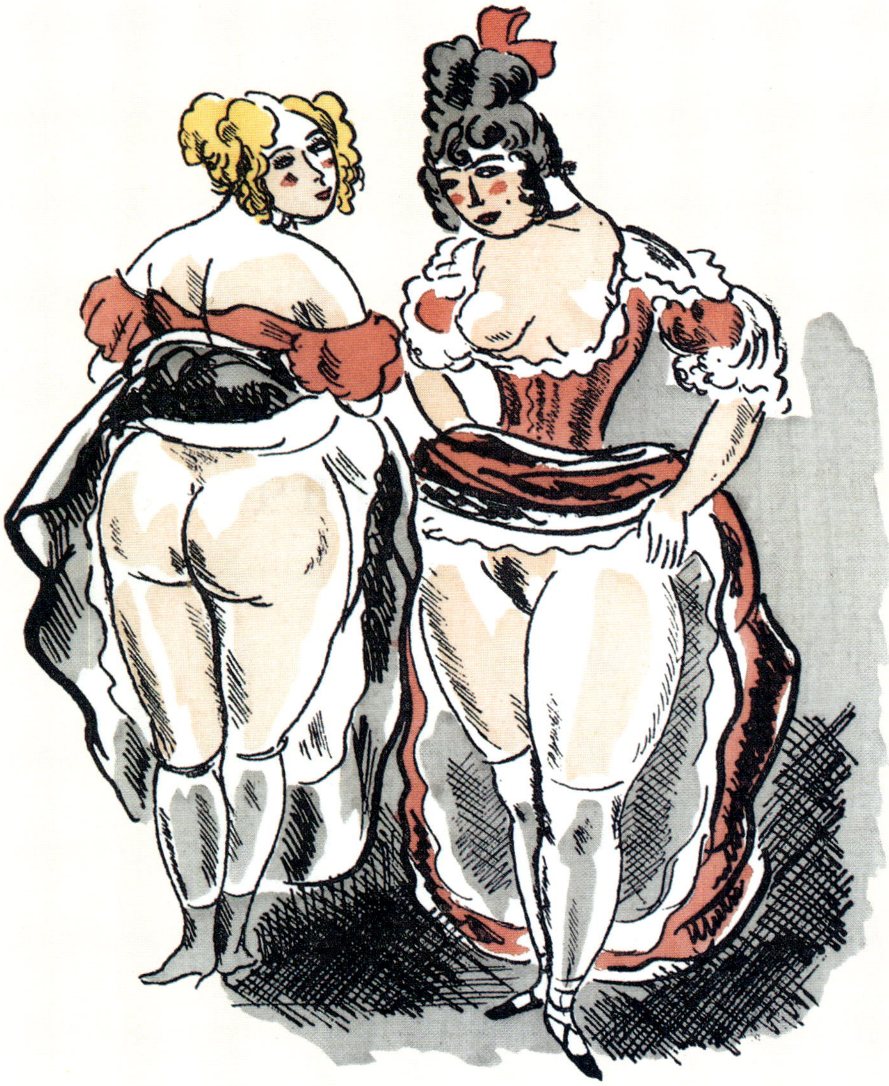

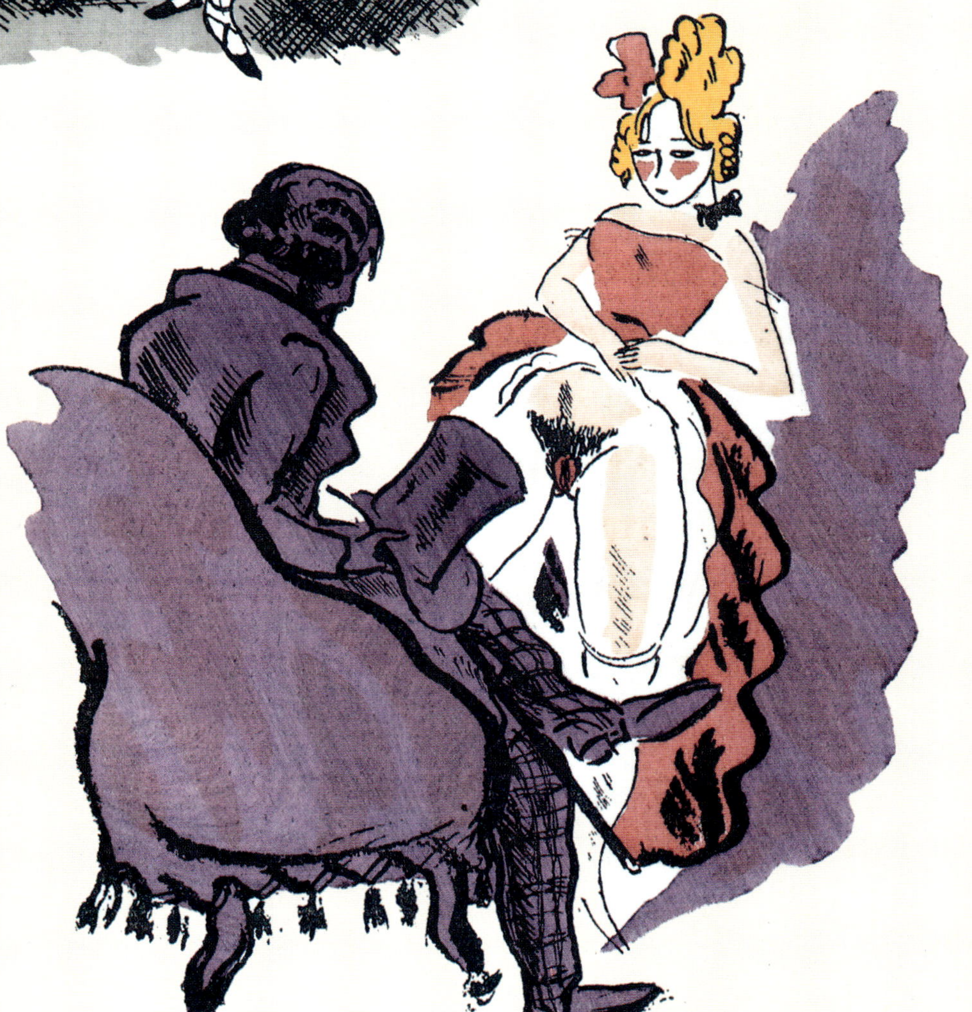

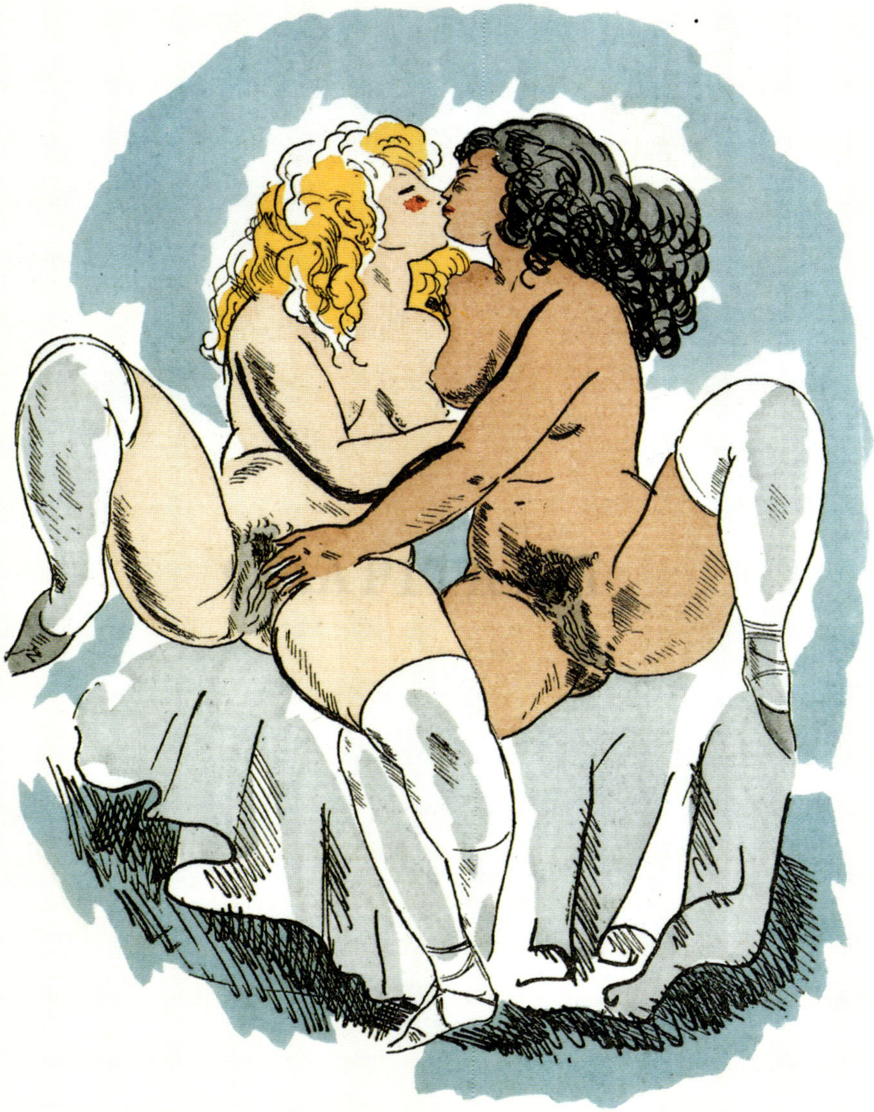

. . . .

»Die Memoiren einer Sängerin« wurden bald nach Erscheinen ins Französische übersetzt und – selten genug für ein deutsches Erotikon – in Frankreich ein großer Erfolg. Es erschienen zahlreiche französische Ausgaben mit meist anonymen Illustrationen

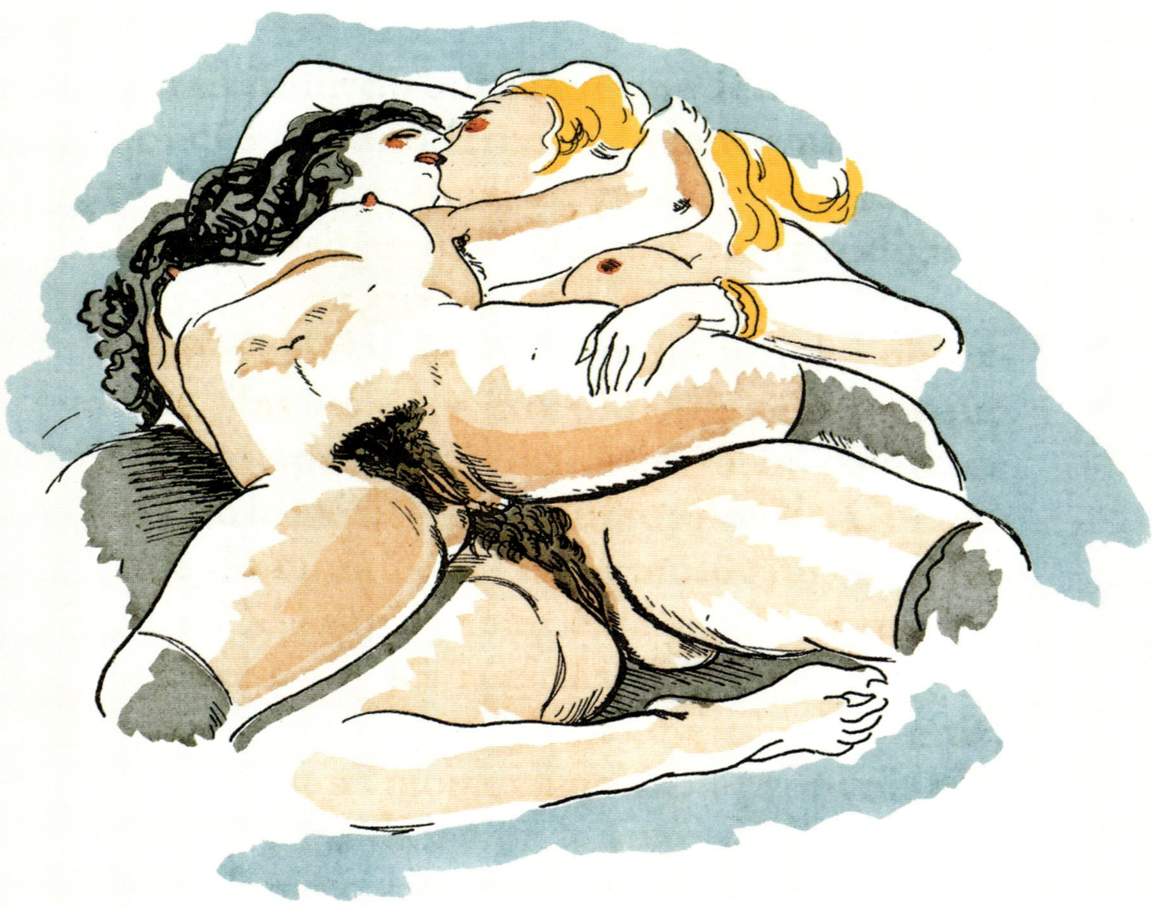

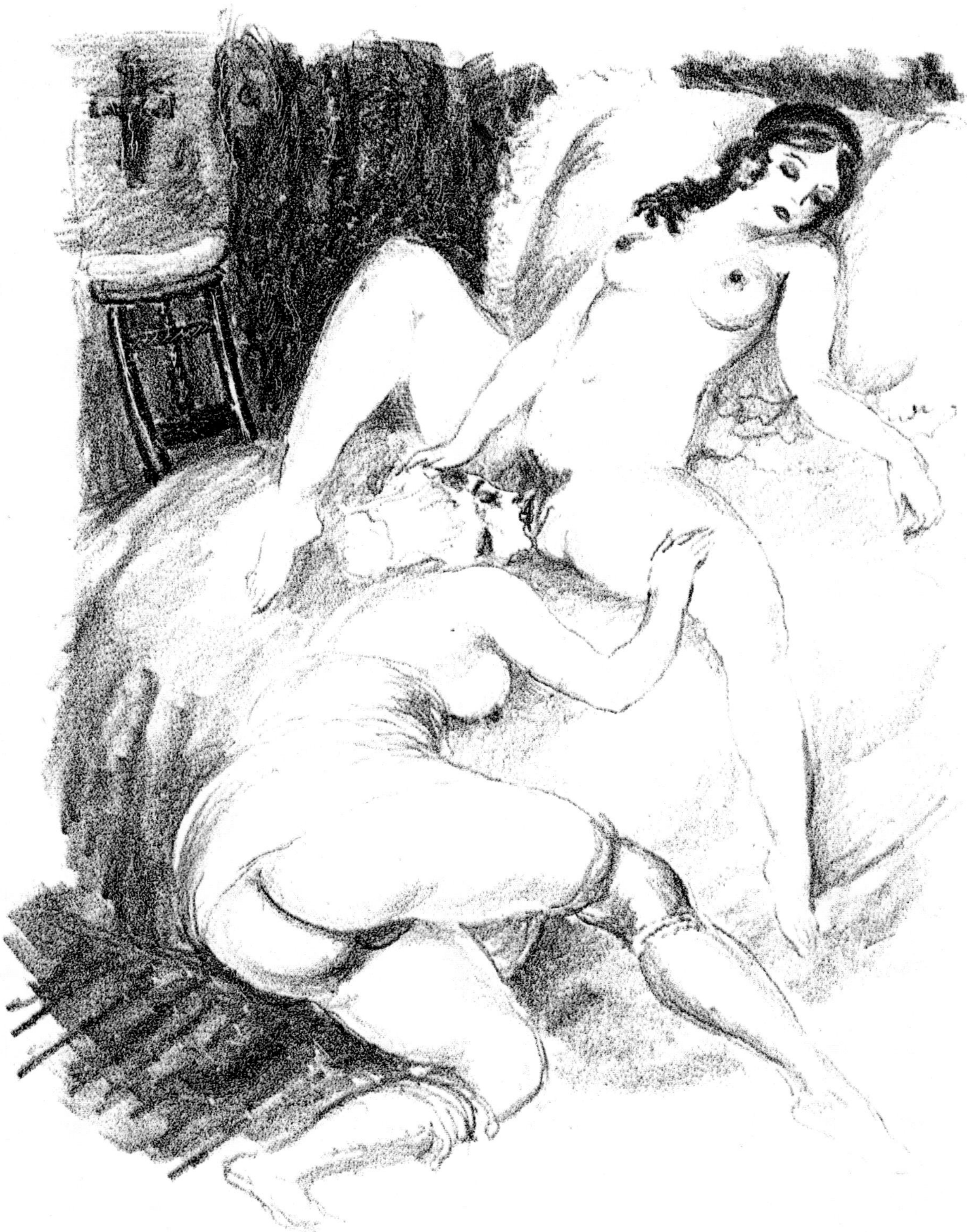

Notiz fort, erklärte mir Maupassant, daß dieser selbe Kritiker ihn gebeten habe, ihm von Kistemaeckers und anderen belgischen Verlegern eine Sendung unzüchtiger Bücher zu besorgen, die jenseits der Grenzen erscheinen. Warum wurde nun gerade Guy de Maupassant (1850-1893) mit dieser Aufgabe betraut? Die Vermutung liegt nahe, daß der Kritiker bei seinem Beauftragten eine besondere Vorliebe und eine gewisse Vertrautheit mit dieser Art literarischer Produktion voraussetzte und ferner wohl mit Recht vermutete, daß Maupassant Verbindungen zu dieser Sorte von Verlegern hatte. Dann dürfte es wahrscheinlich sein, daß Maupassant entweder selbst Liebhaber erotischer Literatur war oder daß man in Freundeskreisen von seiner eigenen Tätigkeit auf diesem Gebiete wußte. Und letztere ist tatsächlich belegt. Es existiert eine gewagte Groteske von ihm. Sie führt den Titel »La maison turque à la feuille de Rose« und wurde gemeinsam mit Robert Pinchon verfaßt. Das Manuskript, auf dem die Autoren sich nicht nennen, wurde von dem Maler Leloir mit Zeichnungen versehen und befindet sich in dem Besitz des Malers Le Pottevin, eines Vetters von Maupassant. Das Stück ist nach des Verfassers eigenem Ausspruch »furchtbar unanständig« und nach der Angabe des »Illustré parisien« vom 23. Februar 1903 »schlüpfrig, um einen Unteroffizier erröten zu lassen«. Die Maison turque ist ein Bordell. Maupassant selbst spielte den Bordellhalter. Das Stück wurde 1875 im Atelier des Malers Leloir, ein zweites Mal 1877 bei dem Maler Becker aufgeführt. Flaubert, Turgenjew, Zola und andere waren Zuschauer. Zola blieb ernst, Turgenjew applaudierte, Flaubert erfrischte sich an dem frechen Liebesspaß. Eine Zuschauerin, Suzane Lagier, verließ unter Protest das Lokal. Die Frauen, acht an der Zahl, sollten nach einem Briefe Maupassants maskiert erscheinen. Noch zwei andere Werke wurden mit Maupassant in Zusammenhang gebracht. Zunächst »Les cousines de la colonelle«. (Die erste Ausgabe erschien in zwei Teilen, der erste 1880, der zweite 1885 mit einem Titelblatt von Rops bei Gay et Douce in Brüssel.) Gay nennt diskreterweise Maupassant nicht als Verfasser, obwohl er als Verleger ihn kennen mußte. Es enthält die Geschichte zweier Schwestern, von denen die eine eine normale Ehe mit einem schwächlichen Gatten, die andere, ohne den Ring am Finger, einen Liebesbund mit dem Geliebten schließt, davon aber enttäuscht wird.

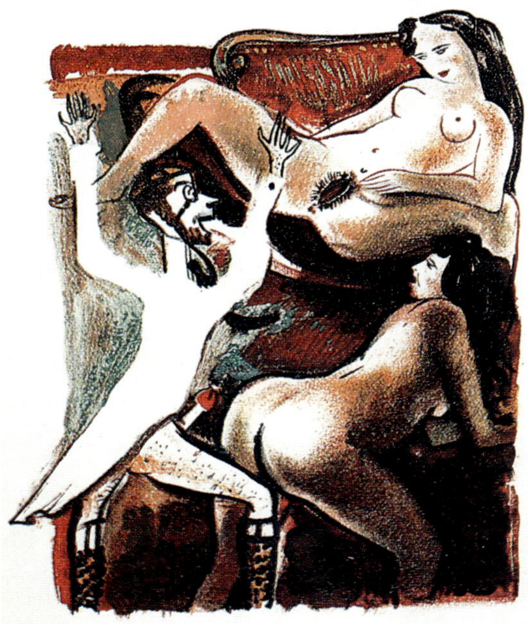

Titelillustration zu »La maison turque à la feuille de Rose«

Die wirklich erotischen Szenen sind mit großer Zurückhaltung ausgemalt. Maupassant hat die Verfasserschaft entschieden in Abrede gestellt. Zu allen Zeiten gab es neben der erotischen Literatur auch Pornographie. Die Grenzen zwischen beiden sind fließend. Will man die Begriffe definieren, kann man sagen, daß Pornographie sich von der erotischen Literatur dadurch unterscheidet, daß sie keine literarische Ambition hat, sondern ausschließlich sexuelles Interesse erregen will. »Ein Sommer auf dem Lande« ('Un été à la Campagne'), von einem anonymen Verfasser mit Geist und Witz in der Form eines Briefromans geschrieben, gehört dagegen eindeutig zur erotischen Literatur. Die Bibliographen schreiben das Werk übereinstimmend dem Erfolgsautor Gustave Droz zu, der von 1832 bis 1915 lebte. Der Dichter Guillaume Apollinaire, der Droz noch persönlich gekannt hat, schreibt im Vorwort einer 1911 veröffentlichten Ausgabe, daß Droz die literarische Vaterschaft nicht abgestritten habe. Der Roman besteht aus 24 Briefen, die Adèle und Albertine über ihre Liebesabenteuer wechseln. Der sechste Brief lautet auszugsweise: Adèle an Albertine B..., den 16. Mai 18... Freue Dich, liebe Albertine, denn da kommt die ersehnte Neuigkeit, und wenn Du nicht zufrieden bist, liegt es daran, daß Du zu schwer zufriedenzustellen bist. Gestern, am Tage, erhielt meine Tante einen Brief aus Afrika, der ihr große Freude verursachte; ihr Mann befindet sich wohl, und seine Abwesenheit wird nicht mehr so lange dauern, als wir anfänglich glaubten. Sie begab sich früh auf ihr Zimmer, ich machte es ebenso, denn es hielt mich weiter nichts zurück. Ohne an irgend etwas Böses zu denken, legte ich mich schlafen, als mich die Laune überkam, mein Guckloch zu besuchen; glücklicherweise, denn ohne das wäre mir das sonderbarste Schauspiel entgangen, das man sich denken kann. Meine Tante saß im Nachthemd in einem Sessel, mir gerade gegenüber, voll beleuchtet von einer Lampe, die auf einem kleinen Tisch stand; sie war damit beschäftigt, den Brief ihres Mannes noch einmal zu lesen. Der Brief enthielt anscheinend große Zärtlichkeiten, denn der Blick und die

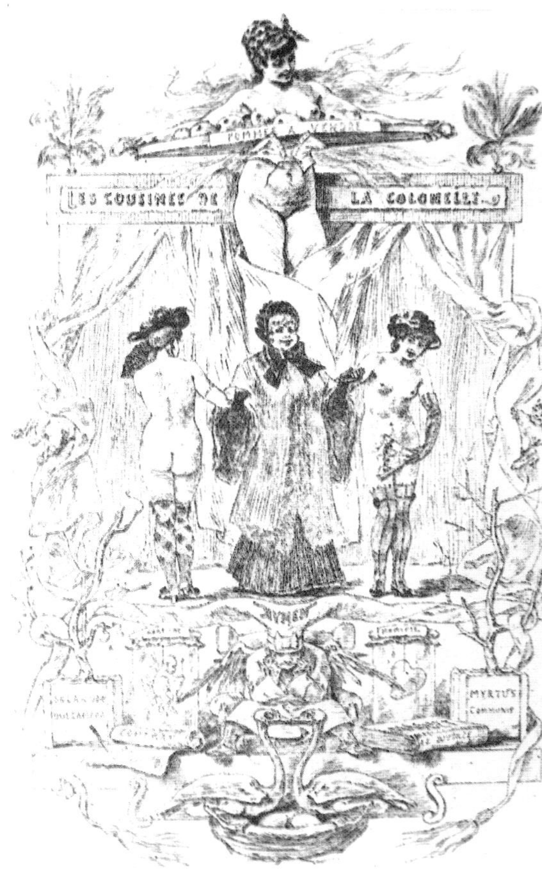

oben und folgende Doppelseite: Drei Titelblätter verschiedener Ausgaben der zweiteiligen Ausgabe »Die Nichten der Frau Oberst«. Das Blatt oben stammt von Félicien Rops

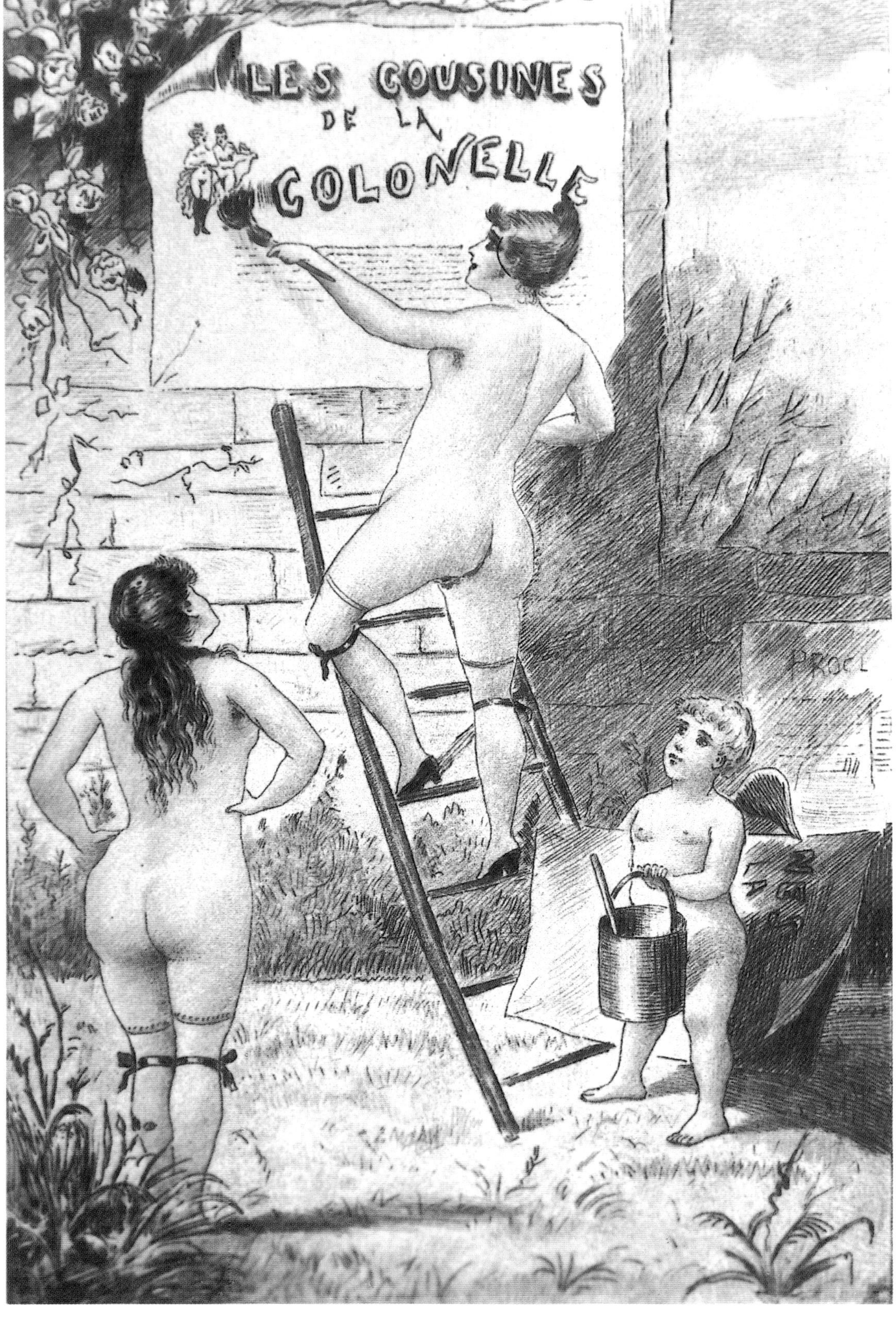
LES COUSINES
DE LA
COLONELLE

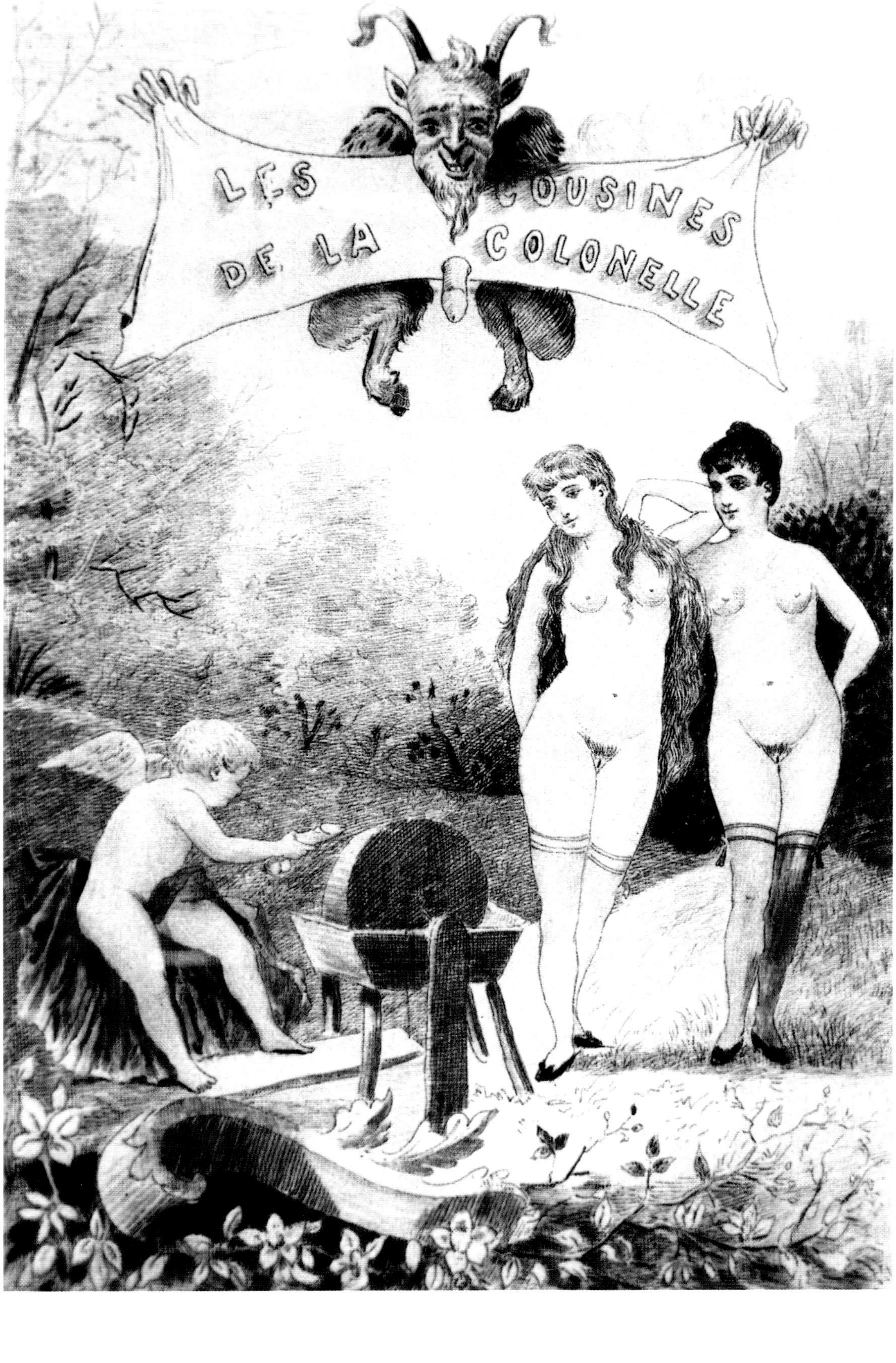
LES COUSINES
DE LA COLONELLE

Gesichtszüge der Leserin waren sehr belebt. Plötzlich schließt sich ihr Auge, ihr Kopf sinkt matt auf das Rückenkissen des Sessels, ihre linke Hand, die den glühenden Brief hielt, läßt diesen auf den Tisch fallen, während ihre Rechte ganz langsam herab gleitet, das Hemd ergreift und es mit einer kaum bemerkbaren Bewegung etwas hebt, immerhin hoch genug, um mir eine Muschel vom schönsten Braun in ihrem ganzen Umfange zu zeigen, kokett geformt, niedlich frisiert, die mir sofort eine andere ins Gedächtnis zurückrief, die Dir nicht ganz unbekannt ist. Hierauf tappt diese verbrecherische Hand, immer zögernd, langsam weiter, ohne etwas Übles vorzuhaben – wie es schien –, heimtückisch geleitet zwischen den beiden herrlichen, halbgespreizten Schenkeln und macht sich da mit Entschiedenheit und Fleiß ans Werk. Bis jetzt nichts Erstaunliches, wirst Du mir sagen; meine Tante ist gezwungen, in Gedanken an ihren abwesenden Gatten, den sie liebt, das Mittel anzuwenden, dessen wir arme Mädchen uns so oft wie möglich bedienen, um unsere Leere des Herzens zu vertreiben, in der Hoffnung, daß irgendein liebenswürdiger Kavalier uns diese Arbeit bald ersparen möchte. Geduld nur – das Überraschende, hier ist's: Meine Tante, die immerhin sehr erregt schien, hält plötzlich ein, wie von einem augenblicklichen Gedanken erfaßt – ahnte sie, daß sie belauscht wurde? Einen Augenblick hatte ich Angst, aber es war nichts –, wendet sich zu ihrem Schrank, nimmt aus einer wohlverschlossenen Schublade eine schöne längliche Schachtel, öffnet sie und zieht ... ja, wie nur beschreiben, was sie da herauszieht? ... ein sonderbares Instrument, rund, lang, aber ich weiß wirklich nicht, womit zu vergleichen. Sie nimmt es prüfend in die Hand, betrachtet es mit liebevollem Blicke, und nimmt sich setzend die Stellung wieder ein, die ich Dir eben erst beschrieben habe. Dann räumt sie mit der linken Hand die Hindernisse hinweg, hält mit der rechten ihren eigenartigen Genossen und läßt ihn in einem gewissen Zufluchtsort verschwinden, wo er sich zwischen engen Mauern gefangen sieht. Ein Kampf entwickelt sich sogleich, der neue Ankömmling scheint meine unglückliche Tante blutgierig anzugreifen, deren schöner Körper aufs heftigste zittert und zuckt, und die, bald besiegt, ermattet in sich selbst zusammensinkt. Einige Augenblicke blieb meine Tante bewegungslos auf ihrem Sessel, in einer Stellung, die einem Maler nicht oft zur Wiedergabe geboten wird. Endlich kam sie wieder zu sich, gab der Schlange, die sie unklugerweise an ihrem Busen genährt hatte, die Freiheit wieder, legte sie auf ihren Nachttisch, ging zu Bett und löschte das Licht aus. Lebe wohl, liebe Albertine, antworte mir schnell und sage mir, was Du von alldem hältst. Deine Adèle

Kurz nach der ersten Veröffentlichung in Frankreich erschien der Roman »Un été à la Campagne« von Gustave Droz als deutsche Übersetzung »Ein Sommer auf dem Lande«. Titelbild der französischen Erstausgabe

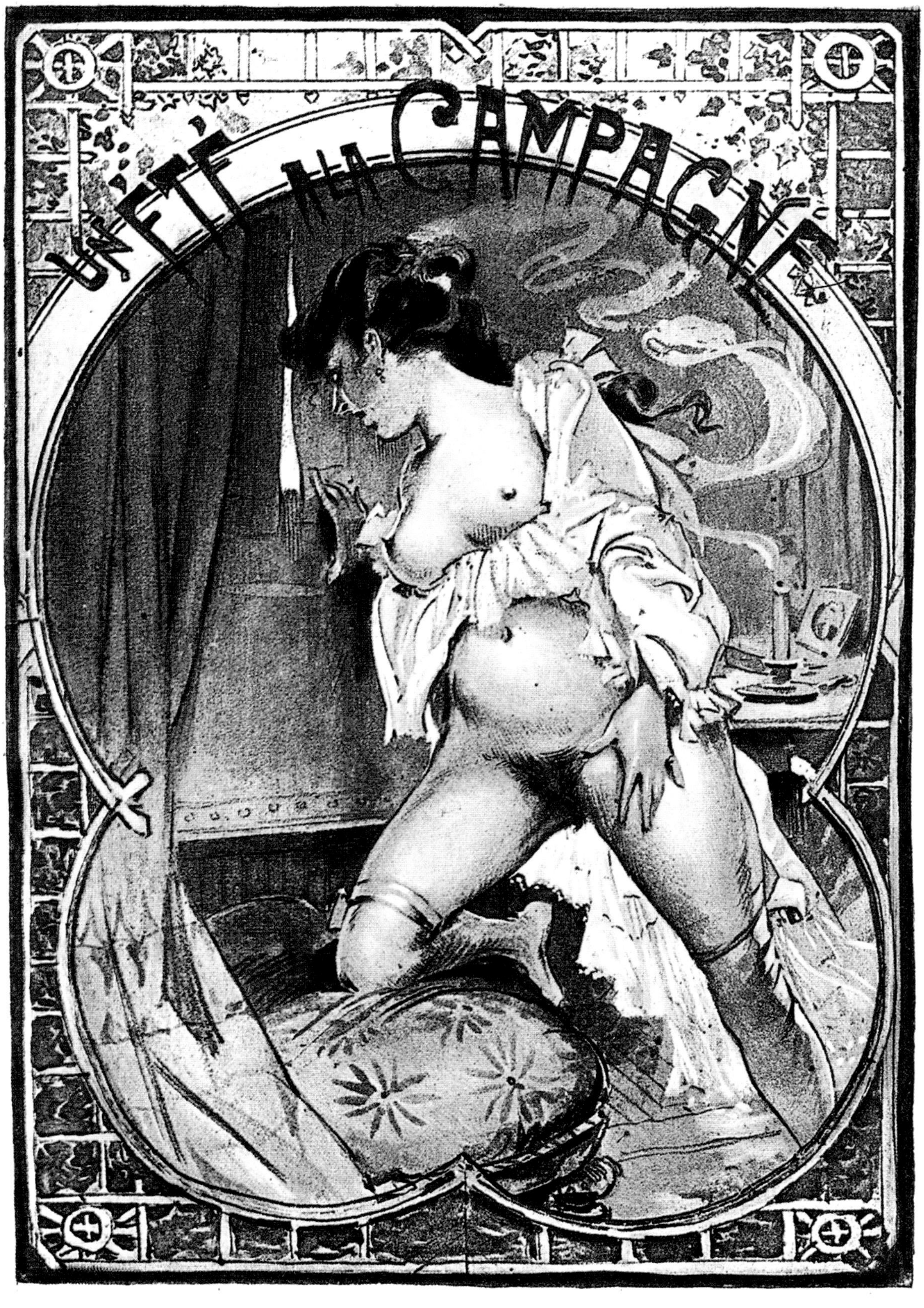
UN ETÉ A LA CAMPAGNE

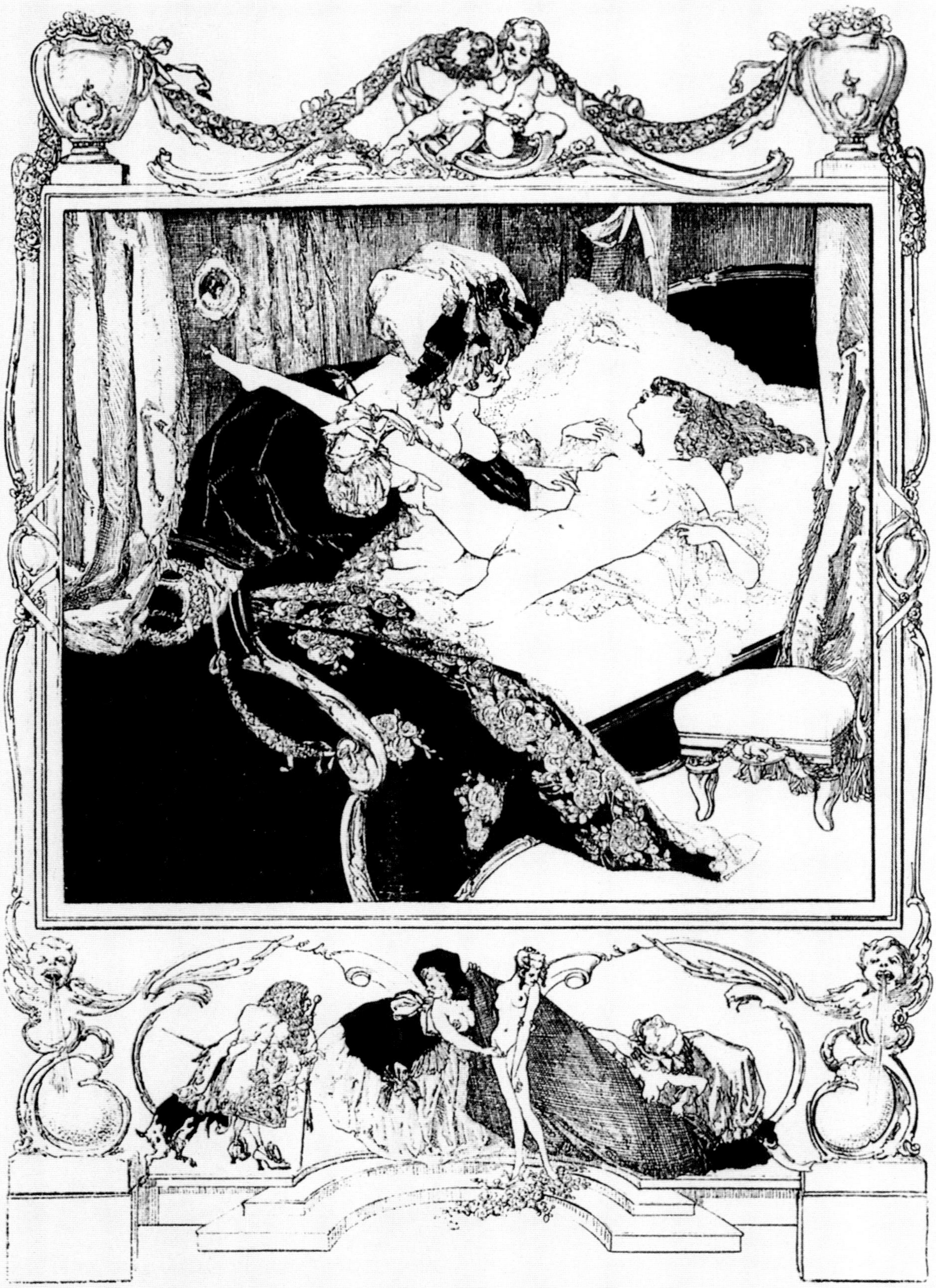

Illustrationen zur erotischen Literatur: England

. . . .

Franz von Bayros:
Illustration zu »Fanny Hill«

Englands erotische Literatur beginnt mit Geoffrey Chaucer (geb. um 1340), und dieser zeigt sich sogleich als vollendeter Meister. Seine »Canterbury Tales« übertreffen nach Stoff wie nach Aufbau, Stil und Inhalt den vielgerühmten »Decamerone« von Boccaccio bei weitem. Erfunden hat Chaucer anscheinend nichts. Seine Quellen sind die französischen Fabliaux und die italienischen Novellisten, die er unbekümmert plündert. Was dem Volke gefiel, war eben Allgemeingut. Der Begriff des geistigen Eigentums hatte sich noch nicht durchgesetzt. Von den ursprünglich auf 124 berechneten Geschichten sind nur 24 fertig geworden, die sehr kurzweilig zu lesen sind und an ungeschminkter Deutlichkeit nichts zu wünschen übrig lassen. Aber selbst in den gröbsten Geschichten wirkt er nie obszön. Wohl formuliert er derb, geradeheraus, wählt das derbe Wort für die derbe Sache, aber nie legt er es auf Erregung der Lüsternheit an. Immer läßt er die erzählenden Personen in der ihnen eigenen Sprache reden. Seine Zeitgenossen und Leser jedoch fanden nichts Arges an urwüchsigem Ton. Bis zum 17. Jahrhundert herrschte im literarischen Leben Englands die Natürlichkeit, oft grob und ungeschlacht, aber durch und durch gesund. Das änderte sich sofort mit dem Sieg des Puritanismus, der den Menschen mit Ekel gegen das Irdische und mit der Angst vor der Hölle erfüllte. Heuchelei und Prüderie, etwa die übertriebene Feier des Sonntags, sind ein Erbteil der Puritaner. »Das war jene Zeit, als der eifernde Geist der Werk- und Lippenheiligkeit ganz neue Sünden erfand. In einem schmucken Gewande einhergehen, galt als Sünde; die Haare gelockt zu tragen: Sünde; ein gesteifter Spitzenkragen: Sünde; das Lesen von Spencers Feenkönigin: Sünde. Und hinter der Sünde steht in der puritanischen Literatur gleich der Tod, hinter dem Tod die Hölle. Den Puritanern war die Erde ein großes Zuchthaus mit eiserner Ordnung. Schon ihre einförmige unschöne Tracht hatte etwas Sträflingsartiges« (E. Engel). Als der Puritanismus abgewirtschaftet hatte, ging ein Aufatmen durch das Volk. Der geistige Druck war geschwunden, und jeder suchte das Versäumte nachzuholen. Aber nicht die leichtsinnige Lebenslust des französischen Rokoko, das trotz aller Verderbtheit noch immer eine liebenswürdige Seite aufweist, trat an die Stelle des finsteren, verbohrten Sittendünkels, sondern gemeine niedrige Roheit machte sich am Hofe Karls II. breit, und die zeitgenössischen Dichter trugen diesem Zeitgeschmack gebührend Rechnung. An die Stelle der Wüstlinge in der Literatur traten nun die Moralisten,

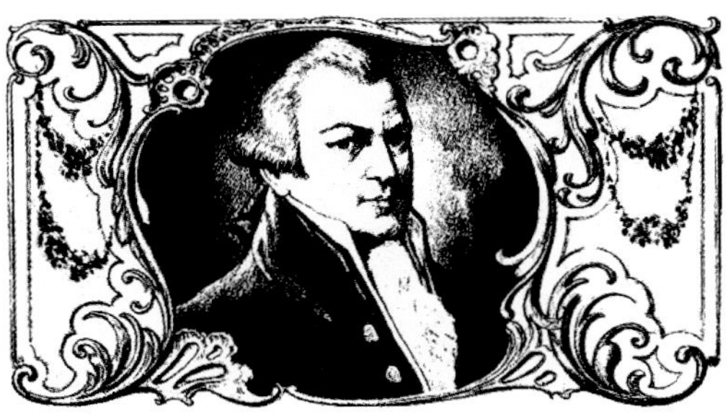

Zeitgenössisches Porträt des Autors John Cleland

Titelblatt zu einer französischen Ausgabe der »Fanny Hill« aus dem Jahre 1906

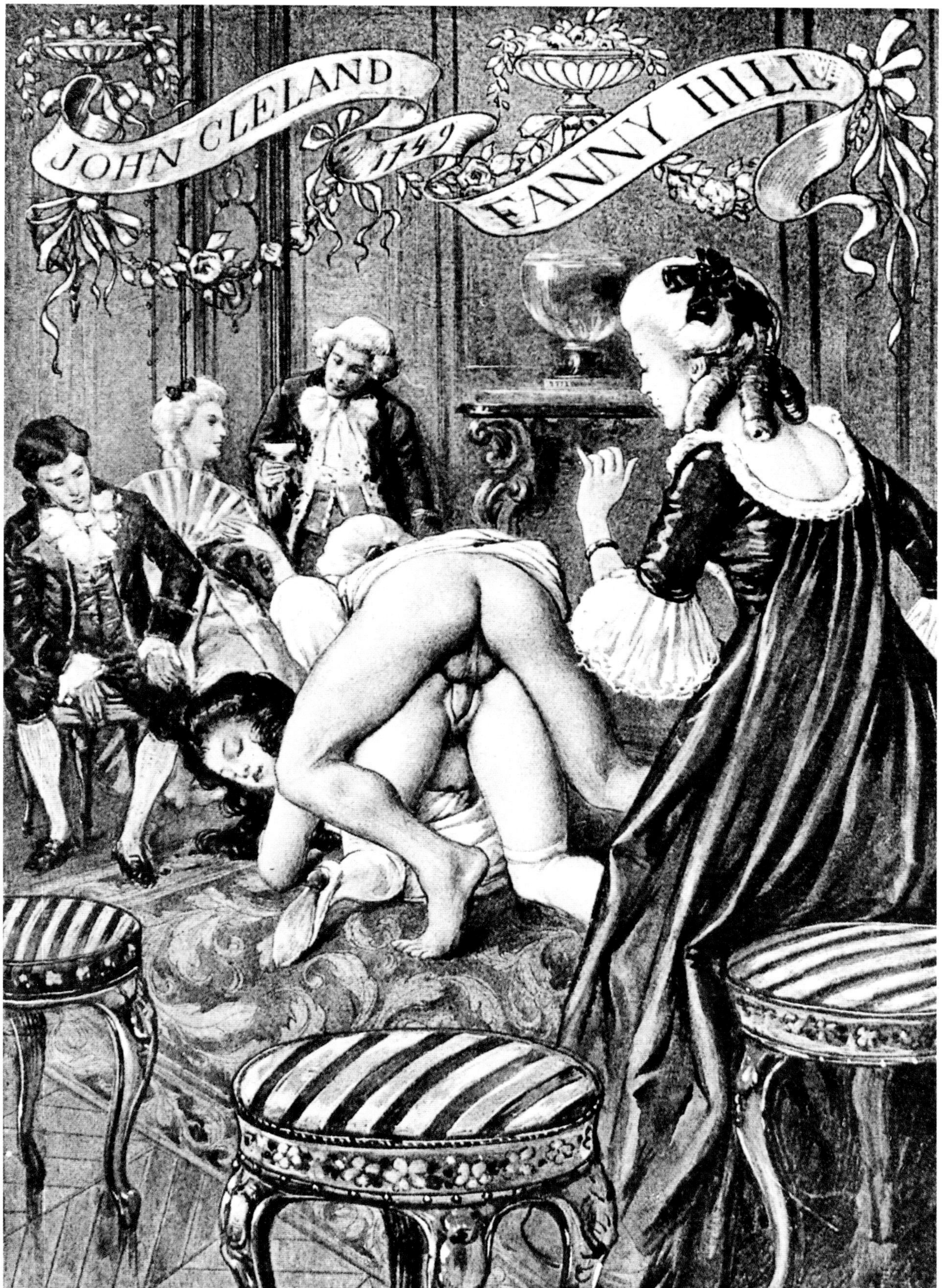
JOHN CLELAND
1749
FANNY HILL

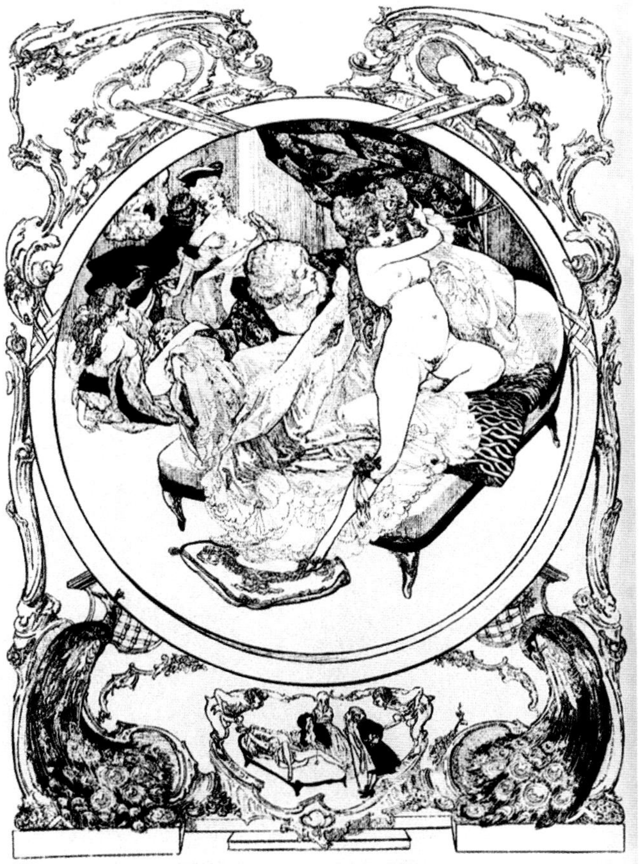

Fast alle »Fanny Hill«-Ausgaben, die im Laufe der letzten zweihundert Jahre erschienen sind, wurden illustriert. Eigenartigerweise blieben alle Künstler, die Fannys Leben darstellten, anonym; lediglich Franz von Bayros bekannte sich namentlich zu seinen Illustrationen

deren Hauptvertreter Defoe, Swift, Sterne, Smollett, Fielding und Richardson sind. Daniel Defoe (um 1660–1731) schrieb die beiden Prostituiertenromane »Moll Flanders« und »Mother Ross«, Jonathan Swift (1667–1745) kennt nur die abschreckende Seite der Liebe, er »liebt die Nuditäten, nicht etwa aus Schönheitsgefühl wie die Maler, nicht aus Sinnlichkeit und Freimütigkeit wie Fielding, nicht aus Sucht nach Vergnügen und Lust. Wenn er an schmutzige Orte geht, so geschieht es, weil sie verboten und nicht besucht sind. Was er dort sucht, ist nur Absonderliches und Skandal. Was ihn lockt an der verbotenen Frucht, ist nicht die Frucht, sondern das Verbot. Denn diejenige, in die er mit Vorliebe beißt, ist ganz verwelkt und wurmstichig« (Taine). Dieselben Zynismen und Anspielungen finden sich bei Smollett und Fielding. Die durchschnittliche pornographische Literatur der Engländer ist unübersehbar. Der Quantität nach kann die englische erotische Literatur durchaus mit der französischen konkurrieren. Der Erfolg eines Buches aus dieser Zeit stellt allerdings alle anderen bei weitem in den Schatten: John Clelands berühmter Roman »Fanny Hill, or Memoirs of a Woman of Pleasure«. John Cleland (1707–1789) war der Sohn des Obersten Cleland, eines Mitglieds des Spektatorklubs. 1722 wurde er in das Westminster-College aufgenommen, ging nach dem Tode seines Vaters als

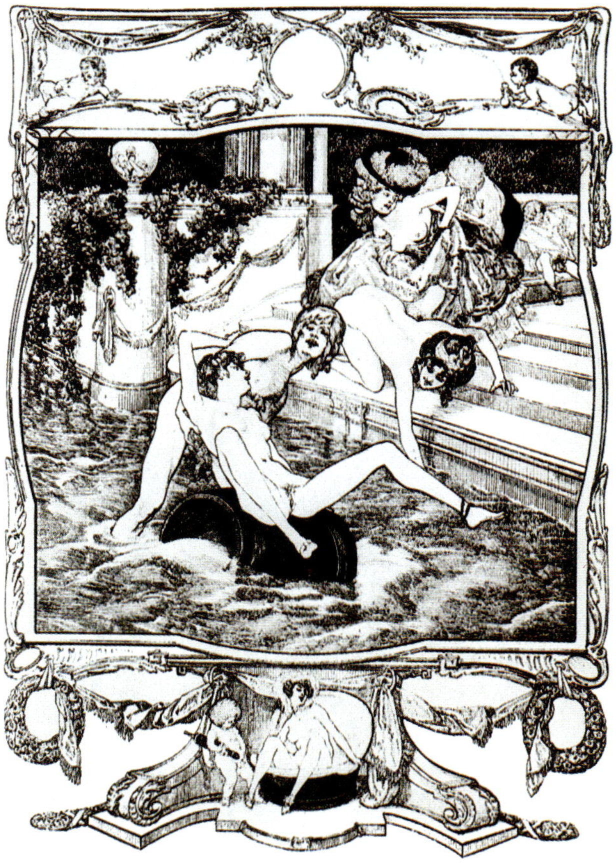
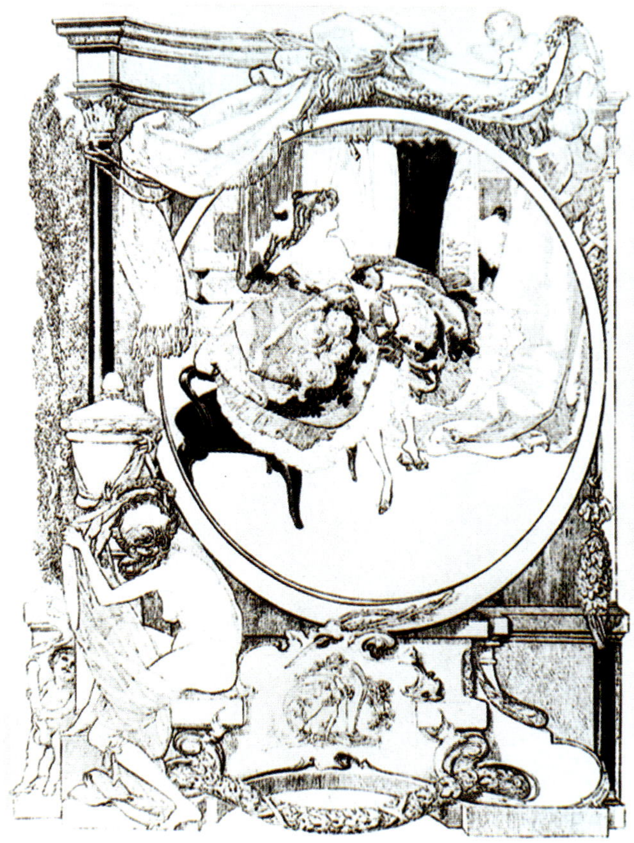

englischer Konsul nach Smyrna, von da nach Ostindien, von wo er nach kurzer Zeit mittellos nach England zurückkehrte. In dieser schwierigen pekuniären Lage konnte er dem Angebot eines Verlegers, eine erotische Schrift zu verfassen, nicht widerstehen. So entstand »Fanny Hill«, derentwegen er sich vor dem »Privy Council« verantworten mußte. Der Präsident John Earl Granville erließ den denkwürdigen Entscheid, daß dem Angeklagten von Staats wegen eine jährliche Pension von 100 Pfund Sterling auf Lebenszeit auszuzahlen sei, damit er infolge seiner Armut nicht mehr in Versuchung falle, derartige Erotika zu fabrizieren. Cleland zeigte sich des in ihn gesetzten Vertrauens auch würdig. Er lebte in ländlicher Stille in Petty France, zufrieden mit seiner Bibliothek und dem gelegentlichen Besuch verläßlicher Freunde, die er mit offenen Armen aufnahm und mit seinem lebhaften Esprit zu fesseln wußte. Im Alter von 82 Jahren segnete er das Zeitliche. Es steht merkwürdigerweise gar nicht einwandfrei fest, wann dieses weltberühmte Erotikon zuerst erschienen ist. Die englischen Bibliographen nehmen 1750 als Erscheinungsjahr an. Gay gibt sehr unbestimmt die Zeit von 1747 bis 1750 an. Das Werk fand Übersetzer in Frankreich, Deutschland, Italien und Portugal und hat manchem Verleger zu schwerer Strafe (der erste Buchhändler, Drybutter, mußte deswegen am Pranger stehen), allen aber zu hohem

Verdienst verholfen. Der Inhalt der Fanny-Hill-Story ist kurz skizziert folgender: Fanny Hill, ein vierzehnjähriges Landmädchen, sieht sich nach dem plötzlichen Tode ihrer Eltern mittel- und schutzlos. Auf den Rat einer gewissen Esther Davis reist sie nach London und fällt in einem Vermietungsbureau der berüchtigten Bordellhalterin Brown in die Hände, die sie angeblich als Stütze bei sich in Stellung nimmt. Noch ahnt sie nicht, wo sie sich befindet, auch dann nicht, als sie ihr Bett mit einem ausgedienten Freudenmädchen teilen muß, das die lüsterne Unschuld in die Geheimnisse der lesbischen Liebe einweiht. Einige Tage darauf soll Fannys Jungfernschaft nach dem Plane von Mrs. Brown einem alten, häßlichen Satyr zum Opfer fallen. Da sich Fanny aber zuletzt energisch zur Wehr setzt, gelingt das abgekartete Spiel nicht. Ungesehen wird Fanny nun (das uralte Motiv der erotischen Literatur!) Zuschauerin eines Liebeskampfes zwischen ihrer Pensionsmutter und einem strammen Grenadier, zwischen Polly, einem anderen Freudenmädchen, und deren Liebhaber. Sie gewinnt in einem jungen, schönen Mann, der ein häufiger Besucher des Bordells ist, ihren ersten Schatz, läßt sich von ihm entführen und entjungfern. Der ist über den überraschenden Fund, den er gemacht hat, natürlich aufs höchste entzückt. Das Glück der beiden, die in heißer Liebe zueinander entbrannt sind, dauert aber nicht lange; Charles, der Geliebte, wird von seinem Vater auf eine seiner Faktoreien in die Südsee geschickt, und Fanny, die schwanger ist, bleibt allein zurück. Der Schmerz wirft sie aufs Krankenlager. Damit sie für die Kosten aufkommt, verkuppelt ihre Wirtin, die sie während ihrer Krankheit gepflegt hat, sie an einen Lebemann, der sie aushält, sie aber bald mit ihrem Dienstmädchen hintergeht. Um sich zu rächen, läßt sie sich mit einem bisher noch unschuldigen Bediensteten ein, wird aber im Tête-à-tête von ihrem Liebhaber überrascht und an die Luft gesetzt. Sie kommt nun in das Bordell der Mrs. Cole, wo sie Bequemlichkeit, Ordnung und Ruhe findet, denn die Bordellhalterin verzärtelt und verhätschelt die Insassen, die sich hier sehr glücklich fühlen. Die vier Mädchen erzählen sich die Geschichte von ihrer verlorenen Jungfernschaft, und es folgen einige erotische Szenen mit einem Trottel und der Verkauf von Fannys lädierter Jungfernschaft an einen Wüstling. Mrs. Cole aber will nun nicht

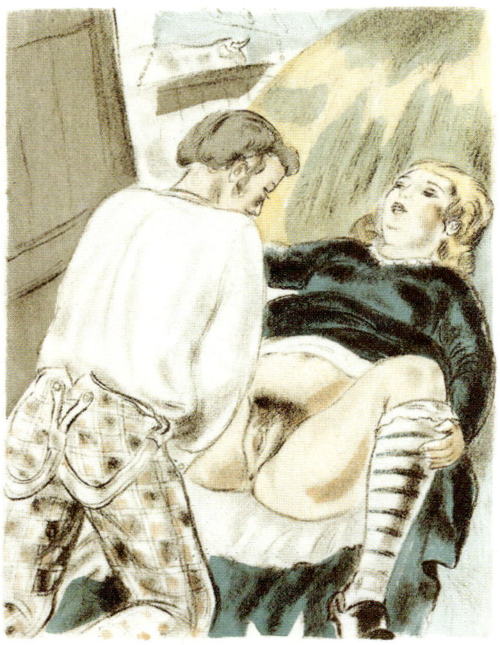

Farbige Lithographie eines unbekannten Künstlers zu »My secret Life«

rechte und übernächste Seite: Zwei weitere »Fanny Hill«-Illustrationen von Franz von Bayros

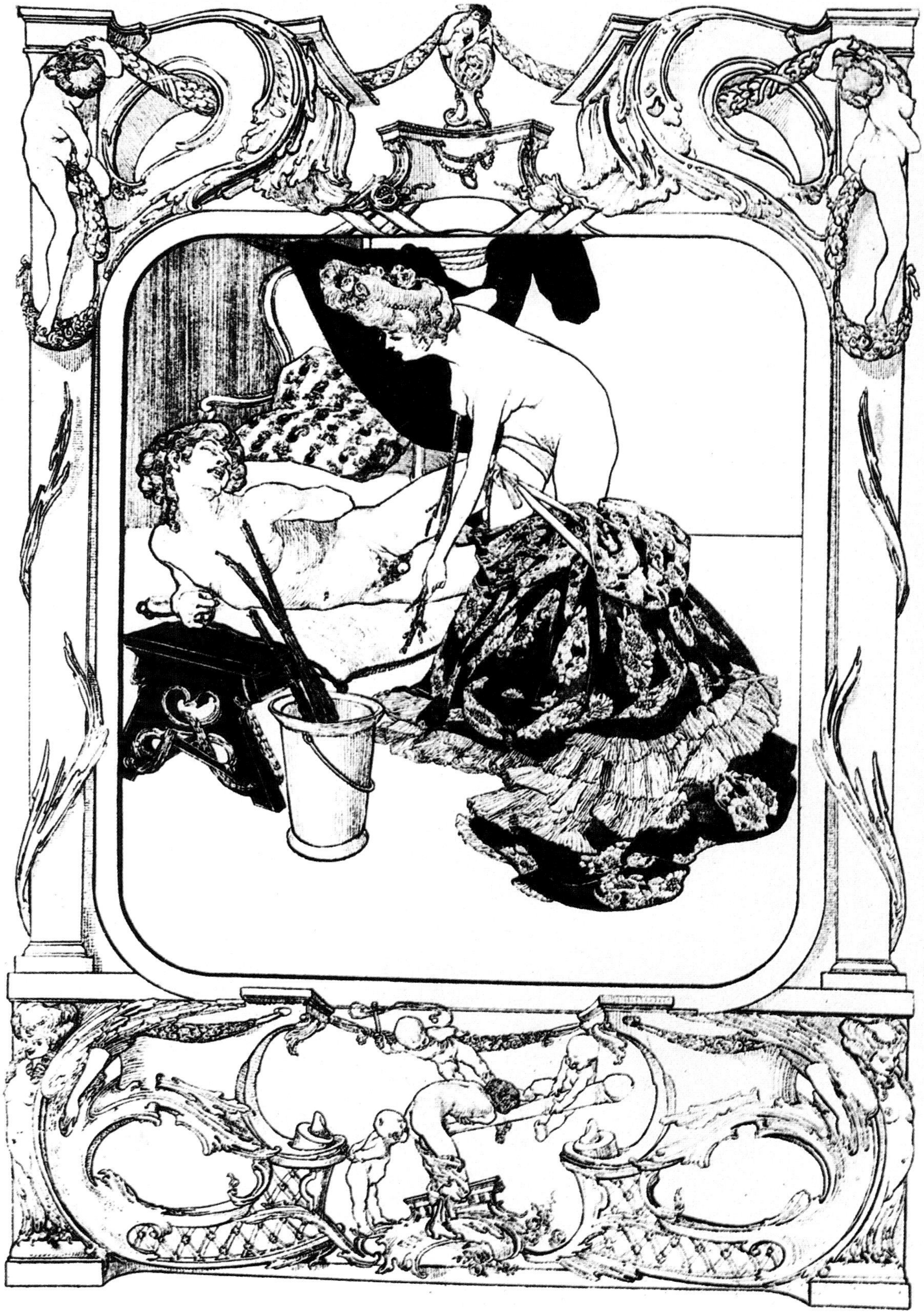

mehr mittun, sie spürt die Beschwerden des herannahenden Alters und gibt ihr Lokal auf. Fanny läßt sich danach als Witwe eines auf dem Meer segelnden Matrosen in einem hübschen kleinen Landhaus nieder und erwartet ruhig die Dinge, die da kommen. Der Umschwung in ihren Verhältnissen läßt auch nicht lange auf sich warten. Ein alter Junggeselle nimmt sie als Haushälterin zu sich, und sie schickt sich in seine flagellantischen Launen. Der Alte stirbt zur rechten Zeit und hinterläßt seiner Haushälterin zum Dank sein ganzes Vermögen. Fanny ist jetzt zur großen Dame geworden. Sie ordnet ihre Angelegenheiten und hat nur den einen Wunsch, ihren ersten Geliebten, Charles, wiederzusehen. Auf der Reise, die sie unternimmt, um ihr Ziel zu erreichen, kehrt sie in einem Wirtshaus ein, in dem noch zwei Reisende logieren, die hier vor einem herannahenden Unwetter Schutz gesucht haben. In dem einen erkennt Fanny zu ihrer großen Freude Charles. Sie legt ihm, der in der Fremde kein Glück gehabt hat, ein offenes Geständnis ab, er begreift und verzeiht, und die beiden werden ein glückliches Paar. Daß dieses epochemachende Werk nicht ohne Nachahmungen bleiben konnte, versteht sich von selbst. So erschien, um nur ein Beispiel herauszugreifen, 1769 »The History of the Human Heart, or The Adventures of a Young Gentleman«, das von dem berüchtigten Verleger erotischer Drucke, W. Dugdale, 1827 unter dem Titel »Memoirs of a Man of Pleasure« nachgedruckt wurde. Diese »Denkwürdigkeiten eines Lebemannes« beginnen mit der Zeugungs- und Geburtsgeschichte des Helden, wobei der Erzähler sich in weitschweifiger Weise über die verschiedenen Zeugungstheorien ausläßt. Seine früh auftretende Neigung zum weiblichen Geschlecht sucht er durch ein »Versehen« seiner Mutter zu erklären. Mit zwölf Jahren verführt er seine Kusine, sein Fehltritt wird entdeckt, und er geht auf Wunsch seiner Familie unter der Leitung eines heuchlerischen Erziehers, der ihn erst recht in die Geheimnisse der Wollust einführt, auf Reisen. Es folgt nun eine ganze Reihe, zum Teil sehr unwahrscheinlicher Liebesabenteuer, bis er, ebenso wie Fanny Hill, die ehemalige Jugendgeliebte wiederfindet, worauf er zum bußfertigsten Moralbürger Englands wird. In diesen Gang der Erzählung sind mancherlei Episoden eingeschaltet, so zum Beispiel sittengeschichtlich sehr wertvolle Berichte über die Vergnügungen der Lebemänner der damaligen Zeit, Beichten von Freudenmädchen usw. Das 19. Jahrhundert ist nicht eben reich an hervorragenden Erotika. An erster Stelle steht ein elfbändiges Werk » Secret Life«. Der Autor dieser Autobiographie, der sich Walter nennt, ist bis heute unbekannt geblieben, und es existieren nur drei vollständige Exemplare. Eines davon steht in der Privat Case Collection des British Museum. »Mein geheimes Leben«, wahrscheinlich um 1890 in Amsterdam gedruckt, nennt selbst die konservative »Times« in ihrer Literaturbeilage »eine Schatzkammer von Informationen

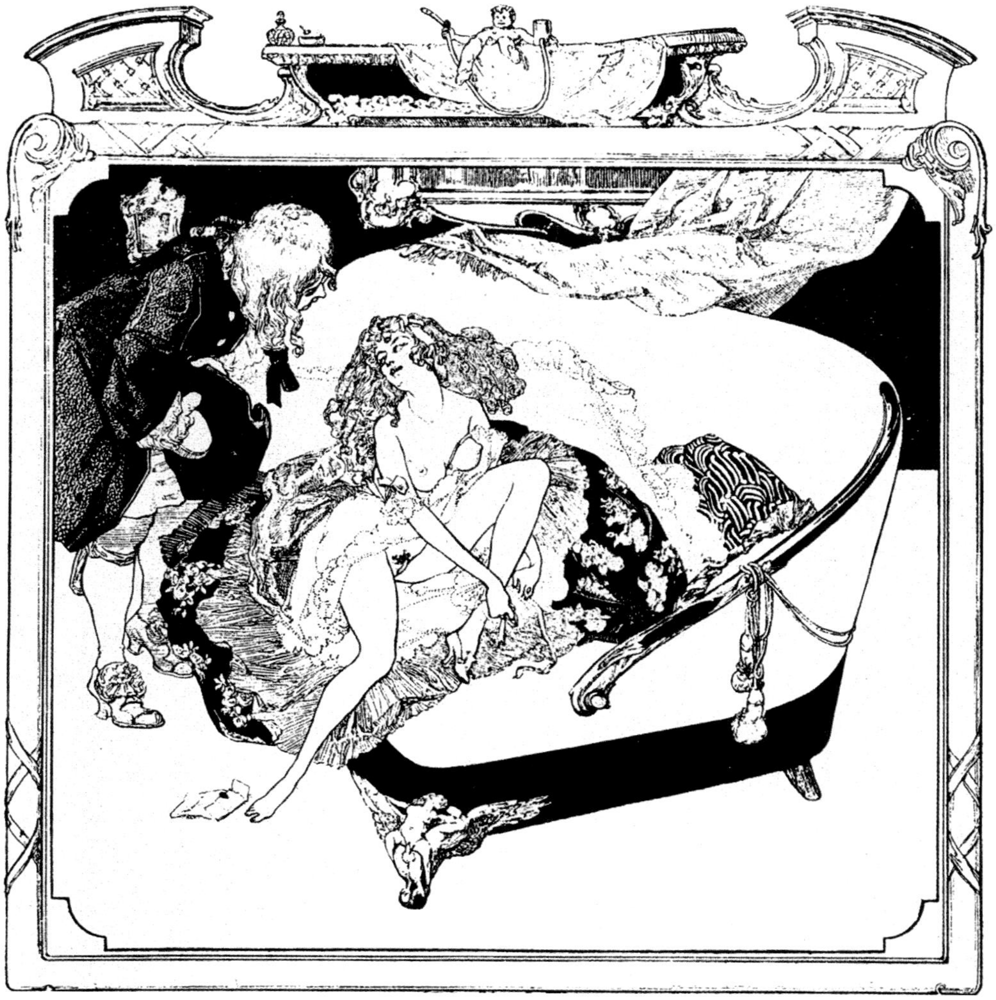

über die Sexualgebräuche des 19. Jahrhunderts«. Walter beschreibt in aller Offenheit und mit unmißverständlicher Deutlichkeit die interessantesten von 1200 sexuellen Begegnungen aus seinem Leben und gibt dem Leser ein Abbild des viktorianischen Zeitalters, das er sonst wohl nirgends findet. Neben dem Original existiert noch ein moderner Auswahlband, 1968 bei Grove Press in New York erschienen; eine dreibändige illustrierte französische Ausgabe, »Ma Vie Secrete«, und eine deutschsprachige Auswahl, dokumentiert von E. & Ph. Kronhausen (Rütten & Loening Verlag, 1968). An origineller erotischer Literatur ist England verhältnismäßig arm geblieben. Übersetzungen französischer und deutscher Erotika sind zahlreicher als die Originale. Schon im 18. Jahrhundert gingen englische Kavaliere nach Frankreich, um neben anderen Luxusartikeln Crébillons Romane nach England mitzunehmen. Natürlich besitzt England ebenso wie Frankreich und Deutschland viele andere Erotika. Aber sie erreichen nicht im entferntesten die Qualität der besprochenen Werke, sind Kolportageliteratur. Vor allem zeichnet sie eine Eigentümlichkeit aus: Es fehlt fast nie das bei Engländern sehr beliebte flagellantische Motiv. In neuerer Zeit hat England nichts an originärer Erotik hervorgebracht. Natürlich erscheinen auch heute noch Penny-Broschüren, aber deren Inhalt ist von abstoßender Roheit.

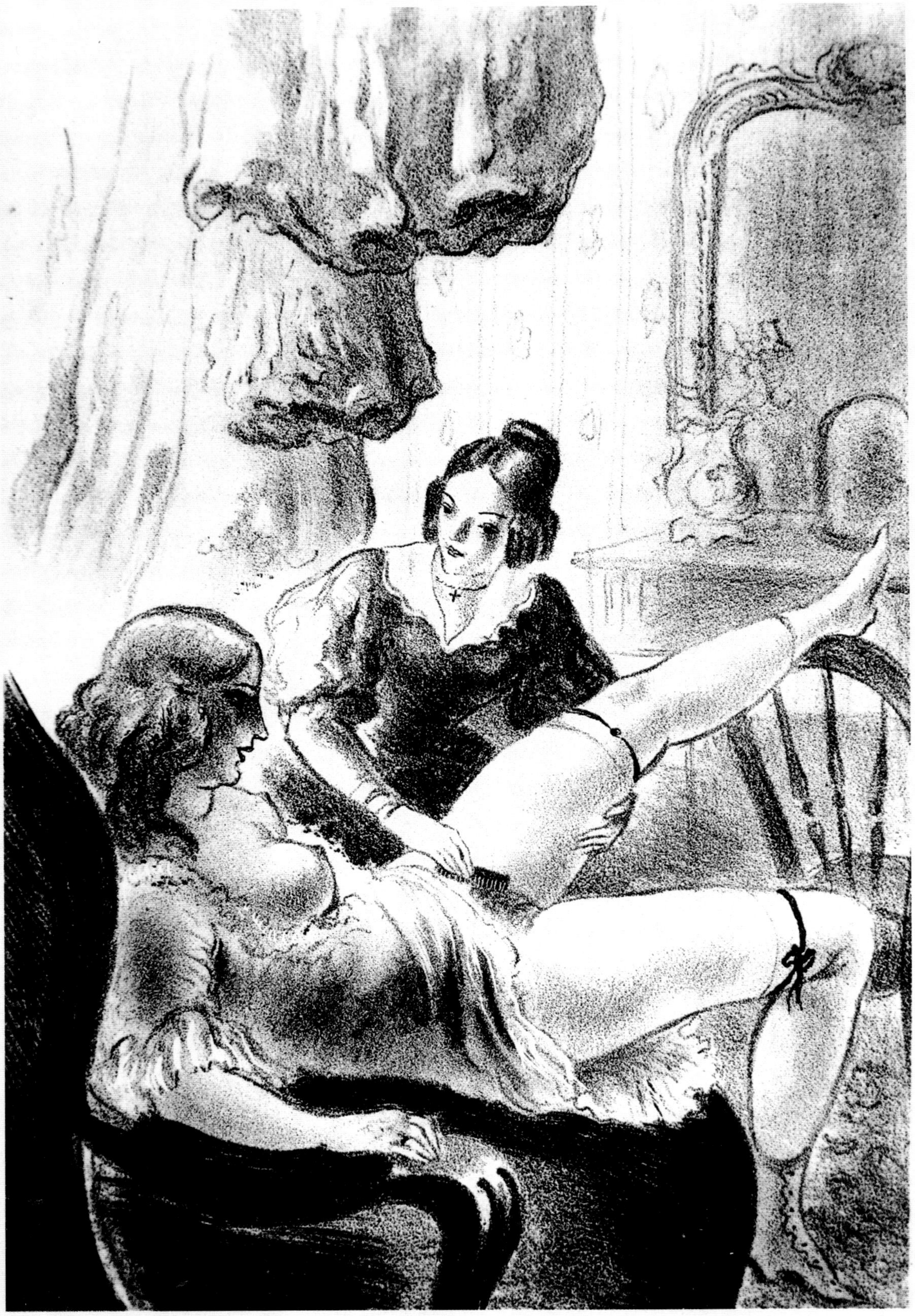

Illustrationen zur erotischen Literatur: Deutschland

. . . .

Zeitgenössische Illustration zu den »Memoiren einer Sängerin«, Ende 19. Jahrhundert

Die Entwicklung der erotischen Literatur in Deutschland steht – wie in anderen europäischen Ländern – in engem Zusammenhang mit dem Widerstand gegen die kirchliche Morallehre. Da von der Kirche der sexuelle Verkehr als sündig gebrandmarkt und nur in der Ehe zur Zeugung zugestanden war, trat gerade die sexuelle Betätigung in den Vordergrund des Interesses. Die Satansmesse bot die geeignete Gelegenheit dazu. Görres schildert den wilden Charakter einer solchen sehr anschaulich und kommt zu dem Schluß: »Was der ausschweifendste Wahnsinn in der Lust ersinnen kann, was eine brennende Sinnlichkeit aus ihren Tiefen auftreiben mag; wohin zügellose Leidenschaften taumelnd sich verirren können; das Heillose, vor dem selbst die Natur erschrickt: es wird alles dort als Dienst des neuen Gottes vollbracht und geübt ... Alle Tugenden gelten als Laster. Die Ausschweifung tritt für die Keuschheit ein, Schlemmerei für Mäßigkeit, Neid für Nächstenliebe usw.« Man erkennt hier mit größter Deutlichkeit den Ursprung der blutrünstigen Phantasien eines Marquis de Sade, die er in »Justine und Juliette« und in »Die hundertzwanzig Tage von Sodom« in ein System bringt. An diesen schwarzen Messen nahmen Frauen naturgemäß ebenso gern wie Männer teil, entweder aus eigener Überzeugung oder durch den Wunsch nach geschlechtlichem Ausleben verführt. Gaben schon die Weltgeistlichen genug Anlaß zu beißender Satire, so konnte man eine ganze Anzahl von Klöstern beinahe als Stätten der Ausschweifung bezeichnen, auch wenn man nicht prüde war. Die Weltgeistlichen hatten jedenfalls, sofern sie sich leichtsinnig über ihr Gelübde hinwegsetzten, bei ihrem täglichen Umgang mit Laien noch eher Gelegenheit, ihren Geschlechtstrieb auf die einfachste Weise zu befriedigen. Anders die von der Welt abgeschlossenen Mönche, da sie aus den Mauern des Klosters auf Grund der Ordensregel nur selten oder nie herauskamen. Und doch fand manch kecke Schöne den Weg in die Zellen und sollte sie auf dem Rücken des Bettelmönch als lebender Proviant in einer Garbe hineingeschmuggelt werden. Manche Frauen jedoch gingen offen durch die Tür und gaben sich dann nach Tanz und Schmaus den Mönchen hin, so daß Geiler von Kaysersberg dagegen wettert: Manches Weib, das die Klöster in Ehrbarkeit betreten, habe es als Hure verlassen. Jeder Besuch der Klöster durch Frauen solle deshalb aufs strengste verboten werden. Merkwürdig berührt es nur, daß die Männer dieser liebebedürftigen Frauen gegen derartige Besuche ihrer Haus- und Bettgenossinnen nicht den geringsten Einspruch erhoben, obwohl ihnen der mitunter recht üble Ruf der Mönche bekannt sein mußte. So wäre in den Klöstern das Leben in dulci jubilo verflossen, wenn nicht die unablässige Furcht vor den Folgen über den Häuptern der armen Missetäter geschwebt hätte. Mit Ausschweifungen, sofern sie

Anonyme Darstellung des 18. Jahrhunderts aus der »Liturgie zur Satansmesse«

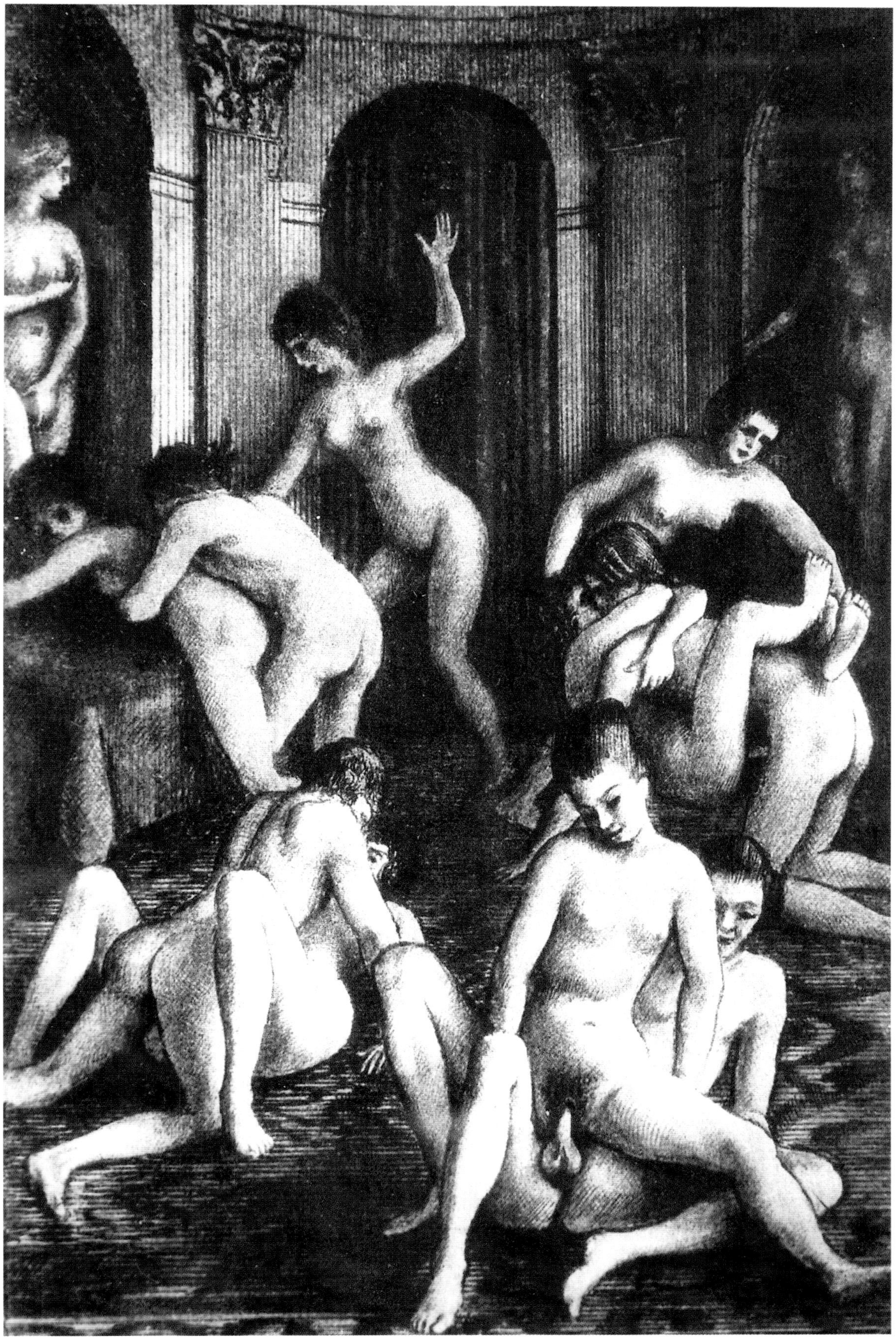

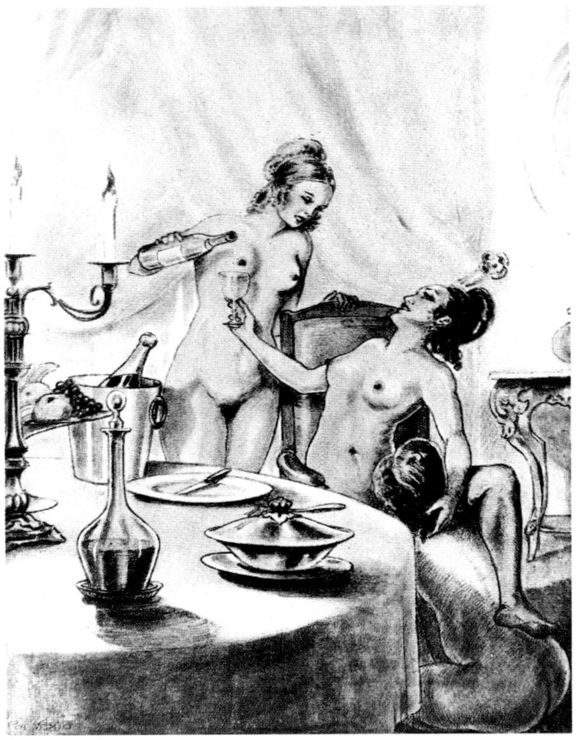

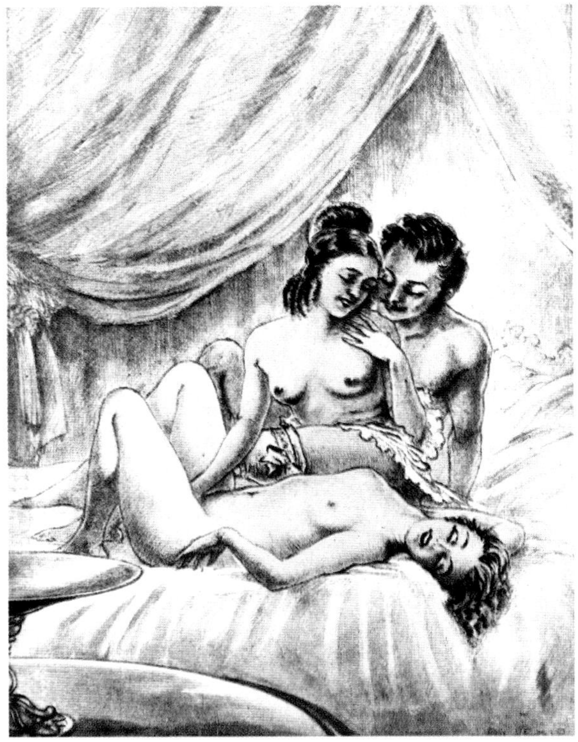

oben und rechte Seite: Zeitgenössische Illustrationen zu den »Memoiren einer Sängerin«, Ende 19. Jahrhundert

nicht in die Öffentlichkeit drangen, hatte es in den Augen der Vorgesetzten nichts weiter auf sich. Wehe aber der Nonne, deren Fehltritt nach neun Monaten durch das »Produkt der Sünde« offenkundig wurde! Nonnenklöster durften zwar mit Freudenhäusern, aber nicht mit Entbindungsanstalten identisch sein. Was blieb den um ihr Leben besorgten Nonnen weiter übrig, als entweder die Frucht abzutreiben oder Kindesmord zu begehen? Der Bischof Gaimbus von Kastell berichtet am 20. Juni 1484 an den Papst, daß er bei Visitation des Nonnenklosters zu Söflingen bei Ulm sämtliche Nonnen schwanger angetroffen habe. Bei Abbruch des Klosters Mariakron fand man »in den heimlichen Gemächern« und anderswo Kinderköpfe, auch ganze Körperlein, versteckt und vergraben; unter Gregor I. sollen aus einem Klosterteich gar an die 6000 Kinderköpfe (!) herausgefischt worden sein. Allenfalls die Zahl mag übertrieben sein. Wie das Volk über das sittenlose Treiben seiner Geistlichen dachte, läßt sich am besten aus den von ihm geprägten Sprichwörtern erkennen, von denen einige bezeichnend sind: »Wer's mit Frommen hält, wird fromm, sagte der Mönch und schlief in einer Nacht bei sechs Nonnen. – Der Himmel ist schwer zu verdienen, sagte der Abt, als er vom Bett fiel und der Nonne ein Bein brach. – Was schmeckt unversucht! sagte der Abt zur Jungfrau. – Wir fehlen alle! sagte die Äbtissin, als ihr der Bauch schwoll. – Ein Mohr schwärzt den andern nicht! sagte die Nonne zum Pater, da lag sie auf ihm. – Müßig geh'n mag ich nicht, sagte die Nonne, da stieg sie zum Pater ins Bett. – Das ist eine treue Magd! sprach der Pfaffe, da sie ihm zwei Knäblein geboren

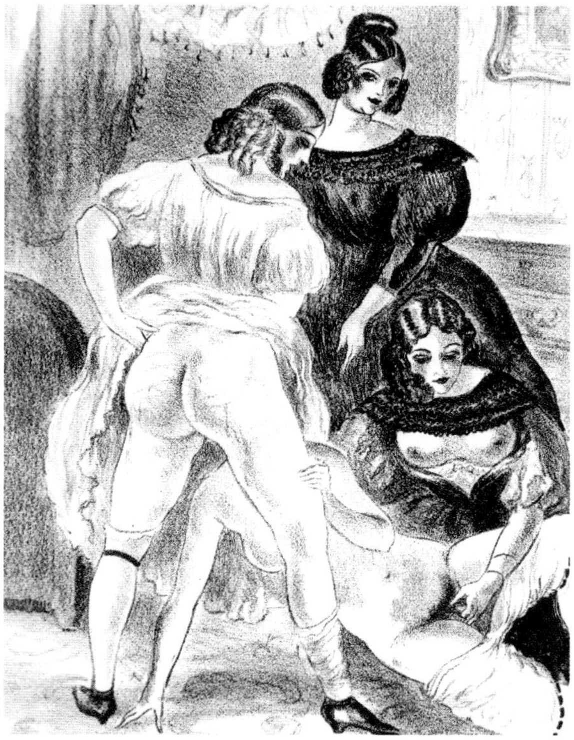
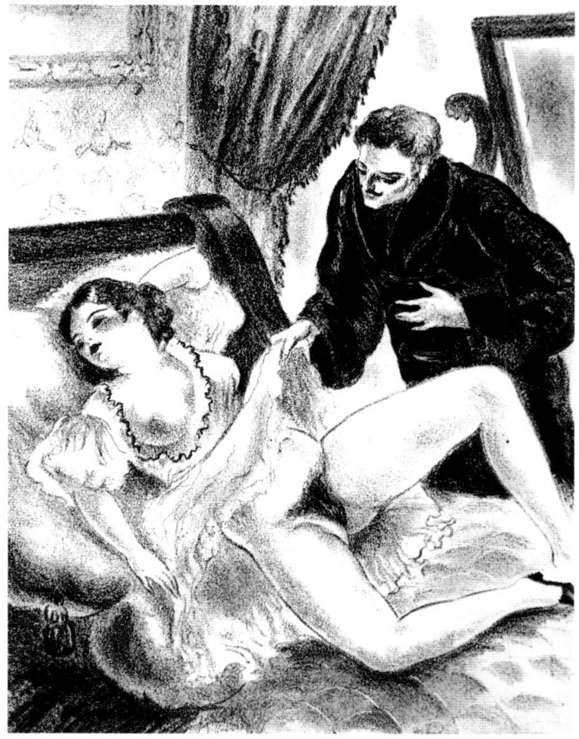

und eins hätte unterschlagen können.« Diese Blütenlese zeigt jedenfalls, daß das Volk sich über die sittlichen Qualitäten seiner Seelenhirten keiner Illusion mehr hingab. Die christliche Lehre war durch die Weltgeistlichen und durch die Klöster mitunter in ihr Gegenteil verkehrt worden, und das genußsüchtige Treiben zahlreicher Kleriker fand selbst in den eigenen Reihen Tadel und Verurteilung. Immer lauter wurden die Stimmen von Tugendlehrern, die mit Schmerzen den Verfall der Kirche sahen und zur Umkehr mahnten. Sie gedachten den Feind mit der eigenen Waffe zu schlagen, indem sie den unsittlichen Kleriker nackt und bloß in seinem lüsternen Behagen hinstellten. Allein sie übertrafen dabei zuweilen ihre Vorbilder. Im 17. Jahrhundert kam diese lateinische Mischpoesie aus der Mode, und im 18. gehört sie bereits zu den Kuriositäten. Im 18. Jahrhundert finden sich, abgesehen von Clodius' Studentenliedern, manche erotischen Liederbüchlein, die sich durch ihren geringen Umfang und Preis hauptsächlich an das unbemittelte Volk wenden und dort auch wohl viele Abnehmer fanden. Das beweist die große Zahl der erhaltenen Drucke. Die sogenannte galante Literatur erlebt jetzt ihre Blütezeit. Seine literarische Bedeutung verdankt die Bezeichnung »galant« der zweiten schlesischen Dichterschule. Seit dem Erscheinen der Gedichte Hofmannswaldaus, also seit 1695, gibt es fast keine Gedichtsammlung, die nicht eine Rubrik »Galante Gedichte« aufweist, und diese Bezeichnung erhielt sich bis in das vierte Jahrzehnt des 18. Jahrhunderts, wo sie dann durch andere Modewörter, wie »moralisch« oder das bei den Anakreontikern beliebte »zärtlich«, abgelöst wurde. Wenn das Wort sich zunächst mit »artig« übersetzen ließ und ungefähr das bezeichnete, was die Franzosen unter »savoir vivre« verstehen, erhielt es seine anrüchige Bedeutung mit dem Aufkommen der ungezählten Liebesromane, die durchweg erotische Abenteuer behandelten. Es handelt sich in den Gedichten und Romanen der Zeit also fast immer um imaginäre Heldinnen mit Phantasienamen, wie Chloe, Lesbia, Cypria, Phyllis, Röschen usw. Der sinnliche Reiz der Geliebten wurde in mannigfachen Formen und Umschreibungen besungen. Kein Körperteil kam zu kurz. Der Schoß der Jungfrau und der Frau ist den Dichtern ein Tummelplatz für tausend zärtliche Freuden, also weiß man tausend ergötzliche Dinge darüber zu sagen. Und da er außerdem der Spielplatz des Vergnügens ist, wird man überhaupt nicht mehr fertig mit seiner Glorifikation, man entdeckt immer neue Eigenschaften und ist deshalb so ausführlich wie möglich. Wieviel Namen finden sich allein dafür! »Der süße Zauberkreis«, »Schoß der Lesbia«, »Amorsnische«, »Grotte der Venus«, »Himmelsweg«, »Muschelwagen der Venus« sind nur einige Beispiele. Im 18. Jahrhundert streift der erotische Roman das romantische Gewand der Vorläufer ab, an dessen Stelle tritt das Greifbare, Reale, die lebende Gegenwart. Im gleichen Fahrwasser steuerten die zahllosen Robinsonaden. Jedes Land, jedes Ländchen, jede bedeutende Stadt hat nun seinen Robinson, der auf eine einsame Insel verschlagen wird, dort mehrere Jahre zubringt, befreit wird und »allerhand artige Liebesbegebenheiten« erlebt. Die Erotik nimmt in allen diesen Romanen einen breiten Raum ein. Das gleiche gilt für die Abenteuergeschichten der »Aventuriers«, die sich mit dem Inhalt der Robinsonaden, abgesehen von dem Verschlagensein auf eine einsame Insel, im wesentlichen decken. Auch hier gibt es einen deutschen, württembergischen, russischen, Leipziger, Dresdner Aventurier usw. Grobe Anstößigkeiten finden sich en masse. Man stürmte in Berlin die berühmte Kralowskysche Leihbibliothek, wenn ähnliche das Publikum interessierende Bücher erschienen waren. Bezeichnend dafür ist folgende Buchhändleranzeige: »Das so sehnlich und längst gewünschte Werk: Raritäten von Berlin und merkwürdige Geschichten einiger Berlinischen Freudenmädchen, Berlin 1792, durchaus voll Interesse für Einheimische und Auswärtige, voll seltener und bisher geheimer Lebensumstände, die an die feinsten Fäden gewebt sind, hat soeben die Presse verlassen, und kostete in Karl Matzdorffs Buchhandlung 20 gr.« Gaben sich die Schriftsteller in der Ausmalung erotischer Szenen zu frei, so wurden diese verboten, was das Publikum aber wenig kümmerte. Im Jahre 1844 forderte die badische Regierung eine Summe zur Bestreitung der Aufsicht über Leihbibliotheken, »um Sitten und Geist verderbende Romane, ekelhafte Räuber-

Beispiel für flagellantische Illustration zu einer Ausgabe von 1912, »Lenchen im Zuchthause«

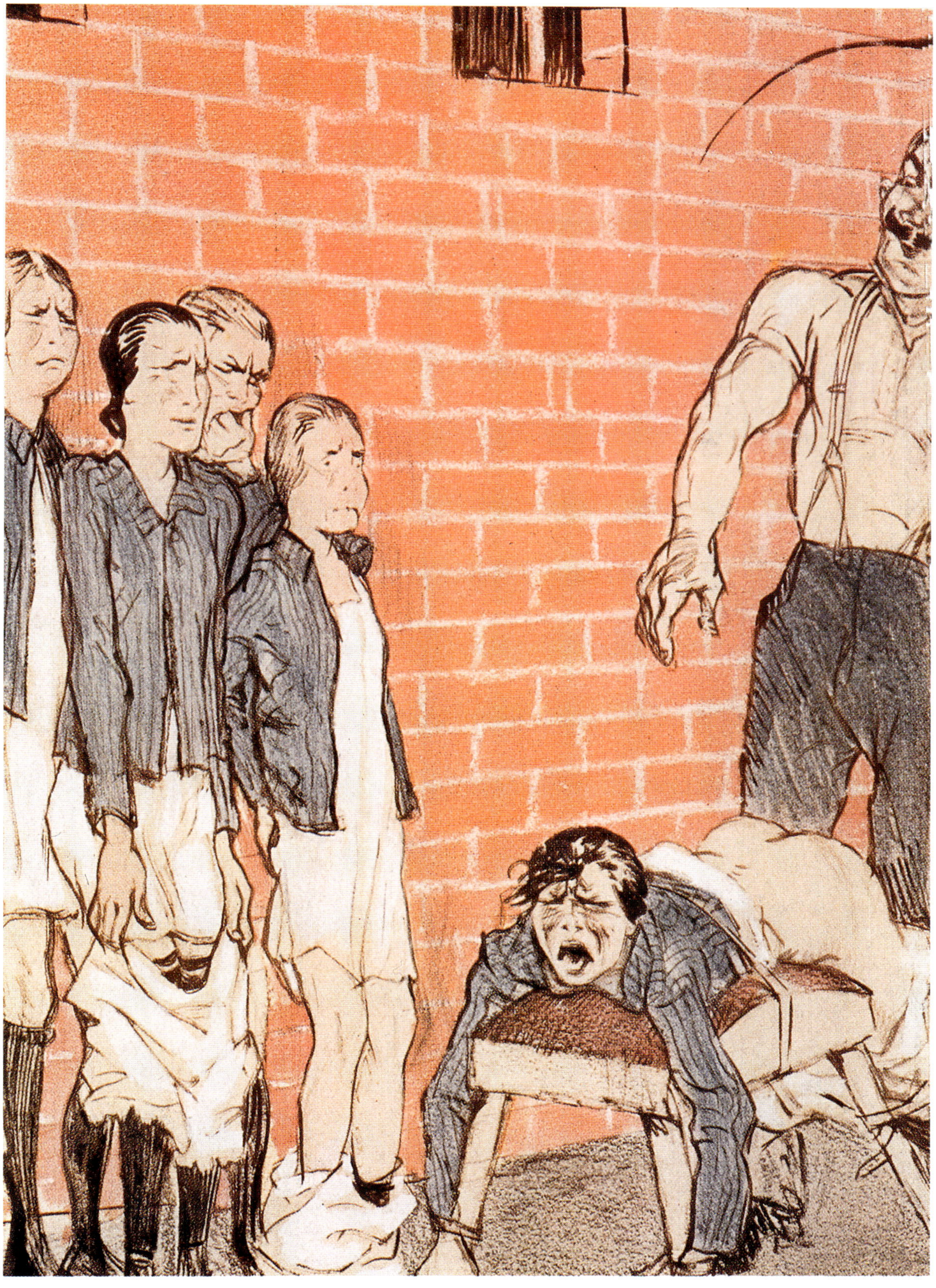

und Mordgeschichten, verführerische Schilderungen und unzüchtige Bücher jeder Art daraus zu entfernen«. Der Antrag drang jedoch nicht durch. Viel Staub wirbelte seinerzeit die Behauptung auf, daß ein bisher wenig beachtetes Erotikon »Schwester Monika« von keinem Geringerem als E.T.A. Hoffmann stammen sollte. Der bibliographische Titel dieser fraglichen Schrift lautet: »Schwester Monika erzählt und erfährt. Eine erotisch-physisch-psychisch-philantropisch-philantropinische Urkunde des säkularisierten Klosters X in S. Erste Abteilung. Kos und Loretto 1815.« Dagegen erregte ein anderes flagellantisch-erotisches Werk weit mehr Aufsehen als »Schwester Monika«: »Lenchen im Zuchthause« von W. Reinhard. Als Probe hier eine Flagellationsszene: »Meine Schlafkameradin mußte hinzutreten. Ich saß still und betete. Der Director laß das Urtheil vor. Sie wurde gefaßt, übergelegt und ausgestreckt, befestigt, der Rock hinaufgezogen, die Glieder erschienen aufs deutlichste und in ganz reiner Gestaltung, wie aus der Hand des Formgießers unter den bläulichen Hosen, die man sogleich so stramm anzog, daß sie wirklich zu einer 'zweiten Haut' wurden. Oh, das ist schön, daß es auf Hosen geht! Da sieht man die Konturen recht und das Leben des Fleisches. Man darf nur von Zeit zu Zeit wieder recht anziehen, daß der Einschnitt sich tief einsenkt und die zwei Globen scharf gesondert werden. Man kann sich so für den Verlust der Ruthe ziemlich trösten. Und so dünn und leicht das Zeug! Das arme Mädchen! Das nette, hübsch geformete, sehr wohl ausgeprägte, bereits zitternde Hinterchen, mit den fest zusammengedrängten kugelrunden Bäckchen, wird schwer darunter leiden; aber Andern wird es Vergnügen machen, und dieses Schicksal hat es sich selbst zugezogen. Es schadet ihm nichts, daß wir zusehen, und je öffentlicher, desto mehr Abschreckung. Strafe muß sein!« Im 19. Jahrhundert wurden dann zwei Romane Standardwerke der erotischen Literatur. Es sind:

1. »Memoiren einer Sängerin«. Die älteste Ausgabe in zwei Teilen (240 und 240 Seiten) trug die Verlagsbezeichnung Boston, Regnald Chesterfield, o. J. Der erste Teil erschien um 1868, der zweite 1875. Die Verfasserschaft schreibt man der berühmten Schauspielerin Wilhelmine Schröder-Devrient (1804–1860) zu, deren extensives

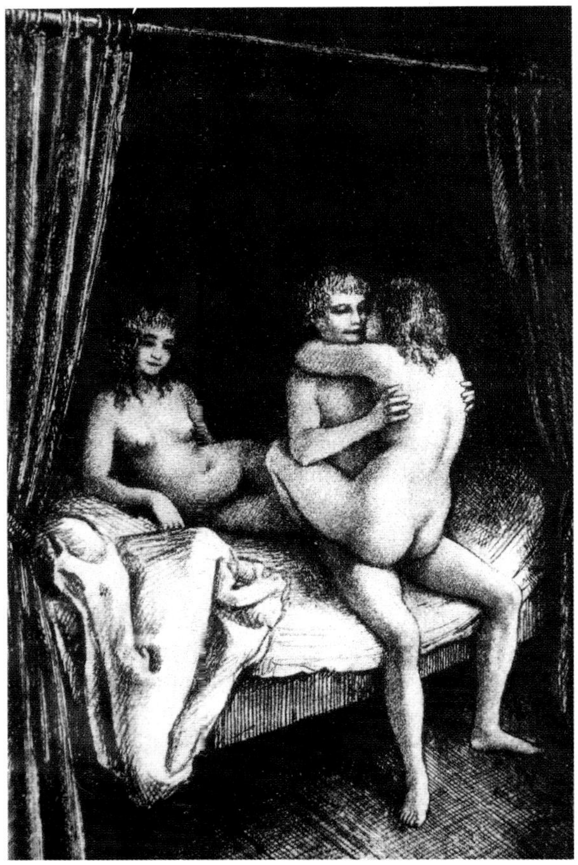

Zwei Kupferstiche von Johannes Rockendorff zu den »Denkwürdigkeiten des Herrn von H., eines deutschen Edelmannes«

Liebesleben ihren Zeitgenossen reichlichen Gesprächsstoff lieferte. Es ist jedoch nicht erwiesen, daß sie das Erotikon geschrieben hat, nirgends findet sich ein Hinweis darauf. Die Künstlerin ruhte auch längst im Grabe, als der erste Teil (1868) erschien.

2. »Denkwürdigkeiten des Herrn von H., eines deutschen Edelmannes«, zwei Teile. Rom (Berlin, Hamburg) 1787. Verfasser soll Gustav Schilling (1766–1839) sein.

Ein junger Offizier erzählt die Geschichte seiner Liebschaften. Vom Vater erbte er seine erotischen Neigungen. Er selbst verdankt seine Entstehung der intimen Verbindung seines Vaters mit einem Barbiermädchen. Herangewachsen, belauscht er ein Liebesstündchen seines Erzeugers mit einem gefälligen Kinde, kommt in die Stadt, schläft mit dem Dienstmädchen seiner Wirtin, wird von dieser überrascht und als Liebhaber angenommen. Nun folgt Liebesszene auf Liebesszene, und alle sind eingehend geschildert.

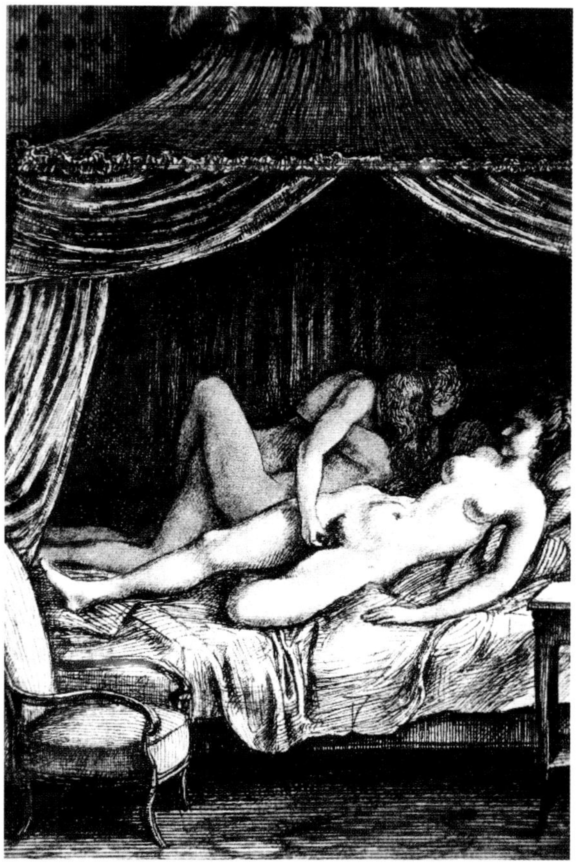

Die Eros-Gesellschaft, München, brachte eine wundervoll illustrierte Neuausgabe nach 1920 heraus. In der erotischen Literatur des 20. Jahrhunderts bilden die Erscheinungen aus dem Verlag C.W. Stern in Wien ein Kapitel für sich. Als bedeutendste Publikation des Sternschen Verlages sind zu nennen: Mussets »Gamiani«, Restif de la Bretonnes »Anti-Justine«, »Die Nichten der Frau Oberst«, angeblich von Maupassant, Clelands »Fanny Hill« sowie die zahlreichen Publikationen von Franz von Bayros. Die »Eros-Gesellschaft für erotische Literatur und Kunst« in München kündigte ihre Drucke als eine Folge der besten erotischen Werke der Weltliteratur an, die in einer Reihe von zunächst zwölf Bänden herauskam. Ihre erste Bücherliste zählt auf: G. Schilling, »Denkwürdigkeiten des Herrn v. H.« – Wilhelmine Schröder-Devrient, »Aus den Memoiren einer Sängerin«, »Josephine Mutzenbacher. Die Geschichte eines Wiener Straßenmädchens« – Johannes Meursius (Nicolaus Chorier), »Die Geschichte der Aloysia Sigea – Der Roman eines Schlafzimmers« – John Cleland, »Die Erlebnisse der Fanny Hill« – Alfred de Musset, »Gamiani oder Zwei Nächte der tollen Liebe« – J. Ch. Gervaise de Latouche, »Die Memoiren des Paters Saturnin« –Andrea de Nerciat, »Der Satan im Blut«. Diese Werke gelten bis heute als literarische Beispiele erotischer Kunst.

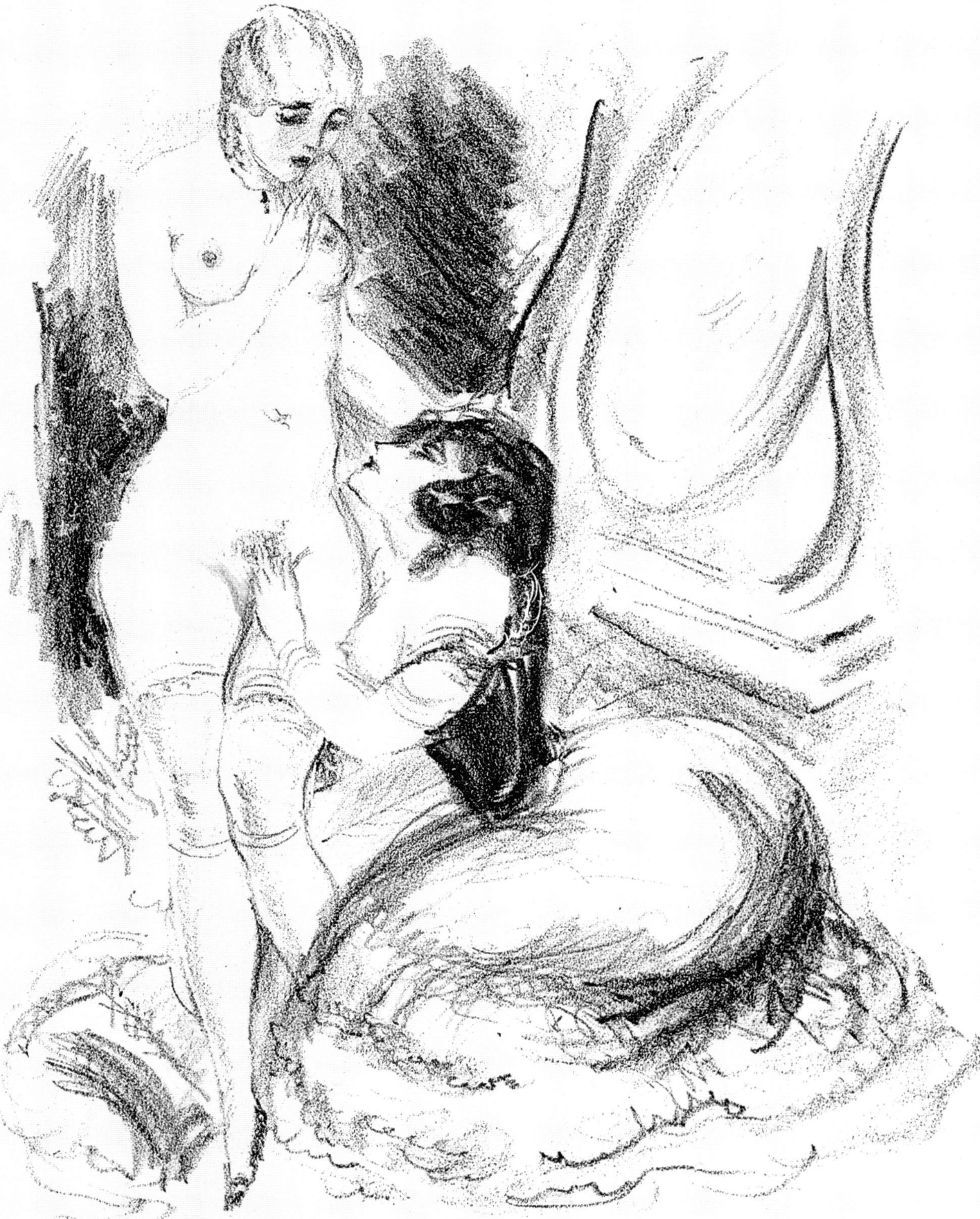

Die Geschichte erotischer Sammlungen

. . . .

Illustration zu einer französischen Ausgabe der »Memoiren einer Sängerin« von Pol Vexio

Liebhaber und Käufer erotischer Kunst gab es zu allen Zeiten. Man fand sie in der Antike so gut wie in der Renaissance- und Barockzeit, wo sie der Adel in den Kunst- und Kuriositätenkammern hütete. Daß es bis zu dieser Zeit keine systematischen Sammlungen erotischen Kunsthandwerks gab, lag nicht zuletzt daran, daß die entsprechende Literatur noch ganz fehlte. Sie stellte sich erst mit dem Ende des 17. Jahrhunderts ein. Die kleinen Ansammlungen von erotischer Kunst waren bis dahin Ausdruck persönlichen Geschmacks ohne kulturgeschichtlichen Bezug. So waren im Schloß von Fontainebleau alle Säle voll von obszönen Gemälden, die Königin Anna 1643 verbrennen ließ. Die erste Anhäufung galanter Werke, die man als Sammlung qualifizieren kann, gehörte der Pompadour, wie aus dem Katalog ihrer Bibliothek hervorgeht. Auch in deutschen Schlössern begann man einschlägige Werke zu sammeln. So befand sich noch um 1780 in Ludwigsburg ein Schrank, in dem über »100 Bilder von allerlei wollüstigen Vergnügungen« aufbewahrt waren. Sie wurden später vom König »beiseite« gebracht. Marie-Antoinettes Bibliothek enthielt eine Reihe galanter Romane, ebenso befanden sich in den berühmten Bordellen von Paris kleine Handbibliotheken mit obszönen Büchern. Einen reichen Bestand von Erotika wies die »Bibliotheca Roloffiana«, Berlin 1789, auf. Schon 1690 hatte I. D. Schröder eine Abhandlung (»De libris obscoenis in academia Lipsensi«) veröffentlicht. Wirklich systematische Sammler tauchten aber erst mit dem 19. Jahrhundert auf. Zu nennen ist vor allem Krenner in München, dessen Sammlung Ludwig I. aufkaufte und der Münchner Nationalbibliothek einverleibte. Ein eifriger Erotikasammler war Carl August von Weimar. Er schenkte seine Erotikabibliothek noch zu Lebzeiten der Gräfin Ottilie Henckel. Nach deren Tod (1840) gelangte die Sammlung in die Bibliothek in Weimar, wo sie in einem abgesonderten Raum aufgestellt wurde und Wolff sie zu seiner Geschichte des Romanes benutzte. Eine große Erotikasammlung besaß Karl Gottlieb Günther (gest. 1832), die aber nach seinem Tod unter den Hammer kam. Es erschien davon ein gedruckter Katalog »Verzeichnis einer Sammlung gut gehaltener, größtenteils sehr seltener erotischer und sotadischer Objecte«. Einen sehr wertvollen Bestand an Erotika soll die berühmte Romansammlung des Bibliographen Christoph G. v. Murr (1733–1811) gehabt haben, über den ein Akt der Wiener Polizeidirektion von 1812 berichtet. Die Bibliothek Uffenbach (heute Hamburger Stadtbibliothek) enthielt seltene Pornographika. Einer Sammlung Berly gedenkt Gutzkow in seinen »Lebenserinnerungen«. Angeblich soll auch Kaiser Wilhelm II. versucht haben, Erotika zu sammeln. In Wien wurde am Hof ebenfalls in dieser Richtung gesammelt. Sehr reich soll die Sammlung I. Frh. von Retzer (gest. 1824) gewesen sein, die sich jetzt noch in Ungarn befindet. Auch in kleineren Bibliotheken wie in jener L. L. Haschkas, des

Dichters der österreichischen Volkshymne, traf man Sotadika an. Da jeder Nachlaß an Bibliotheken vor 1848 die Zensur passieren mußte, bevor ihn die Erben erhielten, dürfte auf diesem Wege viel verschwunden sein. Sehr reich an verbotenen Schriften war die Riesenbibliothek des Baron Gabelkoven (gest. 1830). Wochenlang trug eine Frau die verfängliche Literatur »buttenweise« in die Stampfe. Zu den bedeutendsten Sammlern im Vormärz gehörte aber ein berühmter, anonym gebliebener Blumenmaler, der die in dieser Hinsicht merkwürdigsten Raritäten zusammenbrachte und auch eine gelehrte Abhandlung darüber schrieb, die unveröffentlicht blieb. Eine sehr bedeutende Kuriosa- und Erotikasammlung besaß Prälat E. Hauswirt, dessen Sammlung bei seinem Tod zerstreut wurde. Man trifft einzelne Bücher daraus noch mit einem blauen Stempel »E. H.« an. Unstreitig zu den glänzendsten Sammlungen gehörte jene I. N. Nikolas, die nach seinem Tode testamentarisch der Wiener Stadtbibliothek vermacht wurde. Etwa 600 Bände sind verschlossen, während mehrere tausend Werke frei zugänglich sind. Eine prachtvolle japanische Erotikasammlung des Herzogs Robert von Parma wurde auf testamentarischen Wunsch nach dessen Tode vernichtet. In England, wo schon seit der Mitte des 18. Jahrhunderts ein schwungvoller Handel mit Erotika getrieben wurde, waren Sammler nicht selten. Als bedeutendster gilt Frederick Hankey (gest. 1882), dessen Sammlung zwar klein war, aber aus den erlesensten Stücken bestand. Umfangreicher, aber nicht gut erhalten war jene von James Campbell (d. i. J. C. Reddie, gest. 1872), der sich auch wesentliche Verdienste als Bibliograph erworben hat. Sehr wertvoll war die Sammlung von William S. Potter (1805–1879), dem auch die erotischen Gemälde Bouchers für die Pompadour gehörten. Doch wurde diese Sammlung von den englischen Behörden vernichtet. Einer der größten Bibliographen und Bibliophilen auf erotischem Gebiet war aber Henry Spencer Ashbee (1834–1900), bekannt unter seinem Pseudonym Pisanus Fraxi, unter welchem er drei für die Geschichte und Bibliographie der erotischen Literatur höchst wichtige Werke verfaßte. Alle erotischen Bücher, die er im »Index«, in der »Centuria« und in der »Catena« beschrieb, waren in seinem Besitz und kamen nach seinem Tode in das British Museum. Frankreich besitzt

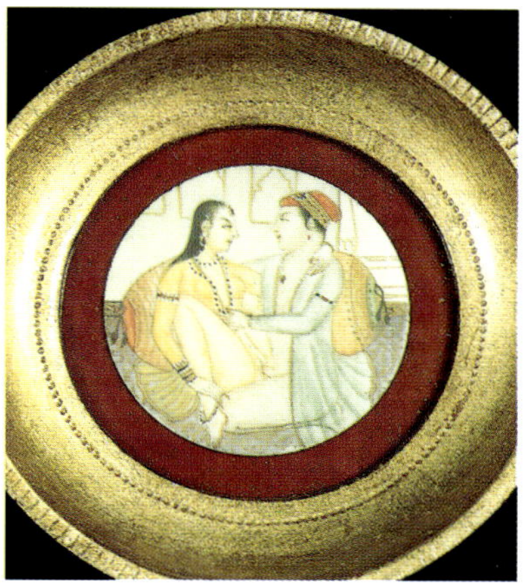

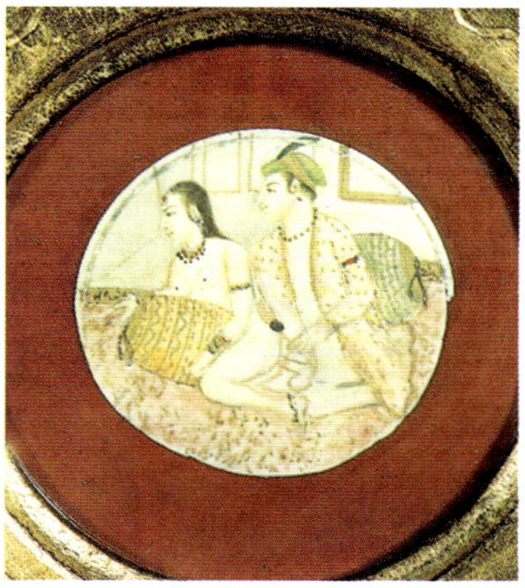

Persische Miniaturen auf Elfenbein

in Paris in dem sogenannten »l'enfer« der Nationalbibliothek einen großen Bestand an sotadischen Büchern. Daneben ist die galante Literatur des Palais Bourbon in Paris sehr umfangreich. Diese große Sammlung stammt aus dem Eigentum des bedeutenden Juristen Gaston Camus, der die Bibliotheken des in der Revolutionszeit ausgewanderten Adels angekauft hatte. Eine wertvolle Sammlung der gesamten französischen galanten Literatur des 18. Jahrhunderts besaßen die Brüder Goncourt. Sehr bedeutend waren die Sammlungen des Herzogs von Roanes (Bilder und Bücher), von Charles Nodier (um 1830–1850), des G. de Pixerecourt (heute Bibliothek des Senats in Paris). Eine berühmte erotische Gemmensammlung besaß auch der Herzog Philipp IV. von Orleans. Noch bedeutender und ganz einzig in ihrer Art war das Kabinett erotischer Seltenheiten der Königin Hortense, Gattin von Louis Bonaparte und Mutter Napoleons III. Sie hatte sich von einem Deutschen, Isaak Massauer, sämtliche erotischen Szenen aus Sades »Justine et Juliette« in Wachs nachbilden lassen. Alle berüchtigten Bücher und viele Bilder, eine Menge mythologischer Statuetten in Marmor, Gips und Bronze, dann Nachahmungen berühmter Kameen und Münzen aus der Epoche der Cäsaren befanden sich hier. Die Wachsfigurenmodelle allein bildeten eine Galerie von 300 Nummern mit 937 Figuren. Der Künstler hatte vier Jahre daran gearbeitet. Ein Teil dieser Sammlung wurde später von einem Engländer angekauft. Es gab von den Wachsposssierungen später auch Kopien von Montanari. Die größte und bedeutendste private Sammlung des 20. Jahrhunderts trug der französische Schriftsteller Roger Peyrefitte zusammen. Sie ist unter dem Namen »Le Musée Secret« (Das geheime Museum) weltberühmt geworden. Erst 1978 ist sie in Paris versteigert worden und fast komplett in die USA an eine wissenschaftliche Stiftung der Mormonen verkauft worden. In den Vatikanischen Sammlungen in Rom gibt es eine umfangreiche Dokumentation zur erotischen Kunst, die jedoch nicht öffentlich zugänglich ist. Die größte moderne Sammlung erotischer Literatur mit Illustrationen dürfte sich in Privatbesitz in Hamburg befinden. Sie gehört einem Verleger, der unter dem Pseudonym Ludwig von Brunn mehrere Bücher zum Thema Erotik in der Kunst herausgegeben hat.

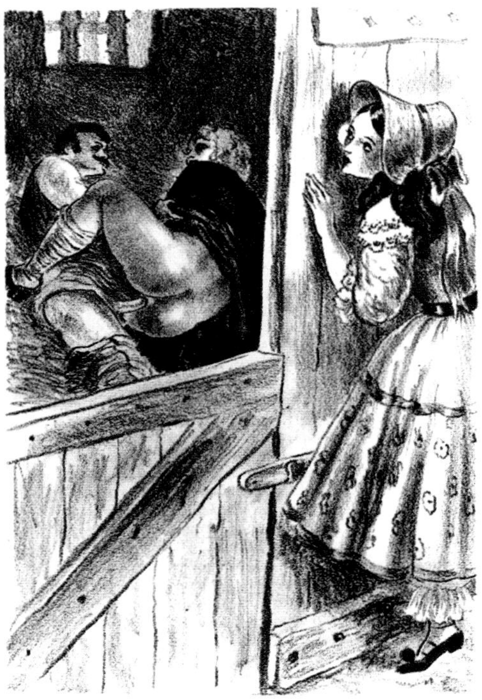

Anonyme Illustration zu einer 1933 in Paris erschienenen Ausgabe der »Memoiren einer Sängerin« in französischer Sprache

Zeitgenössische Illustration zu den »Memoiren einer Sängerin«, Ende 19. Jahrhundert

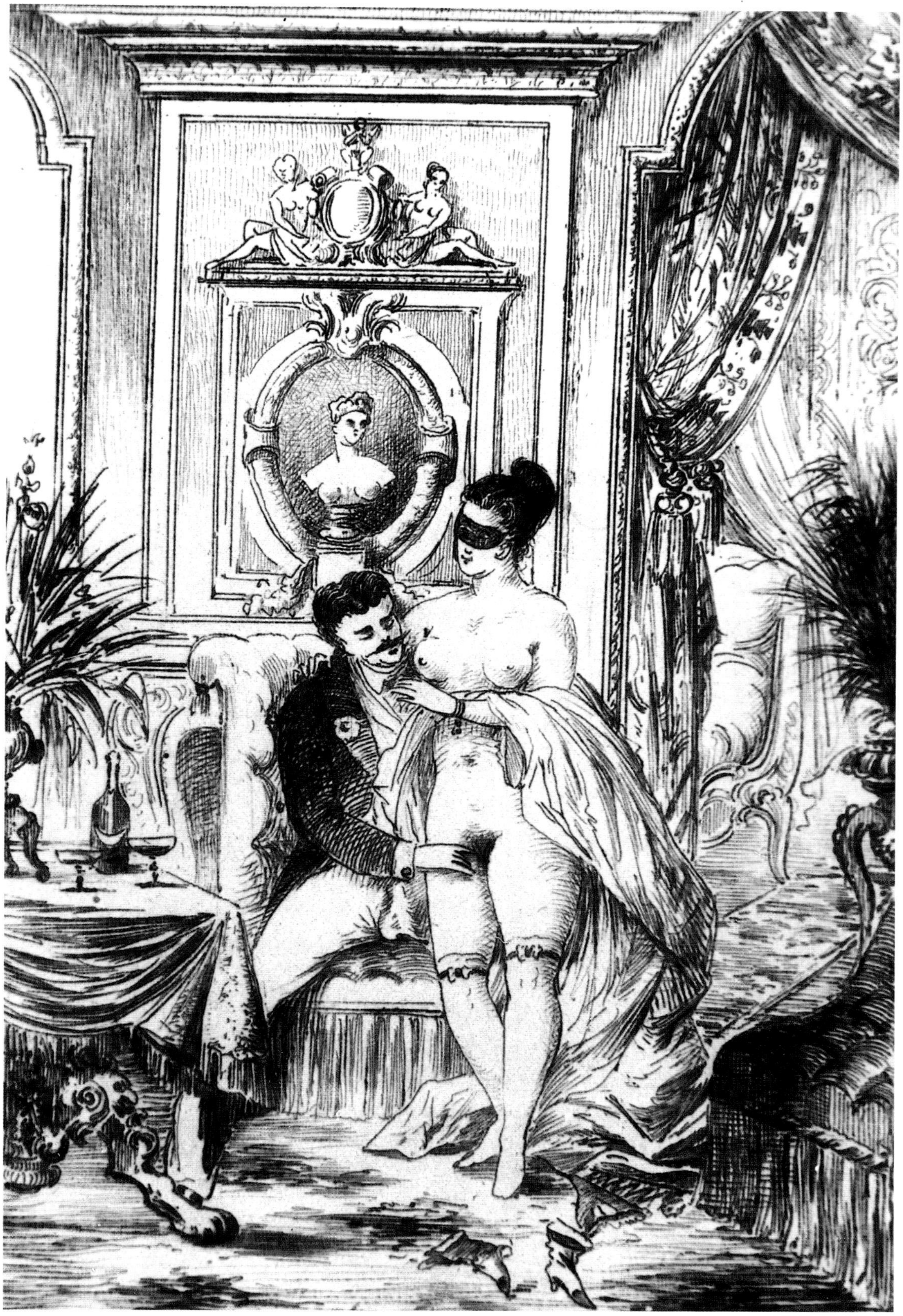

Bibliographie

Amendt, Günter
Sex-Front
März Verlag, 1970

Banach, Andrzej
Les »Enfers« Domaine Plonais
Verlag Jean-Jacques Pauvert, 1966

Bentley, Richard
Erotic Art
Quartet Books, 1984

Bilder-Lexikon, 4 Bände
Verlag für Kulturforschung, 1928

van Bolen, Carl
Eine Darstellung der orientalischen Hochkulturen
Reichelt Verlag, 1962

Bornemann, Ernest
Studien zur Befreiung des Kindes I
Walter Verlag, 1973

Cabanne, Pierre
Erotik in der Kunst
Galerie Somogy

Claësson, Bent H.
Sexualinformation für Jugendliche
Verlag neue Kritik, 1973

Cole, William Graham
Liebe und Sexus in der Bibel
Nannen Verlag, 1961

Coppens, Armand
Memoiren eines Erotica-Händlers
Gala Verlag, 1970

Crain Bakos, Susan
Liebe und Lust der Männer
Knaur, 1991

Das Jahrbuch der Erotik
Mein heimliches Auge, Bd. I – VI
Konkursbuch-Verlag Claudia Gehrke, 1982–1991

Englisch, Dr. Paul
Geschichte der erotischen Literatur
Julius Püttmann Verlag, 1927

Ders.
Sittengeschichte Europas
Phaidon-Verlag, 1931

Eros in der Literatur des 20. Jahrhunderts
Verlag Kurt Desch

Erotikon
Anthologie erotischer Literatur aus Frankreich
Verlag der Europäischen Bücherei
H. M. Hieronimi, 1967

Fuchs, Eduard
Geschichte der erotischen Kunst
Das zeitgeschichtliche Problem
Verlag Albert Langen, 1908

Ders.
Geschichte der erotischen Kunst
Das individuelle Problem
Verlag Albert Langen, 1923

Ders.
Die großen Meister der Erotik
Albert Langen Verlag, 1928

Gerhard, Poul
Pornographie oder Kunst
Reichelt Verlag, 1969

Gorsen, Peter
Sexualästhetik
Rowohlt, 1972

Hirschfeld, Magnus
Liebesmittel
Man Verlag, 1930

Holländer, Eugen
Äskulap und Venus
Propyläen Verlag, 1928

Kahmen, Volker
Erotik in der Kunst
Wasmuth Tübingen, 1971

Kamasutram
Verlag Philipp Reclam jun., 1988

Kataloge zur erotischen Literatur + Sexualwissenschaft
Rainer G. Feucht

Krafft-Ebing, Dr. R. v.
Psychopathia Sexualis
Verlag Enke

Kronhausen, Dr. Eberhard + Phyllis
Ausstellungskataloge 1968 u. 1969

Lewandowski, Herbert
Das Sexualproblem in der modernen Literatur und Kunst
Paul Aretz Verlag, 1927

Licht, Prof. Dr. Hans
Sittengeschichte Griechenlands
R. Löwit-Verlag, 1959

Lo Duca
Eros im Bild
Verlag Kurt Desch, 1968

Lucie-Smith, Edward
Eroticism in Western Art
Praeger Publishers, 1972

Marcuse, Max
Handwörterbuch der Sexualwissenschaft
A. Marcus u. E. Webers Verlag, 1923

Masters, R. E. L.
Sexuelle Tabus und Moral
KALA-Verlag, 1965

Mergen, Armand
Sexualforschung
Verlag für Kulturforschung, 1963

Mihály, Zichi von
Oh, Liebe
Harenberg, 1982

Miller, Henry
Opus Pistorum
Rowohlt, 1983
Taschenbuch 5820

Moll, A. (Hrsg.)
Handbuch der Sexualwissenschaften
Verlag Vogel, 1921

Murphy, Emmett
Great Bordellos of the World
Quartet Books, 1983

Nackt in der Kunst des 20. Jahrhunderts
Edition libri artis
Verlag Th. Schäfer, 1984

Noël, Bernard
l'enfer, dit-on ...
dessins secrets 1919–1939
Herscher, 1983

Rabenalt, Arthur Maria
Mimus Eroticus
Verlag für Kulturforschung, 1965

Rawson, Philip
Weltgeschichte der erotischen Kunst
Hoffmann und Campe, 1969

Richardson, Joanna
Die Kurtisanen
Verlag S. Fischer, 1968

Rodolphe, Jean
Mit den fünf Sinnen
Verlag Karl Schustek, 1967

Ronner, Wolfgang
Die Kirche und der Keuschheitswahn
List Verlag, 1971

Rose, Alfred
Register of Erotic Books
Jack Brussel, Publisher, 1965

Rosso, Benjamin
Der schönste Zeitvertreib
Delphin Verlag, 1981

Schidrowitz, Leo (Hrsg.)
Sittengeschichte der Kulturwelt und ihrer Entwicklung
Verlag für Kulturforschung, 1926–1927

Schlichter, Rudolf
Das widerspenstige Fleisch
Rowohlt, 1931

Ders.
Zwischenwelt
Ernst Pollak Verlag, 1931

Ders.
Tönerne Füße
Rowohlt, 1933

Smith, Bradley
20th Century Masters of Erotic Art
Fleetbooks, 1980

Sternberg, Jacques, Alex Grall (Hrsg.)
Meisterwerke der Erotik in Wort und Bild
Verlag der Europäischen Bücherei
H. M. Hieronimi, 1967

Sternberg, Jacques, M. Toesca, A. Grall (Hrsg.)
Die Meisterwerke der sinnlichen Liebe in Wort und Bild
Verlag der Europäischen Bücherei
H. M. Hieronimi, 1968

Streitzeitschrift
Pornographie, Heft VII/1.
Bechtle Verlag, 1969

Tausend Jahre Liebe
Hans Deutsch Verlag, 1964

Tilly, Andrew
Erotic Drawings
Phaidon, 1986

Villeneufe, Roland
Grausamkeit und Sexualität
Rixdorfer Verlagsanstalt, 1988

Vorberg, Gaston
Antike Erotik in Kleinkunst und Keramik
als Privatdruck für Georg Müller
München, 1921

Walter (englischer Casanova)
Mein geheimes Leben, hrsg. von Dr. Phyllis + Eberhard Kronhausen
Rütten + Loening Verlag, 1968

Weiß, Ana
Solofrauen
Eichborn Verlag, 1986

Werner, Paul
Leben und Liebe im alten Griechenland
Bertelsmann, 1977

Wolffram, Gert
Der Sex-Appeal
Kreisselmeier Verlag, 1958

Wulffen, Erich
Sexualspiegel von Kunst und Verbrechen
Paul Aretz Verlag, o. Jg.

Wunderer, Dr. Richard (Hrsg.)
De Luxu et Voluptate
Freyja Verlag, 1966